조세전문가가 알려주는

양도·상속·증여 절세 컨설팅

조세전문가가 알려주는
양도·상속·증여 절세 컨설팅

2021년 1월 3일 초판 1쇄 발행
2021년 8월 1일 초판 2쇄 발행
2022년 2월 8일 2판 1쇄 발행

지 은 이 | 김연주·임준찬
발 행 인 | 이희태
발 행 처 | 삼일인포마인
등록번호 | 1995. 6. 26. 제3-633호
주 소 | 서울특별시 용산구 한강대로 273 용산빌딩 4층
전 화 | 02)3489-3100
팩 스 | 02)3489-3141
가 격 | 20,000원

ISBN 979-11-6784-022-6 93320

조세전문가가 알려주는 양도·상속·증여 절세 컨설팅

김연주(金均注) 세무사
임준찬(林埈鑽) 세무사
공저

SAMIL | 삼일인포마인

머리말

“집을 팔고 싶어도 절반이 세금이고, 남는 돈으로는 그동안 살던 집과 유사한 아파트를 새로 구할 수도 없고… 팔아야 하는지 그냥 가지고 있어야 하는지, 정부가 부동산 대책을 발표할 때마다 가슴이 답답합니다.”

“주변에 아는 세무사님들은 양도를 거의 안하시고 세무사님들조차 너무 급변하는 양도세를 좇아갈 수가 없어 양도를 포기하였다고 하네요. 양도, 증여, 상속을 전문으로 하신다는 소개받고 왔습니다.”

“부동산을 팔아야 하는지, 종합부동산세를 부담하더라고 보유해야 하는지, 자녀에게 미리 증여를 해주는 것이 나은지, 이것저것 골치 아프니 그냥 상속하는게 나은지…”

상담실에서 주택 2채를 보유한 평범한 60대 가장이 한참 풀어놓는 속앓이입니다.

2017년 8·2 대책을 시작으로 거듭 발표되는 부동산 대책은 보유한 부동산, 양도하는 부동산에 대한 압박을 가하고 있습니다. 다가오는

2022년에는 종합부동산세의 과세표준이 되는 공정시장가액 비율이 100%까지 인상되고, 더불어 3주택자의 경우 조정대상지역에서 양도하는 경우 최대 75%까지 부담해야 하는 구조입니다.

양도세 부담으로 다른 유사한 주택을 다시 취득하기 어려운 점을 감안하여 양도보다는 보유쪽을 생각하고, 동시에 보유세에 대한 부담으로 자녀에게 증여를 고려하고, 실질적인 매매보다는 재산의 가족 내 이전으로 돌고 도는 순환이 이루어지는 현실입니다.

양도는 양도세만의 문제가 아닙니다.
증여는 증여세만의 문제가 아닙니다.

양도와 증여 그리고 상속은 각각 구분된 평면적이고 독립된 세금이 아니라, 상호 간에 영향을 주고 받는 얽히고 섥혀있는 하나의 유기체로서 통합된 입체적인 관점에서 파악해야 할 세금입니다.

이 책은 그동안 상담하신 많은 고객분들의 요청으로 작은 집이라도 한 채 보유하게 되면 단순하게 양도 따로 증여 따로 상속 따로가 아닌, 양도와 증여와 상속이 맞물려서 돌아가는 구조를 반영하여 최소한 재산을 지키고 유지할 수 있는 핵심만을 모아 『조세전문가가 알려주는 양도·상속·증여 절세 컨설팅』을 발간하게 되었습니다.

양도, 증여, 상속세의 방대한 세법 분야 중 최소한 절세의 기본을 담았습니다.
양도소득세 분야 중 1주택 소유자라면 기본으로 알고 있어야 할 1세대 1주택 비과세 요건, 주택 수 판정, 조정대상지역의 세금효과, 양도소득의 과세체계 등을 수록하였습니다. 낯설고 어렵게 느껴지는 양도세를 최소한 확인하셔야 할 세제부분만 콕 집어서 만든 책입니다. 2주택을 소유한 분들은 2주택에 해당되는 부분만 찾으면 궁금한 내용을 확인할 수 있도록 하였고, 3주택자 또한 3주택에 필요한 사항만을 일목요연하게 정리하였습니다. 2021년 세법개정을 통해 12월 8일부터 시행되는 1세대1주택 및 1세대 1조합원입주권 양도소득세 비과세 기준금액이 실거래가액을 기준으로 9억원에서 12억원으로 상향조정되는 것을 반영하였습니다. 더불어 2020년 발표된 부동산 대책과 2017년, 2018년, 2019년 여러 차례 발표된 양도소득세 내용을 한눈에 파악할 수 있도록 앞머리에 수록하였습니다.

증여세 분야는 증여세 구조, 상속재산평가의 중요성, 자금출처소명, 증여추정, 증여의제, 사후관리 등을 담았습니다. 상속세 분야는 상속세 체계, 유류분제도, 상속개시 1·2년 전의 중요성, 상속공제 적극 활용하기, 비상장주식평가의 중요성 등에 대해 이야기하였습니다. 2021년 세법개정을 통해 가업상속공제 대상이 되는 중견기업의 범위와 영농상속공제의 한도가 확대되었습니다. 상속세 연부연납 기간을 현행 5년에서 최대 10년으로 연장하였고 문화재 및 미술품에 대한 상속세 물납 특례를 신설하여 상속세의 무거운 세부담을 이연시키는 방안을 마련하였습니다. 더불어 우리나라 경제의 주축인 중소기업의 기업승계와 유지발전을 위한 중요성과 승계를 위한 절세전략을 모았습니다.

꼭 당부하고 싶은 말씀은 자산을 보유하고 있는 경우 최소한의 기본적인 양도, 증여, 상속지식과 더불어 양도나 증여를 하기 전 양도·상속·증여 전문 세무사와의 상담을 통해 합법적인 절세를 할 수 있는 길을 미리 계획하고 만들어가야 한다는 것입니다.

다양한 재산관련 상담을 하다보면 눈앞의 절세비법을 미리 알지 못해 내지 않아도 되는 세금을 납부하거나 잘못 알고 있는 지식으로 자산을 매매·증여하여 세금을 고지받는 안타까운 사례를 자주 보게 됩니다.

『조세전문가가 알려주는 양도·상속·증여 절세 컨설팅』을 통해 합리적인 절세과정을 파악하고, 재산세제 전문세무사와의 사전상담을 통해 소중한 재산을 보호하고 지켜나가시길 바랍니다.

이 책이 발간되는데 많은 관심과 응원을 실어주신 삼일인포마인 대표님과 전무님 그리고 관계자분들과 좋은 책이 되도록 아낌없는 고견을 쏟아주신 親舊와 茶人께도 깊은 감사를 전합니다.

상당한 에너지와 집중력이 필요한 집필 과정 속에 인터넷 빛명상 www.vittcafe.com의 현존하는 빛vitt에너지, "풍요의 빛.*超光力*"을 통해 지혜와 활기와 생기를 충전하였습니다. 이 책을 접하시는 독자제현께서도 인터넷 빛명상www.vittcafe.com과 『행복순환의 법칙』 책을 통해 살아있는 빛vitt에너지를 섭취하여 행복하고 건강하며 풍요로운 일상을 만들어 보시길 권해드립니다.

언제나 큰 사랑을 담아주는 가족과 사랑하는 아들 그리고 1997년을 시작으로 20년 이상을 한결같이 '건강과 행복 그리고 풍요의 빛viit'을 담아주시고 '이 집을 찾는 사람 세금걱정은 아웃, *超光力*과 함께!' 휘호를 남겨주신 빛선생님께 감사의 마음을 드립니다. 특히 "8생의 복을 누려야 만날 수 있다"는 침향을 가르쳐 주시고, 침향을 통해 보다 건강하고 풍요로운 삶을 채울 수 있도록 큰길을 열어주신 빛선생님께 감사드립니다.

"이 모든 것에 감사합니다."

*沈香*향기 가득한 청담동 사무실에서

2022년 金均注·林埈鑽

Contents

PART 1

조세전문가가 알려주는 양도소득세 절세 컨설팅

전 국민의 가슴을 뛰게 하는 부동산 대책!

알고 싶다! 전 국민의 세금상식! 1세대 1주택 양도소득세 비과세 요건

부동산 중과 NO! 11가지 노련한 양도소득세 절세 전략!

나는 다주택자인가? 주택 수 판단하기!

집을 팔면 "양도세폭탄" 대상인가?

양도소득세 과세구조가 궁금하다!

국세청은 자금소명을 제대로 하지 못하면 증여로 과세한다?

요건만 충족해도 증여세가 부과된다? 국세청의 엄격한 증여사후관리가 궁금해요!

PART 3

조세전문가가 알려주는 상속세 절세 컨설팅

50%의 상속세의 산을 넘자!
상속세의 구조를 파악하고 살아남기를 준비하자

상속세 현금조달의 중요성
상속세 추정? 그것이 알고 싶다!

PART 4

조세전문가가 알려주는 기업승계 컨설팅

50% 상속세를 위해 기업을 매각할 것인가! 지금부터 기업승계를 시작하자

Part 1

조세전문가가 알려주는 양도소득세 절세 컨설팅

Kim Yeon Ju & Lim Jun Chan

전 국민의 가슴을
뛰게 하는
부동산 대책!

Chapter

01 2017년 8·2 대책 + 2018년 9·13 대책 + 2019년 12·16 대책 + 2020년 7·10 대책 + 2022년 양도소득세 개정세법

Kim Yeon Ju & Lim Jun Chan

정부는 2017년을 시작으로 수많은 부동산 대책을 발표하고 주택가격 안정화를 위해 노력하였으나 부동산 가격은 수직상승하여 현재에 이르렀다. 이에 투기가 아닌 실질적인 주거를 목적으로 주택을 매매하는 경우에도 집값 상승으로 인해 비과세에 해당하던 주택이 과세대상이 되는 경우가 발생하였다. 투기목적이 없음에도 집값 상승으로 인한 너무나도 가혹한 세부담의 결과를 초래한 것이다. 이러한 현실을 반영하는 세법개정을 통해 2021년 12월 8일부터 1세대1주택 및 1세대 1조합원입주권을 양도하는 경우 비과세의 기준금액을 실거래가액 9억 원에서 12억 원으로 높이면서 주거안정을 위한 정책을 마련하였다.

정부는 2017년 8·2 대책을 시작으로 수많은 부동산 대책을 발표하여 왔다.

다주택자의 주택임대사업 양성화를 유도하고 실질적인 주택보유 현황을 파악하기 위하여 과도한 세제지원책을 부동산 시장에 제안하였다. 그 결과 오히려 지가상승이 예상되는 조정대상지역에 투기세력까지 끌어들이는 결과를 초래하여 2018년 9·13 대책으로 주택임대사업자의 혜택을 전폭적으로 삭제하기에 이르렀다.

2020년 7·10 발표된 부동산 대책은 다주택자의 단기거래에 대한 부동산 세제강화와 임대등록사업제도 보완을 통한 주택시장 안정화이다.

조정대상지역의 취득세 중과규정을 강화하고 종합부동산세의 세율을 인상하였다. 더불어 2021년 6월 1일부터 조정대상지역의 2주택자는 기본세율에 20%가 가산되고, 3주택자는 30%가 할증되어 과세표준이 10억 원을 초과하면 최대 75%의 세율 직격탄을 맞게 되었다.

그동안 많은 재산가들이 재산세 및 종합부동산세의 납세의무자가 수탁자인 점을 감안하여 신탁회사를 통해 다주택신탁을 맡기고 종합부동산세 절세를 활용하여 왔으나, 세법개정을 통하여 부동산 신탁 시 재산세와 종합부동산세 등 보유세 납세자를 수탁자(신탁자)에서 원소유자(위탁자)로 변경하였다.

2020년 7·10 대책으로 단기임대주택 등록이 불가능하며, 단기임대주택의 장기일반민간임대주택으로의 전환이 되지 않는다. 그리고 아파트는 장기일반민간임대주택 등록을 할 수 없으며, 아파트를 제외한 주택(다세대, 다가구, 단독주택, 오피스텔 등)의 장기일반민간임대주택의 등록은 가능하다. 장기임대주택의 경우 최소 의무기간이 8년에서 10년으로 임대의무기간이 연장된다. 단기 및 장기일반민간임대주택으로 등록된 임대주택의 임대의무기간 경과 후에는 임대등록이 자동 말소된다. 이는 장기임대등록을 통한 세입자의 주거안정과 아파트의 투기과열을 방지하기 위해 더 이상의 임대주택에 대한 혜택을 지원하지 않는 제재로 보여진다.

2017년 8·2 대책부터 2021년 12월 8일 적용되는 부동산 대책의 양도소득세 파급효과!

2017년 8·2 대책을 시작으로 발표된 정부의 부동산 대책 중 주택을 양도하는 경우 납세자에게 미치는 중과세 파급 효과와 더불어 전 국민의 관심사인 1세대 1주택 비과세를 충족하기 위한 요건 등을 요약 정리하였다.

일자	내용
17.08.02.	① [17. 8. 3. 이후 취득] 조정대상지역 내 1주택 비과세 거주(2년)요건 추가 ⇒ 등록임대주택은 거주요건 미적용
18.01.01.	② [18. 1. 1. 이후 양도] 조정대상지역 내 분양권 전매 시 중과세율(50%) 적용
18.04.01.	③ [18. 4. 1. 이후 양도] 조정대상지역 내 다주택자 양도소득세 중과 ⇒ 등록임대주택은 중과 배제 [장기보유특별공제 미적용/중과세율적용(2주택자 10%/3주택자 20% 중과)
18.09.13.	④ [19. 9. 14. 이후 취득] 1주택 이상자가 조정대상지역에서 새로 취득한 주택은 임대주택등록해도 양도세 중과
	⑤ [18. 9. 14. 이후 취득] 일시적 2주택 중복보유 허용기간 단축 [조정대상지역에 종전주택이 있는 상태에서 18. 9. 14. 이후 조정대상지역에 신규주택을 취득하여 일시적 2주택자 경우 ⇒ 신규주택 취득 후 2년 이내 종전주택은 양도해야 비과세]

19.01.01. → ⑥ [19. 1. 1. 이후 양도] 장기보유특별공제율 인하
[보유기간(3년 이상) 6%~(15년 이상) 30%]

19.12.16. → ⑦ [19. 12. 17. 이후 임대등록] 등록임대주택도 2년 거주해야 비과세

→ ⑧ [19. 12. 17. 이후 취득] 취득일로부터 1년 이내 신규주택 전입, 1년 이내 기존주택 양도

→ ⑨ [19. 12. 17.~20. 6. 30. 양도] 10년 이상 보유한 주택, 한시적 중과배제

20.01.01. → ⑩ [20. 1. 1. 이후 양도] 고가(실거래가 9억 원 초과) 1주택 장기보유공제 요건강화
[2년 이상 거주: 24~80%/2년 미만 거주: 6~30%]

21.01.01. → ⑪ [21. 1. 1. 이후 양도] 다주택자의 최종 1주택 비과세요건 강화
[최종 1주택 보유한 날로부터 보유기간을 기산함]

→ ⑫ [21. 1. 1. 이후 양도] 고가주택 장기보유특별공제 시 거주기간 추가
[보유기간 3년 이상: 12%, 10년 이상 40% (+)거주기간 3년 이상: 12%~10년 이상 40%]

→ ⑬ [21. 1. 1. 이후 양도] 다주택자 양도세 중과 시 분양권은 주택 수 포함

21.06.01. → ⑭ [21. 6. 1. 이후 양도] 조정대상지역 내 다주택자 양도소득세 중과율 상향조정(2주택자 20%/3주택자 30% 중과)

→ ⑮ [21. 6. 1. 이후 양도] 조정대상지역에 관계없이 분양권을 1년 이내 양도 시 70%, 1년 이후 양도 시 60% 세율

21.12.08. → ⑯ [21.12.8 이후 양도] 1세대1주택 및 1세대 1조합원입주권 양도 시 비과세의 기준금액을 실거래가액 12억 원 상향

2022년 양도소득세 개정세법의 내용은 다음과 같다.

01 1세대1주택 및 1세대 1조합원입주권 양도 시 비과세의 기준금액을 실거래가액 12억 원 상향조정

2021년 12월 8일부터 1세대1주택의 요건을 충족한 경우 실거래가액을 기준으로 비과세 되는 금액을 9억 원에서 12억 원으로 상향 조정하였다. 또한 1세대1조합원 입주권의 경우에도 비과세 요건을 충족하는 경우 비과세금액을 9억 원에서 12억 원으로 인상하였다.

02 1조합원입주권에 대한 양도소득세 비과세 요건 판단시 분양권도 주택수에 포함

관리처분계획인가일 현재 1세대1주택요건을 충족하는 기존주택을 소유하는 세대가 관리처분계획으로 인하여 취득한 입주권에 대해 비과세를 적용한다.

세법개정으로 1조합원입주권 외에 다른주택이나 조합원입주권 뿐만 아니라 분양권(22.1.1.이후 취득한 분양권)도 미보유해야 한다. 1조합원입주권 외에 1주택을 보유한 경우를 판정하는 경우에도 1주택에 분양권을 포함하여 계산한다. 따라서 1조합원입주권 외에 1주택을 보유(분양권을 보유하지 않은 경우로 한정)한 경우, 주택 취득일로부터 3년 이내 조합원입주권을 양도하여야 비과세를 적용받을 수 있다.

2021년 양도소득세 개정세법의 내용을 살펴보면 다음과 같다.

01 다주택자의 조정대상지역 내 추가과세 세율 인상

2021년 6월 1일부터 조정대상지역 내 2주택을 보유한 자가 주택을 양도하는 경우 기본세율에 20%를 가산하고, 3주택에 해당되는 경우는 기본세율에 30%를 가산하여 세율을 적용한다.

3주택자의 경우 양도소득세 과세표준이 10억 원을 초과하면 최대 75%의 세율을 부담하게 된다.

02 단기양도에 따른 중과세율 인상

2021년 6월 1일부터 주택 및 조합원입주권을 1년 이내 양도하는 경우 70%, 2년 이내 60%, 2년이 경과한 후 양도하는 때에는 기본세율을 적용한다. 조정대상지역에 관계없이 분양권을 1년 이내 단기 양도하는 경우 70%, 1년 경과 후 양도하는 때에는 60% 세율이 적용된다.

03 1세대 1주택(실거래가 9억 원 초과)에 대한 장기보유특별공제율 적용 시 거주기간 추가

2021. 1. 1. 이후 양도하는 주택의 장기보유특별공제를 적용하는 경우 종전의 3년 이상 보유만하여도 적용하였던 8%의 장기보유특별

공제율이 거주기간의 요건이 추가되어, 보유기간(4%)별 거주기간(4%)별로 나누어 계산된다.

기간(년)		3~4	4~5	5~6	6~7	7~8	8~9	9~10	10년 이상
종전 (%)	보유	24	32	40	48	56	64	72	80
2021년 (%)	보유	12	16	20	24	28	32	36	40
	거주	12	16	20	24	28	32	36	40
	합계	24	32	40	48	56	64	72	80

04 법인이 주택등 양도 시 추가과세 세율 인상

법인이 주택, 별장, 비사업용 토지 등을 양도하면 법인세 외에 양도차익에 대해 종전에는 10% 법인세를 추가 납부하였으나 2021. 1. 1. 이후 양도분부터 20% 세율이 적용된다. 법인이 양도하는 조합원 입주권과 분양권에 대해서도 2021년부터 과세대상에 포함된다.

05 다주택자에 대한 종합부동산세율 인상

2주택 이하이거나 조정대상지역에 1주택 소유자는 0.6~3.0%의 종합부동산세율을 부담하고, 3주택 이상 또는 조정대상지역의 2주택자는 1.2~6.0% 종합부동산세율을 적용받는다.

조정대상지역의 2주택자는 종합부동산세 세부담상한선이 200%에서 300%로 인상된다.

법인은 종전에는 법인이 보유한 주택 수에 따라 0.6~4.0%의 단계별 종합부동산세를 과세하였으나 2021년부터 2주택자(조정대상지역 1주택자 포함)는 3%, 3주택자(조정대상지역 2주택자 포함)는 4%의 단일 비례세율을 부담한다.

2021년 법인의 종합부동산세 과세표준을 계산할 때 보유주택에 대한 6억 원 공제를 폐지하고 종합부동산세 상한선을 폐지한다.

시가 (다주택자 기준)	과표	2주택 이하 or 조정대상지역 1주택(%)		3주택 이상 or 조정대상지역 2주택(%)		
		종전	12·16	종전	12·16	7·10
8~12.2억 원	3억 원 이하	0.5	0.6	0.6	0.8	1.2
12.2~15.4억 원	3~6억 원	0.7	0.8	0.9	1.2	1.6
15.4~23.3억 원	6~12억 원	1.0	1.2	1.3	1.6	2.2
23.3~69억 원	12~50억 원	1.4	1.6	1.8	2.0	3.6
69~123.5억 원	50~94억 원	2.0	2.2	2.5	3.0	5.0
123.5억 원 초과	94억 원 초과	2.7	3.0	3.2	4.0	6.0

06 종합부동산세 고령자 세액공제 및 장기보유세액공제 한도 확대

종합부동산세를 계산할 때 1세대 1주택을 보유한 고령자에 대한 고령자 세액공제 한도가 증가하고, 고령자 세액공제와 장기보유에 따른 세액공제 비율이 상향되었다.

고령자 공제를 받을 수 있는 기준은 만 60세(2021년 기준 1961년생)이다. 2021년부터 만 60세부터 64세까지는 종부세액의 20%, 만 65세부터 69세까지는 30%, 만 70세 이상부터는 40%를 공제받는다.

장기보유에 따른 공제율은 종전과 동일한 공제율이 적용된다. 5~9년 보유 시 20%, 10~14년 보유 시 40%, 15년 이상 보유하는 경우에는 50%의 공제율을 적용받는다.

고령자 공제와 장기보유 공제의 중복 적용이 가능하며, 고령자 공제율과 장기보유 공제율을 합쳐서 80%까지 적용받을 수 있다.

▶▶ **1주택자 고령자 공제율 및 장기보유 공제율**

고령자 공제율			장기보유 공제율		
연령	종전	2021년	보유기간	종전	동일
60~64세	10%	20%	5~9년	20%	20%
65~69세	20%	30%	10~14년	40%	40%
70세 이상	30%	40%	15년 이상	50%	50%

▶▶ 고령자 공제율과 장기보유 공제율

공제한도 상향	종전	2021년
고령자 공제율 + 장기보유 공제율	70%	80%

07 취득세 중과 규정 강화

세법개정으로 개인은 2주택자의 경우 8%, 3주택 이상인 때에는 12%의 취득세를 부담한다. 조정대상지역에서 3억 원을 초과하는 주택을 증여하는 경우 12%의 취득세율을 적용한다.

법인은 주택가액이나 주택 수에 관계없이 12%의 취득세율로 과세된다.

<table>
<tr><th colspan="3">종전</th></tr>
<tr><td rowspan="4">개인</td><td>1주택</td><td rowspan="3">주택 가액에 따라 1~3%</td></tr>
<tr><td>2주택</td></tr>
<tr><td>3주택</td></tr>
<tr><td>4주택 이상</td><td>4%</td></tr>
<tr><td colspan="2">법인</td><td>주택 가액에 따라 1~3%</td></tr>
</table>

<table>
<tr><th colspan="3">2021년</th></tr>
<tr><td rowspan="4">개인</td><td>1주택</td><td>주택 가액에 따라 1~3%</td></tr>
<tr><td>2주택</td><td>8%</td></tr>
<tr><td>3주택</td><td rowspan="3">12%</td></tr>
<tr><td>4주택 이상</td></tr>
<tr><td colspan="2">법인</td></tr>
</table>

법인전환 시 취득세 감면을 제한하는바, 개인에서 법인으로 현물출자를 하는 부동산 매매 및 임대법인은 현물출자에 따른 취득세 감면을 배제한다.

08 조정대상지역 및 투기과열지구 추가 선정

(2020. 12. 18. 현재)

구분	조정대상지역	투기과열지구
서울	서울시 전 지역 25개구 강남, 서초, 송파, 강동, 용산, 성동, 노원, 마포, 양천, 영등포, 강서, 구로, 금천, 동작, 관악, 은평, 서대문, 종로, 중구, 성북, 강북, 도봉, 중랑, 동대문, 광진	전 지역
경기도	과천시, 성남시, 하남시, 화성시 동탄, 광명시, 구리시, 안양시 동안·만안, 광교지구, 수원시 팔달·장안·영통·권선, 용인시 기흥·수지, 의왕시, 고양시, 남양주시, 화성시, 군포시, 안성시, 부천시, 안산시, 시흥시, 용인시 처인, 오산시, 평택시, 광주시, 양주시, 의정부시, 김포시, 파주시	과천시, 성남시 분당, 광명시, 하남시, 수원시, 성남시 수정, 안양시, 안산시 단원, 구리시, 군포시, 의왕시, 용인시 수지·기흥, 동탄
인천	중, 동, 미추홀, 연수, 남동, 부평, 계양, 서	연수, 남동, 서
대전	동, 중, 서, 유성, 대덕	동, 중, 서, 유성
대구	수성, 중, 동, 서, 남, 북, 달서, 달성군	수성
세종특별시	세종특별자치시	세종특별자치시
충북	청주	
부산	해운대, 수영, 동래, 남, 연제, 서, 동, 영도, 부산진, 금정, 북, 강서, 사상, 사하	
광주	동, 서, 남, 북, 광산	
울산	중, 남	
충남	천안시 동남, 서북, 논산시, 공주시	
전북	전주시 완산, 덕진	
전남	여수시, 순천시, 광양시	
경북	포항시 남, 경산시	
경남	창원시 성산	창원시 의창

09 장기일반민간임대주택 등에 대한 양도소득세 특례 적용기한 단축(조특법 제97조의3 제1항)

세법개정으로 장기일반민간임대주택의 장기보유특별공제 특례의 적용기한이 2020년 12월 31일까지 요건을 갖춘 장기임대등록을 신청한 경우에 적용된다. 장기보유특별공제 특례는 임대사업자 등록 이후의 임대기간으로 한정되며, 2022년 12. 31.까지의 기간에서 2년 단축되었다.

2020년 7월 10일 발표된 「부동산 대책」의 핵심내용은 무엇일까?

7·10 대책의 주요 내용은 다주택자의 단기거래에 대한 부동산 세제강화와 임대등록사업제도 보완을 통한 주택시장 안정화이다.

조정대상지역의 취득세 중과규정을 강화하고 종합부동산세의 세율을 인상하였다. 더불어 2021년 6월 1일부터 조정대상지역의 2주택자는 기본세율에 20%가 가산되고 3주택자는 30%를 할증되어, 과세표준이 10억 원을 초과하면 최대 75%의 세율 직격탄을 맞게 되었다.

그동안 많은 재산가들이 재산세 및 종합부동산세의 납세의무자가 수탁자인 점을 감안하여 신탁회사를 통해 다주택신탁을 맡기고 종합부동산세 부담을 줄여 왔으나, 세법개정을 통하여 부동산 신탁 시 재산세와 종합부동산세 등 보유세 납세자를 수탁자(신탁자)에서 원소유자(위탁자)로 변경하였다.

2020년 7·10 대책으로 단기임대주택 등록이 불가능하며 단기임대주택의 장기일반민간임대주택으로의 전환이 되지 않는다. 그리고 아파트는 장기일반민간임대주택 등록을 할 수 없으며, 아파트를 제외한 주택(다세대, 다가구, 단독주택, 오피스텔 등)의 장기일반민간임대주택의 등록은 가능하다. 장기임대주택의 경우 최소 의무기간이 8년에서 10년으로 임대의무기간이 연장된다. 단기 및 장기일반민간임대주택으로 등록된 임대주택의 임대의무기간 경과 후에는 임대등록이 자동 말소된다. 이는 장기임대등록을 통한 세입자의 주거안정과 아파트의 투기과열을 방지하기 위해 더 이상의 임대주택에 대한 혜택을 지원하지 않는 제재로 보여진다.

2019년 12월 16일 발표된 「주택시장 안정화 방안」에는 어떤 내용들이 담겨있는 것일까?

핵심은 투기수요 억제와 실수요자 공급확대를 통한 주택시장 안정화를 위한 방안이다.

투기지역 등의 주택담보대출 관리강화를 통한 대출수요규제를 강화하고, 전세대출을 이용한 갭투자를 방지하고자 한다. 종합부동산세의 세율을 인상하고 공시가격 현실화를 통한 형평성을 제고하며, 이를 통한 주택보유에 따른 보유부담이 강화된다. 1세대 1주택 비과세의 요건에 거주기간이 추가되어 실거주자에 대한 비과세를 보다 엄격하게 적용하는 결과를 가져온다. 즉, 2년 이상 거주한 자에 한하여 1주택자 장기보유특별공제를 허용하며, 1주택자의 장기보유특별공제율을 거주기준과 보유기간을 구분하여 적용한다. 일시적 2주택자 비과세의 조건으로 전입기간을 추가하고 2주택에 대해 중복 보유기간이 단축된다. 그리고 임대주택으로 등록한 주택을 비과세받기 위해서는 거주요건을 충족하여야 하며, 조정대상지역에서 보유하는 주택 수를 판단할 때 분양권도 포함하여 주택 수를 계산한다. 2년 미만 보유하는 주택과 조합원입주권의 양도소득세율을 인상하였다. 이외에도 부동산 매매법인의 탈루혐의를 정밀검증하며 조정대상지역 내 3억 원 이상, 그 외의 지역에 6억 원 이상의 주택을 구입하는 경우 자금조달계획서를 제출하여야 한다. 한시적으로 2020년 6월 30일까지 조정대상지역에서 10년 이상 보유한 주택을 양도하는 경우 양도소득세 중과를 배제하고 장기보유특별공제를 적용한다.

01 다주택자의 조정대상지역 내 양도소득세 한시적 중과배제

다주택자의 조정대상지역 내 양도소득세 규제는 다주택자가 조정대상지역 내에 주택을 양도하는 경우 양도소득세가 중과되고(2주택자 10%, 3주택자 20% 가산) 장기보유특별공제 적용이 배제된다. 이러한 다주택자에 대한 양도세 중과로 양도차익이 큰 주택을 보유하는 경우 무거운 양도세로 인해 매매가 불가한 경우가 많고, 수요에 비해 공급이 현저히 부족한 현실을 반영하여 다음과 같은 규정을 도입하였다.

다주택자가 조정대상지역 내에서 10년 이상 보유한 주택을 2019년 12월 17일(대책 발표일 다음 날부터)부터 2020년 6월 말까지 양도하는 경우 한시적으로 양도소득세 중과를 배제하고 장기보유특별공제를 적용한다.

이때 장기보유특별공제는 연간 2%의 공제율을 적용한다. 8%의 장기보유특별공제율은 1세대 1주택 비과세 요건을 갖추었으나, 양도소득세가 과세되는 경우에만 적용한다.

02 2022. 1. 1. 이후 양도하는 고가 겸용주택의 주택 외 부분인 상가부분의 과세 합리화

하나의 건물이 주택과 상가로 구성된 겸용주택에 해당되고 주택면적이 상가면적보다 큰 경우로서, 비과세 요건을 충족하는 경우에는 건물 전부를 주택으로 보아 건물 전체의 양도차익에 대해 2021년까지 비과세 규정을 적용한다.

다만, 9억 원을 초과하는 고가주택의 경우는 양도차익 중 9억 원 이하는 비과세되고 9억 원 초과분은 기본세율로 과세된다. 이때 장기보유특별공제액은 2020년 이후 양도하는 경우 2년을 반드시 거주해야만 연간 8%의 장기보유특별공제(10년×8%=80%까지 공제)가 적용된다.

그러나 세법개정으로 인해 2022년부터 주택면적이 더 크더라도, 해당하는 주택부분에 대해서만 주택으로 보아 비과세를 적용하므로, 주택이 아닌 상가부분에 대해서는 양도소득세를 과세한다. 따라서 겸용주택이 비과세 요건을 갖추더라도, 상가부분과 상가부수토지는 더 이상 주택으로 보지 아니하며 상가부분은 과세대상이 된다.

겸용주택의 경우 2021년까지 양도하는 경우에 한하여 주택면적이 상가면적보다 큰 경우 전체를 주택으로 보아 비과세를 적용받을 수 있으므로, 겸용주택 소유자는 이 규정을 적극 활용할 가치가 있다.

03 수도권 도시지역의 부수토지 범위 축소

비과세되는 1세대 1주택의 부수토지 범위가 종전에는 주택 정착면적의 5배였다. 세법개정으로 수도권 도시지역의 부수토지 범위가 조정되어 수도권 도시지역의 경우 주택 정착면적의 3배, 수도권 밖의 도시지역은 5배를 주택부수토지로 본다.

04 주택 수 계산 시 공동주택 소수지분자도 주택 수에 포함

종전에는 공동소유 주택은 지분이 가장 큰 자의 주택으로 보아 소수지분자의 지분은 주택 수에 포함하지 않았다. 이때 지분이 가장 큰 자가 둘 이상인 경우에는 공동소유자 간의 합의에 따라 신고한 자의 주택으로 보며, 합의가 없는 경우에는 각각의 소유로 계산하였다.

세법개정을 통하여 2020년 귀속분부터 다음의 요건이 충족된 경우에는 소수지분자의 지분도 주택으로 보아 주택 수에 포함된다.

일정 지분을 소유한 주택에서 발생하는 임대소득이 연간 600만 원 이상이거나 주택기준시가가 9억 원을 초과하는 고가주택으로서, 그 주택의 지분을 30% 초과하는 공유지분을 소유하는 경우 소수지분자의 지분도 주택으로 간주된다.

동일주택을 부부가 일정 지분 이상 소유한 경우 다음 순서로 부부 중 1인의 소유주택으로 계산한다. 부부 중 지분이 더 큰 자의 소유주택으로 보며, 부부의 지분이 동일한 경우에는 부부 사이의 합의에 따라 소유주택에 가산하기로 한 자의 1인의 소유주택으로 계산한다.

05 2021. 1. 1. 이후 조정대상지역 내 다주택자 여부를 판단하는 주택 수 계산 시 분양권도 주택 수에 포함

조정대상지역 내 다주택자 여부를 판단하는 주택 수 계산 시 분양권이 포함된다.

세법개정으로 2021. 1. 1. 이후부터 조정대상지역 내 다주택자 중과 여부를 판단하는 주택 수를 계산하는 때에 분양권을 주택 수에 포함하여 판단한다.

2020년까지 조정대상지역 내 다주택자 주택 수를 판단하는 경우, 조합원입주권은 주택 수에 포함하나 분양권은 제외한다.

2018년 9. 13. 부동산 대책에 따른 대출 및 청약을 하는 경우 분양권을 주택 수에 포함하고 있으나, 세제상 다주택자 여부를 판단하는 경우에 분양권은 주택 수에 포함시키지 아니하였다.

그러나 2021. 1. 1. 이후 양도분부터는 다주택자가 조정대상지역 내 주택을 양도하는 경우 양도소득세 중과를 위한 주택 수에 분양권을 포함하여 중과여부를 판단한다.

06 주택과 조합원입주권의 단기양도 시 양도소득세율의 중과세율 적용

2020년 현재는 주택과 조합원입주권을 취득일로부터 1년 이내에 양도하는 경우 40%의 중과세율을 적용하고, 취득일로부터 1년 이후에 양도하는 경우 기본세율(6~42%)을 적용한다. 주택 외의 부동산인 토지, 건물, 분양권을 1년 이내에 양도하는 경우 50%, 2년 이내에 양도하는 경우 40%를 적용한다.

그러나 세법개정을 통해 2021. 1. 1. 이후 주택과 조합원입주권을 단기양도하는 경우 1년 이내 50%, 2년 이내 40%의 중과세율을 적용하는바, 이는 주택과 조합원입주권을 토지 등의 단기양도 세율과 일치하도록 한 것이다.

<table>
<tr><th colspan="2" rowspan="2">구분</th><th rowspan="2">주택 외 부동산</th><th colspan="2">주택 및 조합원입주권</th></tr>
<tr><th>현행</th><th>개정(2021. 1. 1. 이후)</th></tr>
<tr><td rowspan="3">보유기간</td><td>1년 미만</td><td>50%</td><td>40%</td><td>50%</td></tr>
<tr><td>2년 미만</td><td>40%</td><td>기본세율</td><td>40%</td></tr>
<tr><td>2년 이상</td><td>기본세율</td><td>기본세율</td><td>기본세율</td></tr>
</table>

07 종합부동산세의 강화 & 주택공시가격 현실화 & 세부담 상한비율 300%

현재 3주택 이상이거나 조정대상지역 내에 2주택 이상을 보유한 경우 주택분 종합부동산세의 세율은 0.6~3.2%이다. 세법개정을 통해 0.2~0.8%가 추가되어 보유세 부담이 증가한다.

2019년 주택가격 공시부터 과세 형평성을 고려하여 실질적인 시세를 과표에 반영하고자 하나, 과표 현실화 반영률은 70% 미만이다. 2020년 주택가격을 공시할 때는 최근 시세 변동률을 공시가격에 반영하고, 특히 고가주택을 중심으로 현실화율을 적용할 예정이다.

2002년 90%, 2021년 95%, 2022년 100%까지 인상한다.

부동산 가격급등으로 보유세의 급격한 부담이 증가하고 있다. 이러한 부담을 최소화하고자 전년도에 납부한 보유세의 일정비율을 초과하는 금액에 대해서는 보유세를 부과하지 아니한다. 이를 세부담 상한비율이라 한다. 즉, 기존의 주택가격이 상승함에 따라 부동산 보유에 따른 재산세와 종합부동산세의 부담이 증가하는데, 주택가격 급등으로 인해 전년도에 납부한 보유세의 일정비율을 초과하는 금액에 대해서는 보유세를 부과하지 아니하는 것을 말한다.

세법개정을 통하여 조정대상지역 내에 2주택을 보유한 경우 세부담상한선을 200%에서 300%로 확대한다.

08 소형주택 임대사업자의 세액감면율의 축소 및 적용기한의 연장

2021. 1. 1. 이후 발생하는 일정 요건의 임대소득에 대해 다음과 같이 세액 감면율을 적용한다.

다만, 2020년 귀속되는 주택임대소득에 대해서는 현행규정인 장기일반 75%, 단기임대 30%의 감면율을 적용한다.

즉, 조세특례제한법 제96조에 따른 임대주택인 국민주택규모 이하의 주택으로 임대 개시 당시 기준시가 6억 원 이하의 주택으로 연간 임대료 증가율이 5% 이하이고 지방자치단체와 세무서에 임대사업자 등록을 한 임대주택을 말한다.

2019. 12. 31.까지 감면적용기한을 2022. 12. 31.까지 연장하고 8년 이상 장기일반민간임대주택 75% 감면율을 50%로, 그 외 4년 단기임대주택 30% 감면율을 20%로 축소하여 감면율을 적용한다.

09 조정대상지역의 변경

2019. 11. 8. 기준으로 부산광역시, 남양주시, 고양시 등이 조정대상지역에서 해제되었다.

2019. 2. 21. 현재 조정대상지역은 다음과 같다.

구분	조정대상지역
서울	서울시 전 지역 25개구 강남, 서초, 송파, 강동, 용산, 성동, 노원, 마포, 양천, 영등포, 강서, 구로, 금천, 동작, 관악, 은평, 서대문, 종로, 중구, 성북, 강북, 도봉, 중랑, 동대문, 광진
경기도	과천시, 성남시, 하남시, 화성시 동탄, 광명시, 구리시, 안양시 동안구·만안구, 광교지구, 수원시 팔달구·장안구·영통구·권선구, 용인시 기흥구·수지구, 의왕시 고양시: 삼송, 원흥, 지축, 향동, 덕은지구, 킨텍스 지원단지, 관광문화단지 등 7개 지구를 제외한 고양시 전역의 조정대상지역 해제 남양주시: 다산동, 별내동을 제외한 전역 해제
세종특별시	세종특별자치시(신행정수도 후속대책을 위한 연기·공주지역 행정중심복합도시 건설을 위한 특별법 제2조 제2호에 따른 예정 지역으로 고시된 지역에 한정)
	행정중심복합도시 예정 지역(건설교통부) • 연기군 - 금남면 반곡리·봉기리·석교리·석삼리 전 지역 / 대평리·부용리·성덕리·신촌리·영곡리·용포리·장재리·호탄리·황용리 일부 지역 - 남면 갈운리·고정리·나성리·방축리·송담리·송원리·양화리·월산리·종촌리·진의리 전 지역 / 보통리·연기리 일부 지역 - 동면 용호리 전 지역 / 문주리·합강리 일부 지역

구분	조정대상지역
	• 공주시 - 장기면 당암리 전 지역 / 금암리·산학리·합강리 일부 지역 - 반포면 원보리 일부 지역
부산	모두 해제

10 1세대 1주택자의 장기보유특별공제 시 거주기간 요건이 추가되어 거주기간별 & 보유기간별 구분하여 장기보유특별공제율을 적용

2018년 말 세법개정으로 2020년 1월 1일 이후 고급주택에 해당하는 1세대 1주택을 양도하는 주택에 대해서는, 양도하는 주택에서 2년 이상 거주한 경우에 한하여 보유기간에 따라 연간 8%(10년 이상 보유 시 최대 80%)의 장기보유특별공제를 적용한다.

고가주택에 해당되지 아니하는 1세대 1주택자는 비과세 대상이나 실거래가액이 9억 원을 초과하는 고가주택의 경우에는 양도차익 중 9억 원을 초과하는 양도차익분에 대해서는 양도세가 과세되며, 보유기간에 따른 장기보유특별공제(10년 이상 보유 시 최대 80%)를 양도차익에서 차감한다.

장기보유특별공제는 보유기간이 3년 이상인 토지, 건물, 조합원입주권을 양도하는 경우 양도차익에서 보유기간에 따른 장기보유특별공제를 차감하여 양도소득금액을 계산한다. 조합원입주권의 경우 관리처분계획인가 전의 양도차익에 한하며, 조합원으로부터 입주권을 승계취득한 경우에는 장기보유특별공제를 적용하지 아니한다.

다만, 조정지역 내의 다주택자의 주택은 중과세율이 적용되므로 장기보유특별공제를 적용하지 아니한다(18. 4. 1. 이후 양도분부터 중과적용). 그러나, 세법개정으로 한시적으로 조정지역 내의 다주택자가 2019. 12. 17.~2020. 6. 30.까지 10년 이상 보유한 주택을 양도하는 경우에는 양도세를 중과하지 아니하며, 보유기간에 따른 2%의 장기보유특별공제를 적용한다.

2021. 1. 1. 이후 양도하는 고가주택의 1세대 1주택자는 9억 원을 초과하는 양도차익에 대한 장기보유특별공제를 적용할 때 보유기간과 거주기간을 각각 구분하여 보유기간별, 거주기간별 4%의 장기보유특별공제율을 계산한다.

1세대 1주택자(실거래가 9억 원을 초과)에 대한 장기보유특별공제율을 최대 80%(10년)를 유지하되, 거주기간 요건을 추가하여 보유기간별 장기보유특별공제율(연 4%)과 거주기간별 장기보유특별공제율(연 4%)을 구분하여 장기보유특별공제율을 적용한다.

* 연 8%의 공제율을 보유기간 4% + 거주기간 4%로 구분하여 계산
* 조정대상지역 외 다주택자의 경우에는 15년 이상 보유 시 최대 30% 장기보유특별공제가 가능

보유기간		3~4년	4~5년	5~6년	6~7년	7~8년	8~9년	9~10년	10년 이상
1주택	합계	24%	32%	40%	48%	56%	64%	72%	80%
	보유	12%	16%	20%	24%	28%	32%	36%	40%
	거주	12%	16%	20%	24%	28%	32%	36%	40%
다주택		6%	8%	10%	12%	14%	16%	18%	20~30%

▶▶ 장기보유특별공제율

일반장기보유 특별공제		1세대 1주택 장기보유특별공제		조세특례제한법 제97조의3(장기일반민간임대주택) 장기보유특별공제		조세특례제한법 제97조의4 (장기임대주택등) 장기보유특별공제 추가공제율 과세특례	
보유기간	공제율(2%)	거주기간(4%)	보유기간(4%)	보유기간	공제율	보유기간	추가공제율
3년 이상 4년 미만	6%	3년 이상 4년 미만: 12%	3년 이상 4년 미만: 12%	3년 이상 4년 미만		3년 이상 4년 미만	
4년 이상 5년 미만	8%	4년 이상 5년 미만: 16%	4년 이상 5년 미만: 16%	4년 이상 5년 미만		4년 이상 5년 미만	
5년 이상 6년 미만	10%	5년 이상 6년 미만: 20%	5년 이상 6년 미만: 20%	5년 이상 6년 미만		5년 이상 6년 미만	
6년 이상 7년 미만	12%	6년 이상 7년 미만: 24%	6년 이상 7년 미만: 24%	6년 이상 7년 미만		6년 이상 7년 미만	2% 가산
7년 이상 8년 미만	14%	7년 이상 8년 미만: 28%	7년 이상 8년 미만: 28%	7년 이상 8년 미만		7년 이상 8년 미만	4% 가산
8년 이상 9년 미만	16%	8년 이상 9년 미만: 32%	8년 이상 9년 미만: 32%	8년 이상 9년 미만	50%	8년 이상 9년 미만	6% 가산
9년 이상 10년 미만	18%	9년 이상 10년 미만: 36%	9년 이상 10년 미만: 36%	9년 이상 10년 미만	50%	9년 이상 10년 미만	8% 가산

<table>
<tr><th colspan="2">일반장기보유
특별공제</th><th colspan="2">1세대 1주택
장기보유특별공제</th><th colspan="2">조세특례제한법
제97조의3(장기
일반민간임대주택)
장기보유특별공제</th><th colspan="2">조세특례제한법
제97조의4
(장기임대주택등)
장기보유특별공제
추가공제율 과세특례</th></tr>
<tr><th>보유기간</th><th>공제율(2%)</th><th>거주기간(4%)</th><th>보유기간(4%)</th><th>보유기간</th><th>공제율</th><th>보유기간</th><th>추가공제율</th></tr>
<tr><td>10년 이상
11년 미만</td><td>20%</td><td rowspan="6">10년 이상:
40%</td><td rowspan="6">10년 이상:
40%</td><td>10년 이상
11년 미만</td><td rowspan="6">70%</td><td>10년 이상
11년 미만</td><td rowspan="6">10% 가산</td></tr>
<tr><td>11년 이상
12년 미만</td><td>22%</td><td>11년 이상
12년 미만</td><td>11년 이상
12년 미만</td></tr>
<tr><td>12년 이상
13년 미만</td><td>24%</td><td>12년 이상
13년 미만</td><td>12년 이상
13년 미만</td></tr>
<tr><td>13년 이상
14년 미만</td><td>26%</td><td>13년 이상
14년 미만</td><td>13년 이상
14년 미만</td></tr>
<tr><td>14년 이상
15년 미만</td><td>28%</td><td>14년 이상
15년 미만</td><td>14년 이상
15년 미만</td></tr>
<tr><td>15년 이상</td><td>30%</td><td>15년 이상</td><td>15년 이상</td></tr>
</table>

11 조정대상지역의 일시적 1세대 2주택 비과세 요건 강화

세법개정으로 2019. 12. 17. 이후 조정대상지역에서 주택을 취득하는 1세대 1주택자는 대체취득일로부터 1년 내에 전입하고 기존주택을 양도하여야 비과세를 적용받을 수 있다. 즉, 조정대상지역의 일시적 2주택자의 전입요건 강화와 중복보유 허용기간을 단축하였다.

조정대상지역 내 일시적으로 1세대 2주택 비과세를 적용받기 위해서는 대체주택을 취득하고 취득일로부터 1년 이내에 기존주택을 양도하고 동시에 취득일로부터 1년 이내에 대체주택에 전입하여야 한다. 2019. 12. 17. 이후부터 조정대상지역에서 신규로 취득하는 주택에 대해 적용한다.

이 규정은 기존주택과 대체주택 모두가 조정대상지역에 있는 경우에만 적용된다. 따라서 기존주택과 대체주택 둘 중에 비조정대상지역에 해당되는 주택이 있다면 종전 규정을 적용하여 대체주택 취득일부터 3년 이내에 기존주택을 양도하면 비과세 혜택을 적용받을 수 있다.

2018. 9. 13. 부동산 대책 중에서 조정대상지역의 투기세력 근절을 위하여 일시적 1세대 2주택의 대체취득 중복기간을 2년으로 단축하였다. 기존주택과 대체취득하는 주택이 모두 조정대상지역 내에 존재하는 경우에는 중복보유를 인정하는 기간이 2년이며, 그 외에 기존주택이나 대체취득하는 주택 소재지가 조정대상지역 외의 지역에 소재하는 경우에는 중복기간을 3년으로 본다.

12 2019. 12. 17.부터 조정대상지역 내 등록하는 임대주택의 2년 거주의무로 양도세 비과세 요건 강화

2019. 12. 17.부터 조정대상지역 내에서 새로 임대등록하는 주택의 경우에는 임대주택에서 2년 거주요건을 충족하여야만 해당 임대주택을 양도하는 경우 비과세 혜택을 받을 수 있다.

조정대상지역 내 임대주택으로 등록된 주택으로서 양도 당시 1주택이더라도 2년 거주해야 비과세가 적용된다. 따라서 2019. 12. 17. 이전에 등록한 임대주택은 다른 비과세 요건을 충족하고 임대의무기간을 준수하면 거주를 하지 아니하더라도 비과세 적용이 가능하다.

조정대상지역 내 1세대 1주택은 보유기간과 거주기간이 2년 이상인 경우 9억 원까지 비과세 혜택을 받을 수 있다. 이 경우 소득세법과 민간임대주택법에 따른 임대사업자등록을 한 경우 거주기간의 제한없이 비과세 혜택을 받을 수 있다. 임대주택미등록인 1주택자와의 형평성을 고려하여 2019. 12. 17.부터 새로 임대하는 주택에 대하여 2년의 거주요건을 적용한다.

2017년 8·2 대책으로 조정대상지역 내 주택을 취득하고 해당 주택을 양도하는 경우 2년 이상 거주해야 비과세를 적용하나, 일정한 요건을 충족한 경우에는 2년의 거주기간 예외를 주어 2년을 거주하지 아니하여도 비과세를 적용하였다.

13 부동산을 증축하고 증축원가를 기준시가로 신고한 경우 5%의 가산세 부과

세법개정을 통해 건물신축 외에 증축을 하여 취득원가를 환산가액으로 신고하는 경우에도 5%의 가산세를 부과한다. 통상적으로 건물을 신축하거나 증축하는 경우 기준시가를 취득가액으로 신고하고 준공 후 즉시 양도하는 경우 양도가액 또한 환산취득가액을 적용하여 양도차익이 발생하지 않도록 신고하는 경우가 많았다.

이러한 기준시가를 이용하는 조세회피를 막기 위하여 건물가액의 5%를 가산세로 징수하는 규정을 확대 신설하였다.

14 임대주택으로 등록된 주택이 주택법상 리모델링되는 경우에도 리모델링되기 전 임대기간과 리모델링된 후 임대기간을 합산하여 임대기간을 계산

도시개발정비법상 재개발이나 재건축으로 멸실되었다가 신축주택으로 준공된 경우 재개발 등을 하기 전의 임대기간과 준공 후의 임대기간을 합산하여 임대의무기간을 적용한다. 종전에는 장기일반민간임대주택의 경우 계속하여 임대를 해야 하는 규정으로 계속 임대하였으나, 리모델링 등으로 임대하는 기간이 중단된 경우에는 임대기간의 합산규정이 적용되지 아니하였다.

그러나 이번 세법개정을 통해 주택법상의 리모델링으로 임대기간이 중단되더라도, 리모델링으로 인한 공사 전후의 임대기간을 합산하여 임대기간을 계산한다.

멸실된 주택의 임대기간과 신규 취득한 주택의 임대기간을 합산하여 임대기간을 계산한다.

15 임대사업자 의무위반 강화

주택임대의무기간 중 양도하거나 임대를 하지 않는 경우 2019. 10. 24. 양도하는 임대주택에 대하여 3천만 원의 과태료를 적용한다. 주택임대사업자가 준수해야 할 의무사항 등은 다음과 같으며, 이를 위반하는 경우 과태료가 부과된다.

특히 임대기간 중에 주택을 양도하거나 임대하는 경우에는 3천만 원 이하의 과태료가 부과되므로, 지자체에 임대주택을 등록하는 때에는 신중을 기하여야 한다.

다만, 민간임대주택을 다른 임대사업자에게 양도하고 양수받은 자가 임대주택으로 등록하는 경우 3천만 원의 과태료가 변제된다. 2년 연속 적자이거나 부의 현금흐름이 발생하는 등 임대사업을 계속 영위하기가 곤란하거나 재개발·재건축 등으로 임대주택이 멸실되어 임대사업을 계속하기 어려운 경우로서 임대사업을 하지 않거나 매도하는 경우에도 과태료가 면제된다.

16 2020년부터 세무서에 반드시 주택임대사업자등록 의무

2018년 세법개정으로 주택임대사업자가 세무서에 임대업을 사업자등록을 하지 않은 경우에는 2020년부터 임대수입금액의 0.2%의 가산세를 부과한다. 2019년까지 사업자등록을 하여야 가산세를 피할 수 있다.

세법상 임대주택에 대한 세제혜택을 받기 위한 경우가 아니라면 세무서에 사업자등록만 하면 된다. 만약, 지자체에 임대사업자등록을 하는 경우에는 임대의무기간 중에는 주택매도가 원칙적으로 불가능하고, 임대기간 중 양도에 따른 과태료 및 임대기간 중 임대료 증액제한 등의 다양한 의무가 존재하므로 지자체에 임대업등록을 하는 경우 신중을 기하여야 한다.

임대사업자 의무사항 등	과태료(만 원)		
	1차 위반	2차 위반	3차 위반
등록사항 말소신고	50	70	100
임대의무기간 중 해지 또는 재계약 거부	500	700	1,000
임대차계약 무신고 및 허위신고	500	700	1,000
표준임대차계약서 미사용	500	700	1,000
오피스텔을 주거용으로 미사용	500	700	1,000
연간 임대료 5% 상한규정	500	1,000	2,000
의무임대기간 중 양도 및 임대	3,000만 원 이하		

17 상속으로 취득한 주택을 장기일반민간임대주택으로 등록한 경우 합산배제 가능

2018년 9·13 부동산 대책 발표 이후 조정대상지역 내 주택을 취득하여 장기임대주택을 등록하여도 양도세 중과배제 및 종부세 합산배제의 혜택이 주어지지 아니한다.

즉, 세법상 장기임대주택 요건인 지자체에 장기일반민간임대등록과 세무서에 사업자등록을 신청하고 8년 이상 임대의무기간과 임대 개시 당시의 기준시가 요건(수도권 6억 원, 지방 3억 원 이하) 및 5% 임대료 증액 제한 요건을 모두 충족하여도 중과배제 등의 혜택을 적용하지 아니한다. 다만, 거주주택 과세특례는 요건을 충족하는 경우 적용받을 수 있다.

세법개정으로 종합부동산 합산배제 대상을 보다 명확하게 하였다. 즉, 조정대상지역의 투기근절을 위하여 추가적인 주택 구입에 대해 종합부동산세 합산배제 혜택을 적용하지 아니하는 것이므로, 상속 등으로 인해 불가피하게 발생하는 주택의 경우는 종부세 합산배제를 적용한다.

18 노후화로 인해 건물을 재건축할 때 투입되는 철거비용을 양도소득세 계산 시 비용처리

양도소득의 필요경비에는 취득가액, 자본적지출액, 용도변경 및 개량과 이용편의비용, 개발부담금, 재건축부담금, 양도신고에 따른 수수료, 공증비용, 인지대 및 소개비 등이 있다.

세법개정으로 재해나 건물 노후화 등으로 부득이한 사유가 발생하여 건물을 재건축하는 경우 발생하는 철거비용을 양도소득의 필요경비에 산입한다.

19 임대주택특례적용을 위한 제출서류의 간소화

장기임대주택 및 준공공임대주택에 대한 특례를 적용받기 위해서는 지자체에 임대사업자등록증 사본, 임대차계약서 사본, 임차인의 주민등록증 사본 또는 주민등록등본 등을 제출해야 한다. 그러나 임차인의 중요서류를 임대인이 수령하여 제출하는 것이 현실적인 어려움이 많아 실질적인 임대차 관계를 확인하기 위하여 전입세대 열람을 통해 실질을 확인할 수 있도록 개정하였다.

따라서 임차인의 주민등록증 사본이나 주민등록등본 대신 전입세대 열람 내역을 제출하는 것으로 갈음한다.

2019년부터 적용되는 부동산 관련 세법에는 어떤 것들이 있을까?

01 조정대상지역 추가 변경

▶▶ 조정대상지역의 범위

구분	조정대상지역
서울	서울시 전 지역 25개구 강남·서초·송파·강동·용산·성동·노원·마포·양천·영등포·강서·구로·금천·동작·관악·은평·서대문·종로·중구·성북·강북·도봉·중랑·동대문·광진
부산	해운대구·동래구·수영구, 연재구, 남구, 부산진구, 기장군 일광면
경기	과천시·광명시·성남시·고양시·남양주시·하남시 화성시(반송동·석우동/동탄면 금곡리·목리·방교리·산척리·송리·신리·영천리·오산리·장지리·중리·청계리 일원에 지정된 택지개발지구로 한정) 구리시, 안양시 동안구, 광교택지개발지구(수원시 영통구 이의동, 원천동, 하동, 매탄동, 팔달구 우만동, 장안구 연무동, 용인시 수지구 상현동, 기흥구 영독동 일원) 수원시 팔달구, 용인시 수지구·기흥구
세종 특별 자치시	세종특별자치시(신행정수도 후속대책을 위한 연기·공주지역 행정중심복합도시 건설을 위한 특별법 제2조 제2호에 따른 예정 지역으로 고시된 지역에 한정)
	행정중심복합도시 예정 지역(건설교통부) • 연기군 - 금남면 반곡리·봉기리·석교리·석삼리 전 지역 / 대평리·부용리·성덕리·신촌리·영곡리·용포리·장재리·호탄리·황용리 일부 지역 - 남면 갈운리·고정리·나성리·방축리·송담리·송원리·양화리·월산리·종촌리·진의리 전 지역 / 보통리·연기리 일부 지역 - 동면 용호리 전 지역 / 문주리·합강리 일부 지역 • 공주시 - 장기면 당암리 전 지역 / 금암리·산학리·합강리 일부 지역 - 반포면 원보리 일부 지역

조정대상지역에 지정된 후 해당 지역에서 주택을 취득하고 그 주택을 양도하는 경우, 그 주택은 반드시 2년을 거주해야 비과세 혜택을 받는다. 이에 반해 조정대상지역이 아닌 지역의 주택은 2년만 보유해도 양도 당시 1세대 1주택에 해당하면 비과세 요건을 충족한 것으로 본다.

그리고 다주택자가 조정대상지역 지정일 이후 조정대상 해당지역의 주택을 양도하는 경우 양도세 중과가 적용된다. 즉, 2주택자의 경우 기본세율+10%, 3주택자의 경우 기본세율+20%가 가산되며 장기보유특별공제도 적용 배제된다.

또한 조정대상지역 지정일 이후 아파트 분양권을 양도하는 경우 보유기간에 관계없이 50%의 세율이 부과되며, 오피스텔 분양권은 이에 해당되지 아니한다.

02 장기보유특별공제율이 연간 3%에서 연간 2%로 하향

2019년부터 3년 이상 보유한 토지, 건물 등을 양도하면 연 2%의 장기보유특별공제가 적용된다. 그리고 조정대상지역에서 양도하는 경우, 양도소득세율이 중과되는 경우 장기보유특별공제도 함께 배제된다. 종전에는 10년만 보유해도 30%의 장기보유 공제율을 적용받을 수 있었으나, 2019년부터는 최소 15년 이상을 보유하여야 30%의 공제율을 적용받을 수 있다. 단, 조세특례제한법 제97조의3에 따른 장기보유특별공제 우대율이 적용되는 장기일반민간임대주택(구 준공공임대주택)은 8년 임대 후 양도하면 50%, 10년 임대 후 양도하는 경우 70%의 장기보유특별공제율을 적용한다.

03 장기일반민간임대주택에 대한 양도소득세 100% 감면 규정이 2018. 12. 31. 일몰로 종료

〈조세특례제한법 제97조의5〉

국민주택규모 이하의 주택을 취득일로부터 3개월 이내에 지자체에 장기일반민간임대주택(구 준공공임대주택)으로 등록하고 10년 이상 계속하여 임대한 후 양도하면, 임대기간 중 발생한 양도소득에 대한 양도소득세를 100% 감면한다.

이 규정은 2018. 12. 31.까지 매매계약이 체결되어 잔금이 청산되거나 등기가 이전된 주택이거나 2018. 12. 31.까지 매매계약을 체결하고 계약금을 지급한 주택은 2018. 12. 31. 이후 잔금을 치루더라도 취득일로부터 3개월 이내에만 장기일반민간임대주택(구 준공공임대주택)으로 등록하면 조세특례제한법 제97조의5에 따른 양도세 100%를 감면받을 수 있다.

다만, 9·13 대책으로 장기일반민간임대주택(구 준공공임대주택)에 대한 기준시가 요건이 추가 신설되어 수도권은 6억 원 이하, 수도권 이외 지역은 3억 원 이하의 가액요건을 충족하여야 양도세 감면을 받을 수 있다.

04 주택임대수입금액 2천만 원 이하인 경우에도 소득세가 과세

2018년까지 주택임대수입금액이 2천만 원 이하인 경우 소득세가 과세되지 않았고, 2천만 원 초과자에 한해 종합과세가 되었다. 그러나 2019년부터 주택임대수입금액이 2천만 원 이하라 하더라도 소득세가 과세되며, 분리과세와 종합과세 중 선택하여 신고가 가능하다.

여기서 분리과세란 근로, 사업, 기타, 이자, 배당 등의 소득과 주택임대소득을 합산하지 않고 주택임대소득을 분리하여 신고하는 과세를 말한다. 종합과세란 주택임대소득을 다른 소득과 합산하여 과세하는 방식으로 실제 지출된 경비만을 필요경비로 인정하므로 종합소득세 부담이 증가한다.

05 주택임대소득 분리과세 시 필요경비 차등 적용

분리과세로 소득금액을 계산할 때 임대주택으로 등록한 경우에는 60%의 필요경비율을 적용하며, 주택임대소득 외의 종합소득금액이 있는 경우 400만 원을 비용으로 인정한다.

이에 반해 임대주택으로 등록하지 아니한 경우에는 50%의 필요경비율과 주택임대소득 외의 종합소득금액이 있는 경우 200만 원을 비용으로 소득금액 계산 시 반영한다.

다만, 주택임대소득 외의 다른 종합소득금액이 2천만 원 이하인 경우에만 해당 금액을 차감한다.

민간임대주택법상 단기민간임대주택(4년 이상 의무임대) 또는 장기일반민간임대주택(8년 이상 의무임대)으로 등록하고 소득세법상 사업자등록을 하여야 한다. 또한 민간임대주택법에 따른 임대료 인상률 연 5%를 준수하여야 한다.

분리과세 세액

분리과세 세액=[(수입금액 - 수입금액×필요경비율) - 공제대상금액*] × 14%

* 주택임대소득 외의 다른 종합소득금액이 2천만 원 이하인 경우에만 공제대상 금액을 차감한다.

구분	주택임대등록	주택임대미등록
필요경비율	60%	50%
공제대상금액	400만 원	200만 원

06 임대보증금 과세대상 주택 수 산정에서 제외되는 소형주택의 범위 축소

기존 소형주택의 범위에는 가액이 기준시가 3억 원 이하이고 60㎡ 이하의 주택에 대해 과세대상에서 제외되었다. 그러나 2019년부터 기준시가 2억 원 이하이며 전용면적 40㎡ 이하의 주택에 한해 간주임대료 주택 수에서 제외되며, 해당 주택의 보증금에 대한 소득세가 과세되지 아니한다.

주택을 임대할 때 월세 이외에 전세보증금을 수령하는 경우와 전액 월세로 받는 경우에 과세형평의 문제가 발생할 수 있다. 전세보증금은 되돌려주어야 하는 부채 성격으로 과세대상이 아니다. 그러나 보증금을 과세대상에서 제외하는 경우 월세를 더 많이 받는 임대업자가 상대적으로 소득이 많이 노출된다. 이러한 과세형평의 문제를 제거하기 위해 전세보증금에 일정한 이자율을 곱한 금액을 임대료로 받은 것으로 간주하는데, 이를 간주임대료라고 한다.

07 장기주택저당차입금 이자상환액 공제 적용 대상 주택의 범위가 기준시가 5억 원으로 확대

근로소득이 있는 거주자로서 무주택자이거나 1주택자가 기준시가 5억 원 이하의 주택을 취득하고 담보대출을 받는 경우, 그에 따른 이자상환액을 근로소득 연말정산 시 공제한다.

종전에는 기준시가 4억 원 이하였으나, 최근 주택가격 상승으로 인해 공제대상 주택을 확대하였다.

08 분리과세 주택임대소득만 있는 자도 임대사업자등록 의무, 미등록 시 임대수입금액의 0.2% 가산세, 주택임대 소득자 사업자등록 의무화

세금을 절세한다고 생각할 때 부동산을 팔아서 이익을 줄이는 방법도 있지만, 의무규정을 이행하지 않음으로써 발생하는 가산세를 피해나가는 것도 중요한 절세방법이다.

그중 하나가 주택임대소득자 사업자등록 의무규정이다.

소득세법 제168조 제1항의 규정에 따라 주택임대수입금액의 유무에 관계없이 주택임대업을 영위하는 자는 세무서에 사업자등록을 해야 할 의무가 있다. 임대사업등록을 하지 아니한 경우에는 미등록기간 동안의 임대수입금액에 대해 0.2%의 가산세가 적용된다.

가령 임대사업자등록을 하지 아니하고 10년 동안 아파트를 임대하고 받은 돈이 3억 5천만 원(연간 3,500만 원×10년)이라고 가정하면, 3억 5천만 원의 0.2%인 70만 원을 가산세로 납부해야 한다.

부칙 제20조에 근거하여 2019. 1. 1. 이전에 주택을 임대하고 있는 자로서, 주택임대수입금액 2천만 원 이하인 자는 2019. 12. 31.까지 사업자등록이 가능하다. 그리고 그 외의 자, 즉 주택임대수입금액이 2천만 원을 초과하거나 2019. 1. 1. 이후 임대 개시하는 자는 임대사업자등록 의무를 가진다.

09 임대주택으로 등록한 주택의 취득세 및 재산세 감면 규정은 2021년까지 연장

민간임대주택법에 따른 임대주택으로 등록한 주택의 취득세와 재산세 감면 규정이 2018년 일몰규정이었으나, 2021년으로 연장되었다.

지방세특례제한법에 따라 60㎡ 이하의 공동주택 또는 오피스텔을 최초로 분양받아 취득일로부터 60일 이내에 지자체에 임대주택으로 등록하는 경우 취득세가 감면된다. 또한 2채 이상의 공동주택이나 오피스텔을 임대주택으로 등록하고 임대하는 경우, 그 면적에 따라 재산세가 감면된다.

10 신혼부부생애최초 주택 취득세 감면

2019. 1. 1.~2019. 12. 31.까지 혼인일을 기준으로 5년 이내인 사람과 주택 취득일부터 3개월 이내에 혼인할 예정인 사람으로 주택 취득일 직전연도에 부부합산 소득이 7천만 원(혼자 버는 사람 5천만 원) 이하인 경우에 해당되어야 한다. 그리고 취득가액이 4억 원(수도권 외 지역은 3억 원) 이하이고 전용면적이 60㎡ 이하 주택을 취득하는 경우에 취득세를 감면한다.

다만, 3년 이내 해당 주택을 양도, 증여, 임대하는 경우 감면세액을 추징한다. 따라서 신혼으로 생애최초 주택에 대해 취득세 감면을 받은 경우에는 반드시 3년간 거주하여야 한다.

11 1세대 1주택 비과세 판단 시 사실혼 배우자 포함

2019년부터 사실혼 배우자가 주택을 소유하고 있어도 1가구 1주택에 따른 비과세 혜택에서 제외된다. 원래 1세대일 경우, 거주자 및 배우자가 그들과 같은 주소에서 생계를 같이 하는 자와 함께 구성하는 가족 단위를 말하는데, 이 범위를 더 명확하게 사실혼 관계를 유지하고 있는 배우자도 1세대로 본다는 것이다.

개정 이유는 다주택가구가 이혼을 위장하고 양도소득세 비과세 혜택을 받는 경우가 많기 때문에, 사실과 다른 허위로 인한 양도신고를 부인하고 실질적인 관계를 과세근거기준으로 삼기 위함이다.

12 1세대 1주택 양도세 비과세 적용 시 보유기간 요건 강화 2021. 1. 1. 이후 양도분부터 적용(2년간 적용유예)

1세대 1주택 양도세 비과세 보유기간 요건을 강화하여 다주택 상태인 기간은 제외하고, 1주택 상태인 기간부터 기산하여 2년을 보유하여야 한다(조정대상지역 지정 이후에 취득한 주택은 보유기간 중 2년 이상 거주).

개정 전에는 양도할 당시 1주택자가 해당 주택 보유기간이 2년 이상이면 비과세가 적용되었다(조정대상지역 지정 이후에 취득한 주택은 보유기간 중 2년 이상 거주).

그러나 2021. 1. 1.부터는 1세대가 1주택 이상을 보유한 경우 다른 주택들을 모두 양도하고 최종적으로 1주택만 보유하게 된 날부터 보유기간을 기산한다. 다만, 일시적 2주택자나 상속, 동거봉양 등 부득이한 사유로 인해 1주택 비과세를 받는 주택은 제외한다.

즉, 개정 전에는 다주택자가 주택을 매각하고 최종적으로 1주택만 보유한 후 그 1주택을 매각 시 그 주택의 취득시기부터 보유기간 2년을 기산하여 1세대 1주택 비과세를 적용하였다.

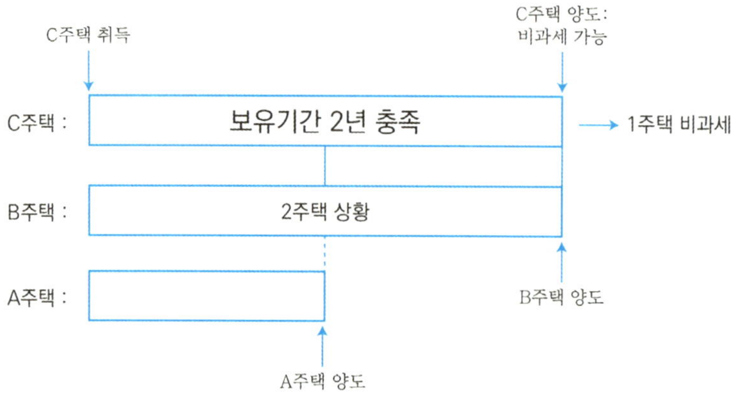

개정법의 적용 시점인 2021. 1. 1.부터는 다주택을 보유한 기간은 제외하고 최종적으로 1주택만 보유하게 된 날부터 보유기간 2년을 기산하여 1세대 1주택 비과세를 적용한다.

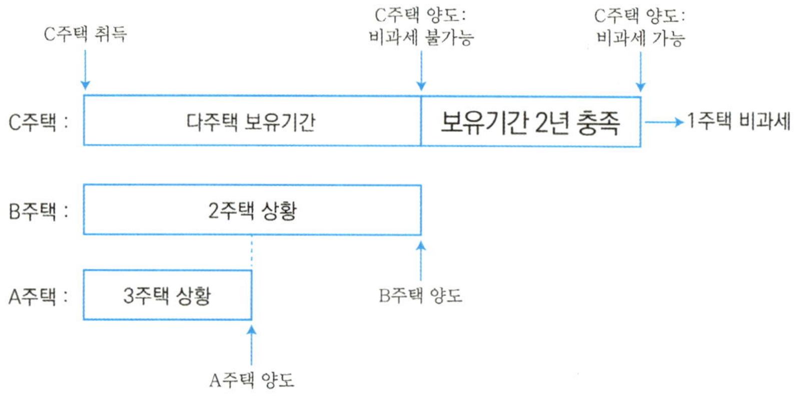

13 주택임대사업자 최초 거주주택 1회만 비과세 허용

2년 이상 거주한 주택을 양도하고 그 주택의 비과세 여부를 판단하는 경우, 장기임대주택이 여러 채인 경우에도 모두 주택 수에서 제외되었다. 그리고 2년 이상 거주한 거주주택을 양도할 때 비과세를 적용받고, 다른 거주주택을 취득하여 2년 거주 후 또다시 매각하는 경우에도 직전 거주주택 양도 후 양도차익에 대해 비과세가 적용되었다. 이처럼 주택을 여러 채 보유한 다주택자들은 거주주택 과세특례를 이용하여 강력한 양도세 구조에서도 살아남는 경우가 많았다.

그러나 이번 개정을 통해 양도세 틈새를 빠져나가는 출구를 전략적으로 막고, 거주주택에 대해 단 1회만 비과세하는 것으로 강화하였다.

이 법의 시행시기는 시행령 개정 이후 신규 취득분부터 적용하되, 시행일 당시에 거주하고 있는 주택(시행일 이전에 거주주택을 취득하기 위해 계약금을 지불한 경우도 포함)은 종전 규정을 적용한다.

14 임대주택을 거주주택으로 전환하는 경우에도 전체 양도차익 과세(단, 최종 임대주택 1채만 보유하고 거주주택으로 전환 시 직전 거주주택 양도 후 양도차익에 대해서만 비과세)

장기임대주택을 보유한 임대사업자가 2년 이상 본인이 거주한 주택을 양도 시 1세대 1주택으로 보아 횟수에 제한없이 비과세를 적용하였다. 즉, 임대주택을 거주주택으로 전환하는 경우 기존 거주주택 양도 후 발생하는 양도차익에 대해 비과세를 하였다.

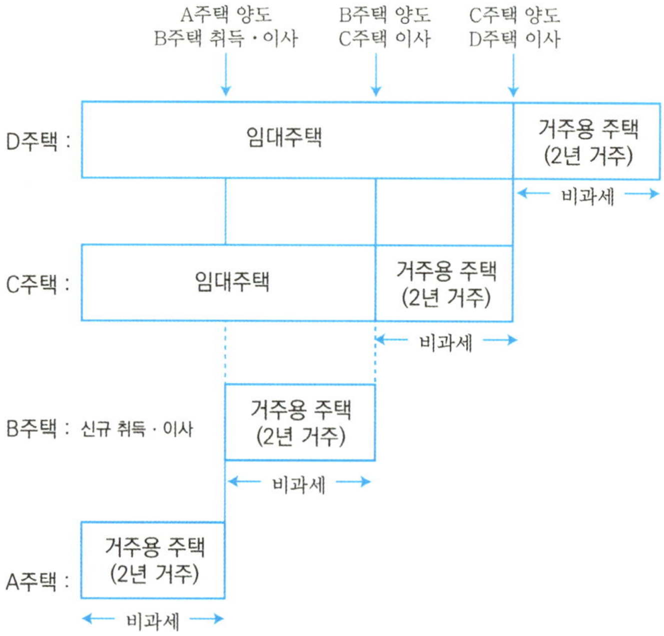

이번 개정을 통해 임대주택을 거주주택으로 전환하는 경우에도 전체 양도차익에 대해서 과세를 하도록 규정되었다. 다만, 최종적으로 임대주택 1채만 보유하게 된 후 거주주택으로 전환 시에는 직전 거주주택 양도 후 양도차익분에 대해서만 비과세를 적용한다.

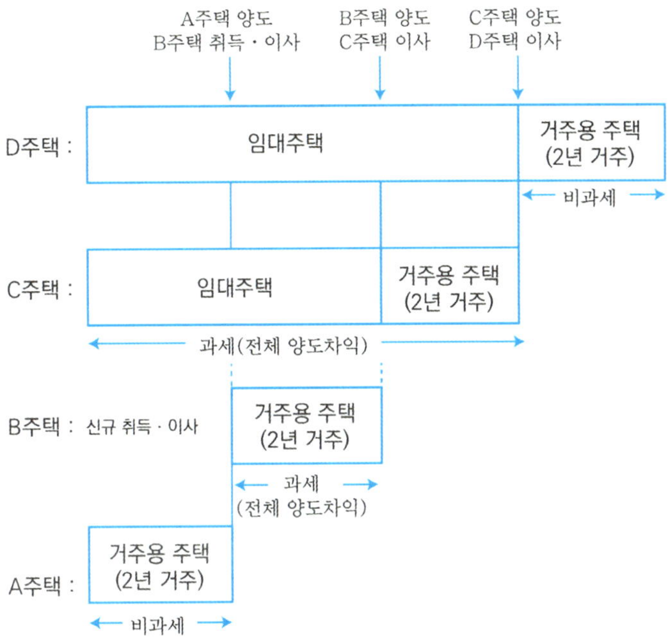

15 단기임대주택을 장기일반민간임대주택 전환 시 임대기간 합리화

단기임대주택(4년 이상 임대)을 장기일반민간임대주택(8년 이상 임대) 등으로 변경등록하는 경우, 단기임대주택 임대기간의 50%(최대 5년)를 임대기간으로 인정하였다. 이번 개정을 통해 장기임대로 전환등록 시 최대 4년을 한도로 기존의 단기 임대기간 전체를 임대기간으로 인정하도록 민간임대주택법과 일치시켰다.

16 임대주택의 과세특례 적용 시 임대료 5% 증액 제한

소득세법상 장기임대주택의 과세특례, 즉 종부세 합산배제, 임대사업자의 거주주택 양도소득세 비과세, 양도소득세 중과배제, 임대료에 대한 소득세 세액감면 등을 적용받기 위해서는 반드시 임대료 5%의 증액제한을 엄수하여야 특례를 적용받을 수 있다.

종전에는 민간임대주택법 규정에 따라 단기이든 장기일반민간이든 임대주택을 등록하면 임대료 5% 증액제한은 반드시 지켜야 하고, 이를 위반하는 경우 과태료가 부과되었다. 그러나 소득세법상 장기임대주택에 대한 거주주택비과세, 양도세 중과배제, 종부세 합산배제, 임대소득 감면 등은 5% 증액을 지키지 못하여도 혜택을 적용받았다.

이번 개정을 통해 임대인의 주거안정을 위해 임대료 5% 증액을 제한하였고, 영 시행일 이후 주택 임대차계약을 갱신하거나 새로 체결하는 분부터 적용한다.

17 배우자 이월과세 적용대상 자산범위 확대

거주자가 토지, 건물, 특정시설물이용권을 배우자 또는 직계존비속에게 증여하고 증여한 날부터 5년 이내에 그 자산을 타인에게 양도하는 경우, 증여재산가액을 취득가액으로 보지 않고 증여한 자의 당초 취득가액을 양도한 자산의 취득가액으로 본다. 이러한 과세제도를 "배우자 이월과세"라 한다.

그동안 이 규정은 과세대상 자산에 분양권과 조합원이 포함되지 않아, 6억 원까지 공제되는 배우자증여공제를 이용하여 분양권을 증여한 후 양도하는 형식을 통해 증여세는 물론이고 양도세까지 내지 않는 방법으로 적극 활용되었다.

이번 개정을 통해 분양권과 조합원입주권을 배우자 등에게 증여하고, 증여한 날부터 5년 이내에 수증자가 증여받은 분양권을 양도하면 취득가액을 증여한 자의 당초 취득가액으로 본다. 이를 통해 증여를 통한 절세효과는 사라지게 된다.

2018년 9·13 대책의 조정대상지역의 주택임대사업자 규제에는 어떤 것들이 있었을까?

건설회사를 20년 이상 다니고 있는 김상무는 부동산 투자에 귀재이다. 부동산 세금에 늘 관심이 많으며, 절세라면 자다가도 일어날 정도의 열정가득한 투자자이다.

김상무는 2주택 이상을 보유한 다주택자로서 그중 1주택 소재지가 조정대상지역인 강남구에 소재한 아파트이다. 해당 아파트를(세법상 장기임대주택 요건을 충족) 8년 이상 임대의무기간인 장기일반민간임대주택으로 지방자치단체와 세무서에 임대사업자등록을 한 경우, 김상무가 강남구의 아파트를 매매할 때 각종의 세법은 어떻게 적용받는 것일까?

01 조정대상지역에 새로 취득한 주택을 임대등록하여도 주택 양도 시 중과 & 장기보유특별공제 배제

1주택 이상자가 조정대상지역에 새로 취득한 주택은 주택임대사업자등록을 하여도 양도세를 중과한다. 즉, 조정대상지역의 주택을 매매하는 경우, 주택 수가 2주택인 자는 일반세율에 10%를 가산하고 3주택자의 경우는 일반세율에 20%를 더한 세율을 적용한다. 그리고 양도세 중과를 적용받는 경우에는 장기보유특별공제를 받지 못하기 때문에 상당한 세부담이 예상된다.

다만, 조정대상지역의 공고가 있은 날 이전에 해당 지역의 주택을 양도하기 위하여 매매계약을 체결하고 계약금을 지급받은 사실이 증빙서류에 의해 확인되는 주택은 중과적용이 배제된다.

02 조정대상지역에 주택임대등록을 하여도 종합부동산 합산과세

1주택 이상자가 조정대상지역에 새로 취득한 주택은 임대등록을 하여도 종합부동산 합산과세를 한다.

다만, 조정대상지역의 공고가 있은 날 이전에 해당 지역의 주택을 양도하기 위하여 매매계약을 체결하고 계약금을 지급받은 사실이 증빙서류에 의해 확인되는 주택은 종전 규정을 적용한다.

03 조정대상지역 1세대 1주택자의 장기보유특별공제율 적용 위한 2년 거주요건

1세대 1주택 비과세 중 고가주택(실거래가액 9억 원 초과)에 해당되는 경우 2년 이상 거주요건을 충족하여야 9억 원 초과분에 대한 연간 8%의 장기보유특별공제를 적용한다. 이 규정은 1년의 유예기간을 두어 2020년 양도분부터 2년 거주요건을 적용한다. 주택보유자의 신뢰이익 보호를 위해 1년 유예기간을 정한 것이다.

즉, 2년 미만 거주 시에는 일반 장기보유특별공제(15년, 최대 30%)를 적용하고, 2년 거주요건을 충족하는 경우에는 장기보유특별공제(10년, 최대 80%)를 적용한다.

04 조정대상지역 일시적 1세대 2주택 대체취득기간 2년

조정대상지역에 종전주택이 있고, 조정대상지역에 신규주택을 취득하는 경우에는 1세대 2주택의 대체취득 기간이 3년에서 2년으로 단축된다. 따라서 대체취득으로 인한 중복기간이 2년이므로 2년 내에 처분하여야 대체취득에 따른 1세대 1주택 비과세 적용을 받을 수 있다.

즉, 조정지역에 종전주택이 있는 자가 비조정지역에 대체주택을 취득하는 경우, 비조정지역에 종전주택이 있는 자가 조정지역에 대체주택을 취득하는 경우에는 3년의 중복기간이 그대로 적용된다.

다만, 조정대상지역의 공고가 있은 날 이전에 해당 지역의 주택을 양도하기 위하여 매매계약을 체결하고 계약금을 지급받은 사실이 증빙서류에 의해 확인되는 주택은 종전 규정을 적용한다.

05 장기일반민간임대주택 요건 기준시가 추가 적용

임대주택을 8년 임대하는 장기일반민간임대주택으로 등록하는 경우 국민주택규모 이하이고 임대 개시 당시 기준시가 6억 원(수도권 외 지역 3억 원) 이하인 경우에만 조세특례제한법 제97조의3 장기보유특별공제 50% 또는 70%의 공제율을 적용할 수 있다.

06 종합부동산세 강화

종합부동산세는 과세기준일(매년 6. 1.) 현재 국내에 소재한 재산세 과세대상인 주택 및 토지를 유형별로 구분하여 인별로 합산한 결과, 그 공시가격 합계액이 각 유형별로 공제금액을 초과하는 경우 그 초과분에 대하여 과세되는 세금이다.

1차로 부동산 소재지 관할 시·군·구에서 관내 부동산을 과세유형별로 구분하여 재산세를 부과하고, 2차로 각 유형별 공제액을 초과하는 부분에 대하여 주소지(본점 소재지) 관할 세무서에서 종합부동산세를 부과한다.

유형별 과세대상	공제금액
주택(주택부속토지 포함)	6억 원(1세대 1주택 9억 원)
종합합산토지(나대지·잡종지 등)	5억 원
별도합산토지(상가·사무실 부속토지 등)	80억 원

1세대 1주택자란, 거주자로서 세대원 중 1명만이 재산세 과세대상인 1주택을 단독으로 소유한 경우를 말한다.

그리고 일정한 요건을 갖춘 임대주택, 미분양주택 등과 주택건설사업자의 주택신축용토지에 대하여는 9. 1.부터 9. 30.까지 합산배제신고하는 경우 종합부동산 과세대상에서 제외된다.

3주택 이상이거나 조정대상지역에 2주택자인 경우 0.6~3.2%의 종합부동산세율이 적용된다. 종전에 대비하여 0.1~0.8% 추가 과세된다.

과세표준	일반	조정대상지역 2주택 및 보유주택 3주택 이상
3억 원 이하	0.5%	0.6%
3억 원~6억 원 이하	0.7%	0.9%
6억 원~12억 원 이하	1.0%	1.3%
12억 원~50억 원 이하	1.4%	1.8%
50억 원~94억 원 이하	2.0%	2.5%
94억 원 초과	2.7%	3.2%
세부담 상한선	150%	300%(2주택자 200%)

공정시장가액비율은 단계적으로 높아지고 있으며 2019년 85%, 2020년 90%, 2021년 95%, 2022년 100%까지 인상한다.

Kim Yeon Ju & Lim Jun Chan

알고 싶다!
전 국민의 세금상식!
1세대 1주택 양도소득세
비과세 요건

Chapter 01

1세대 1주택이란?

Kim Yeon Ju & Lim Jun Chan

주택은 전 국민의 주거안정을 위한 가장 중요한 수단임과 동시에, 전 국민의 자산증식을 위한 재테크로 활용되고 있다. 이 흐름은 투기 바람까지 일으키게 되어, 집값 상승을 동반하고 경제전반을 혼란시키게 된다.

이에 정부는 주택가격 안정과 주거안정을 위하여 주택과 관련된 다양한 법규에 추가사항을 더하고 삭제하며, 특별법까지 만들어 적용하고 있다.

그리고 국민주거생활 안정을 위한 조세정책으로 1세대 1주택에 대해 비과세 규정을 두고 있으며, 다양한 양도소득세 감면 규정을 마련하고 있다.

또한 다른 곳으로 이사가기 위해 대체취득하는 경우, 부모의 동거봉양, 결혼, 취학, 상속 등 실생활에서 불가피하게 발생되는 일시적 2주택과 주택임대사업 활성화를 위한 양도소득세 감면 등의 세제혜택을 두고 있다. 따라서 양도소득세는 상당히 복잡하고 해석이 난해한 경우가 많다.

그러나 1세대 1주택 비과세 관련 규정은 전 국민의 관심사로서 최소한의 조세방향과 요건을 알고 있다면, 1주택을 통한 주거생활 안정은 물론이고 비과세를 통한 세테크가 가능하다.

이번 장에서는 부동산 세금의 상식으로 통하는 1세대 1주택 비과세 규정의 전반에 대해 알아보고자 한다.

Chapter 02

1세대 1주택 비과세를 받으려면?

Kim Yeon Ju & Lim Jun Chan

'1세대 1주택'이란 1세대가 양도일 현재 국내에 1주택을 보유하고 있는 경우로서, 당해 주택(미등기 제외, 실지거래가액이 9억 원을 초과하는 고가주택의 경우에는 9억 원을 초과하는 양도차익에 대해서는 과세)의 보유기간이 2년 이상이고 2017. 8. 2. 조정대상지역의 주택은 2년 이상 거주한 주택을 말한다.

이에 부수되는 토지로서 건물이 정착된 면적의 3배(도시지역 밖은 5배) 이내의 토지를 말한다.

01 1세대란

1세대란, 거주자 및 그 배우자가 그들과 동일한 주소 또는 거소에서 생계를 같이 하는 가족과 함께 구성하는 1세대를 말한다.

가족은 거주자와 그 배우자의 직계존비속(그 배우자를 포함한다) 및 형제자매를 말하며, 취학, 질병의 요양, 근무상 또는 사업상의 형편으로 본래의 주소 또는 거소를 일시 퇴거한 자를 포함한다.

배우자의 직계존속(장인, 장모, 시부모)과 배우자의 형제자매(처제, 처남, 시동생)도 동일한 주소에서 생계를 같이 하는 경우에는 가족의 범위에 포함되나, 형제자매의 배우자(형수, 제수, 동서, 형부, 제부)는 가족의 범위에서 제외된다. 그리고 부부가 단독으로 세대를 각각 이루거나 별거 중이라 하더라도 법률상 배우자는 동일한 세대로 본다.

세법개정으로 2019년부터 법률상 이혼을 하더라도 사실혼 관계를 유지하고 있는 배우자도 1세대로 본다는 것이다. 개정이유는 다주택가구가 이혼을 위장하고 양도소득세 비과세 혜택을 받는 경우가 많았다. 이러한 사실과 다른 허위로 인한 양도신고를 부인하고 실질적인 관계를 과세근거기준으로 삼기 위함이다.

다음의 경우에는 배우자가 없는 때에도 1세대로 본다.

- 당해 거주자의 연령이 30세 이상인 경우
- 배우자가 사망하거나 이혼한 경우

• 법 제4조에 따른 소득이 「국민기초생활 보장법」 제2조 제11호에 따른 기준 중위소득의 100분의 40 수준 이상으로서 소유하고 있는 주택 또는 토지를 관리·유지하면서 독립된 생계를 유지할 수 있는 경우. 다만, 미성년자의 경우를 제외하되, 미성년자의 결혼, 가족의 사망 그 밖에 기획재정부령이 정하는 사유로 1세대의 구성이 불가피한 경우에는 그러하지 아니하다.

02 1세대의 판정기준

1세대에 해당되는지 여부는 주택을 양도하는 시점, 양도일 현재를 기준으로 판정하는 것이며, 같은 장소에서 생계를 같이 하는 가족의 주민등록상 현황과 사실상 현황이 다른 경우에는 사실상 현황에 의한다.

03 1주택

주택이란, 공부상의 용도구분에 불구하고 사실상 주거용으로 사용하는 건물과 그 부속건물을 말한다. 따라서 공부상 상가 또는 사무실로 되어 있는 건물이나 무허가 건물도 실제로 주택으로 사용되는 때에는 주택으로 본다. 그리고 농가주택의 부수창고 등도 주택으로 본다.

등기상의 용도에 불문하고 실질적으로 주택으로 사용한 경우에는 이를 입증할 수 있는 사진, 전기료, 수도료 등을 통해 주택사용을 적극적으로 설명할 수 있어야 한다.

04 주택부수토지

세법개정으로 수도권 도시지역의 부수토지 범위가 축소되었다.

비과세되는 1세대 1주택의 부수토지 범위가 종전에는 주택 정착면적의 5배이나 세법개정으로 수도권 도시지역의 부수토지 범위가 조정되어 수도권 도시지역의 경우 주택 정착면적의 3배, 수도권 밖의 도시지역은 5배로 조정되었다.

05 조정대상지역의 2017. 8. 2. 이후 주택 취득 및 2년 거주

조정대상지역에서 2017. 8. 2. 이전에 매매계약을 체결하고 잔금까지 청산한 경우에 조정대상지역의 해당 주택을 1세대 1주택을 판정하는 경우 2년 거주 요건을 적용하지 아니한다.

그리고 2017. 8. 2. 이전에 매매계약은 체결하였으나(매매계약 체결시점에 무주택자에 한하여), 잔금을 8. 2. 이후에 청산하는 경우에도 조정대상지역의 해당 주택을 1세대 1주택을 판정하는 경우 2년 거주 요건을 적용하지 아니한다.

그러나 조정대상지역에서 2017. 8. 2. 이전에 매매계약을 체결하였으나(매매계약 체결시점에 주택을 보유한 경우) 잔금청산시점이 8. 2. 이후에 해당되는 경우에는, 취득시점이 8. 2. 이후이므로 1세대 1주택을 판정하는 경우 2년 거주 요건을 반드시 갖추어야 한다.

그리고 2017. 8. 2. 이후 조정대상지역에서 주택을 취득하고 1세대 1주택 비과세 혜택을 받고자 하는 자는 2년 보유와 동시에 2년 거주 기간을 반드시 충족하여야 한다.

2021. 6. 1. 현재 조정대상지역은 다음과 같다.

구분	조정대상지역
서울	서울시 전 지역 25개구 강남, 서초, 송파, 강동, 용산, 성동, 노원, 마포, 양천, 영등포, 강서, 구로, 금천, 동작, 관악, 은평, 서대문, 종로, 중구, 성북, 강북, 도봉, 중랑, 동대문, 광진
경기도	과천시, 성남시, 하남시, 화성시 동탄, 광명시, 구리시, 안양시 동안·만안, 광교지구, 수원시 팔달·장안·영통·권선, 용인시 기흥·수지, 의왕시, 고양시, 남양주시, 화성시, 군포시, 안성시, 부천시, 안산시, 시흥시, 용인시 처인, 오산시, 평택시, 광주시, 양주시, 의정부시, 김포시, 파주시
인천	중, 동, 미추홀, 연수, 남동, 부평, 계양, 서
대전	동, 중, 서, 유성, 대덕
대구	수성, 중, 동, 서, 남, 북, 달서, 달성군
세종특별시	세종특별자치시
충북	청주
부산	해운대, 수영, 동래, 남, 연제, 서, 동, 영도, 부산진, 금정, 북, 강서, 사상, 사하
광주	동, 서, 남, 북, 광산
울산	중, 남
충남	천안시 동남, 서북, 논산시, 공주시
전북	전주시 완산, 덕진
전남	여수시, 순천시, 광양시
경북	포항시 남, 경산시
경남	창원시 성산

06 보유기간

보유기간이란, 주택을 취득한 날부터 양도한 날까지의 기간을 말한다. 이러한 보유기간은 양도소득세 계산 시 다음의 세법 규정에 영향을 줌으로써 중요한 역할을 하고 있다.

- 양도하는 토지, 건물을 3년 이상 보유했는지가 장기보유특별공제 여부를 결정하게 된다.
- 매각하는 양도자산의 보유기간에 따라 적용되는 양도소득세율이 급격하게 달라진다.
- 보유기간이 1년 미만인 경우 70%, 1년 이상 2년 미만인 경우 60% 등 단기보유에 따른 양도세 중과세율이 높다.
- 자산을 양도하고 난 후 양도시점을 잘못 판단하면, 양도세 신고기간을 경과하게 되어 가산세가 부과된다.

만약 국세청에서 판단하는 양도시점과 납세자가 생각하는 양도시점이 상이하여 양도세 전반에 대한 흐름이 잘못 이루어진 경우에는 엄청난 가산세가 발생하여, 양도소득세로 인해 잠 못 이루는 밤을 맞이 할 수 있다. 따라서 양도시점, 보유시점의 판단은 상당히 중요하다.

원칙적으로 대금 청산한 날을 자산의 양도·취득시기로 보며, 잔금 청산일과 등기접수일 중 빠른 날(계약일 아님)을 양도·취득시기로 본다. 그러나 자산을 이전하는 다양한 형태에 따라 자산의 양도시점과 취득시점이 달라진다.

그리고 세법개정으로 1주택자의 비과세 보유기간을 강화하였다. 2021. 1. 1. 이후 양도하는 1세대 1주택의 비과세를 판단하는 경우, 보유기간은 다주택 상태인 기간은 제외하고 1주택 상태인 기간부터 기산하여 2년을 보유하여야 한다(조정대상지역 지정 이후에 취득한 주택은 보유기간 중 2년 이상 거주).

주택을 2년 이상 보유하여야 하나, 다음의 경우는 보유기간의 제한을 받지 아니한다.

(1) 보유기간의 제한을 받지 않는 경우

1) 취학, 1년 이상 질병의 치료·요양, 근무상 형편, 학교 폭력 피해로 전학하는 경우

1년 이상 살던 주택을 팔고 세대원 모두가 다른 시·군지역으로 이사를 할 경우 2년 이상 보유기간의 제한을 받지 아니한다. 이때 부득이한 사유로 주택을 양도하는 경우에도 반드시 1년 이상을 거주한 후에 양도해야 비과세 적용을 받을 수 있으므로, 이 점을 특히 유의해야 한다.

보유기간 특례요건

- 해당 주택에서 1년 이상 거주할 것
- 세대 전원이 다른 시·군으로 거주 이전할 것
- 양도일 현재 부득이한 사유가 발생할 것
- 부득이한 사유가 다음 중 하나에 해당할 것
  - 교육법에 의한 학교에의 취학(유치원·초등학교·중학교는 제외)
  - 직장의 변경이나 전근 등 근무상의 형편
  - 1년 이상의 치료나 요양을 필요로 하는 질병의 치료 또는 요양
  - 「학교폭력예방 및 대책에 관한 법률」에 따른 학교폭력대책자치위원회가 피해학생에게 전학이 필요하다고 인정하는 경우(강제전학을 가는 가해자는 제외)

2) 해외이주 또는 해외출국하는 경우

해외이주법에 따른 해외이주로 세대 전원이 출국하는 경우와 1년 이상 계속하여 국외거주를 필요로 하는 취학 또는 근무상의 형편으로 세대 전원이 출국하는 경우, 출국 후 2년 이내에 양도하면 보유기간 및 거주기간에 관계없이 비과세한다.

또한 해외이주신고확인서를 교부받은 경우에는 발행일로부터 1년 내에 출국하면서 출국 전에 다른 주택을 취득하지 않을 조건으로 주택을 양도하는 경우 비과세한다.

3) 재개발·재건축 기간 중에 취득한 주택을 양도하는 경우

1세대가 소유한 1개 주택이 재개발·재건축 사업시행으로 사업기간 중에 다른 주택(대체주택)을 취득하여 거주하다가 재개발·재건축이 완공된 주택으로 이사하게 되어 대체주택을 양도하는 경우, 아래 요건을 모두 충족하면 그 보유기간의 제한을 받지 아니하고 비과세를 받을 수 있다.

- 사업시행인가일 이후 대체주택을 취득하고 1년 이상 거주
- 재개발·재건축 주택 완공 전 또는 완공 후 2년 이내에 대체주택 양도
- 완공 후 2년 이내 재개발·재건축 주택으로 세대 전원이 이사하고 1년 이상 계속하여 거주(다만, 취학, 근무상 형편, 질병 요양 등의 경우는 세대원 일부가 이사하지 않더라도 가능)

(2) 1세대 1주택이라도 과세되는 경우

1) 미등기양도는 70% 중과세

1세대 1주택이라도 취득등기를 하지 않고 매도하는, 이른바 '미등기전매'는 양도차익의 70% 양도소득세를 납부해야 한다.

2) 1세대 1주택이라도 고가주택은 과세

① 고가주택

고가주택이란, 주택과 그 부수토지의 양도 당시의 실지거래가액의 합계액이 12억 원을 초과하는 주택을 말한다.

겸용주택의 경우, 1세대 1주택을 판정하는 경우 주택의 면적이 주택 외의 면적보다 커서 전체를 주택으로 보는 경우에는 주택 외의 부분을 포함한 전체 실거래가액을 기준으로 고가주택 여부를 판정한다.

② 고가주택에 과세되는 양도소득

1세대 1주택 비과세 요건을 갖춘 고가주택의 양도차익 계산은 다음과 같다.

과세되는 고가주택의 양도차익

$$(양도가액 - 취득가액 등) \times \frac{(양도가액 - 12억 원)}{양도가액}$$

과세되는 고가주택의 장기보유특별공제액

$$장기보유특별공제액 \times \frac{(양도가액 - 12억 원)}{양도가액}$$

위의 산식에서 알 수 있듯이, 고가주택이 1세대 1주택 비과세 요건을 갖추었다면 양도차익 전체에 대하여 양도소득세가 과세되는 것이 아니라, 9억 원을 초과하는 부분에 대해서만 양도소득세가 과세된다.

③ 실질과 다른 업·다운매매계약서 작성 시 비과세 배제

2011년 7월 1일 이후 최초로 매매계약하는 분부터 매매계약서의 거래가액을 실지거래가액과 다르게 적은 경우에는 양도소득세의 비과세 규정을 적용할 때 비과세받을 세액에서 아래 '가'와 '나' 중 적은 금액을 뺀 세액만 비과세한다.

가. 비과세를 적용하지 않은 경우의 산출세액

나. 매매계약서의 거래가액과 실지거래가액과의 차액

Chapter

03 1세대 1주택자 조합원입주권 비과세

Kim Yeon Ju & Lim Jun Chan

「도시 및 주거환경정비법」에 따른 조합원입주권은 재개발·재건축이 예정된 주택이 「도시 및 주거환경정비법」상 관리처분계획인가일 이후에는 더 이상 주택으로 보지 아니하고, 주택을 취득할 수 있는 권리로 본다.

그리고 보유주택 수 계산 시 주택 수 산정에는 포함되나, 주택을 취득할 수 있는 권리로 평가하므로 주택에 해당되지 아니한다.

따라서 1세대가 1주택과 「도시 및 주거환경정비법」에 따른 관리처분계획인가로 취득한 1입주권을 보유하는 경우에도 주택 수는 2주택이나, 1주택자로 보아 판단한다.

즉, 주택 수의 계산은 2주택자(조합원입주권도 주택 수에 계산)에 해당되지만, 1입주권은 주택을 취득할 수 있는 권리로 보고 1주택으로 과세 여부를 결정한다.

01 재개발·재건축으로 취득한 조합원입주권을 양도한 경우

1세대 1주택인 자가 보유하던 주택(종전주택)이 재개발(재건축) 사업으로 인해 조합을 통하여 취득한 입주권(원조합원입주권)을 양도하는 경우, 종전주택이 관리처분계획인가일과 주택의 철거일 중 빠른 날 현재 1세대 1주택 비과세 요건에 부합해야 하며 양도일 현재 다른 주택이 없거나 1조합원 입주권 외에 1주택을 소유한 경우 1주택을 취득한 날부터 3년 이내 당해 조합원입주권을 양도해야 한다.

세법개정으로 22.1.1.이후 취득한 분양권의 경우 1세대 1주택 판정시 주택수 산정에 포함되어 유의해야한다.

(1) 주택을 조합원입주권 취득일로부터 3년 이내에 양도하고, 다음의 요건을 모두 충족하는 경우

조합원입주권을 대체취득하는 주택으로 보아 일시적 1세대 2주택 비과세 요건을 적용한 것이다.

- 종전주택을 취득한 날부터 1년 이상이 지난 후 조합원입주권 취득
- 조합원입주권을 취득한 날부터 3년 이내에 종전주택 양도
- 종전주택은 1세대 1주택 비과세 요건(2년 이상 보유, 양도가액 12억 원 이하)을 충족할 것

(2) 주택을 조합원입주권 취득일로부터 3년이 지나서 양도하고, 다음의 요건을 모두 충족하는 경우

- 재개발·재건축 주택이 완성된 후 2년 이내에 재개발·재건축 주택으로 세대 전원이 이사하여 1년 이상 계속 거주할 것
- 재개발·재건축 주택이 완성되기 전 또는 완성된 후 2년 이내에 종전 주택 양도
- 종전주택은 1세대 1주택 비과세 요건(2년 이상 보유, 양도가액 12억 원 이하)을 충족할 것

(3) 1세대 소유의 1주택이 조합원입주권으로 전환되어 재개발·재건축 사업시행기간 중 주거용으로 취득한 주택(대체주택)을 양도하고, 다음의 요건을 모두 충족하는 경우

- 사업시행인가일 이후 대체주택을 취득하고 1년 이상 거주
- 재개발·재건축 주택이 완성된 후 2년 이내에 재개발·재건축 주택으로 세대 전원이 이사(다만, 취학, 근무상 형편, 질병의 요양, 그 밖의 부득이한 사유로 세대원 일부가 이사하지 못하는 경우 포함)하여 1년 이상 계속 거주
- 재개발·재건축 주택이 완성되기 전 또는 완성된 후 2년 이내에 대체주택 양도

02 재개발(재건축) 조합원이 취득한 아파트를 양도한 경우

보유하던 주택(종전주택)이 재개발(재건축) 사업에 따라 철거된 후, 애초 재개발(재건축) 조합원으로서 분양받은 아파트가 완공되어 이를 매각하게 되면 재개발(재건축) 주택의 보유기간, 종전주택의 보유기간, 공사기간, 완공주택의 보유기간을 통산하여 비과세 요건을 갖춘 경우 양도소득세가 과세되지 아니한다.

Chapter 04

1세대 2주택자 비과세 특례의 판단

Kim Yeon Ju & Lim Jun Chan

원칙적으로 1세대가 1주택을 2년 이상 보유하고, 조정대상지역은 2년 이상 거주한 주택을 양도하는 주택에 대해 비과세를 적용한다.

그러나 다른 곳으로 이사하기 위해 대체취득하는 경우, 부모의 동거봉양, 결혼, 취학, 상속 등 실생활에서 불가피하게 발생되는 일시적 2주택과 주택임대사업 활성화를 위한 양도소득세 감면 등의 세제 혜택을 두고 있다.

이는 현실에서 발생되는 경제상황을 반영하고 주택임대사업육성을 위한 정책적 목적이라 할 수 있다.

01 1세대가 일시적으로 2주택을 보유하게 될 때

1주택을 소유한 1세대가 그 주택을 양도하기 전에 새로운 주택을 취득함으로써 일시적으로 2주택이 된 경우이다.

이때 다음의 요건을 모두 충족하고 종전의 주택을 양도하면 1세대 1주택으로 보아 양도소득세를 비과세한다.

비과세 요건

- 종전의 주택을 취득한 날로부터 1년 이상이 지난 후 새로운 주택을 취득해야 한다.
- 새로운 주택을 취득한 날로부터 3년 이내에 종전주택을 양도해야 한다.
- 조정대상지역의 경우에는 1년 이내 새로운 주택에 세대 전원이 전입하고 1년 이내 종전주택을 양도하여야 한다.
- 양도일 현재 1세대 1주택 비과세 요건을 갖추어야 한다.

세법개정으로 조정대상지역에 종전주택이 있고, 조정대상지역에 신규주택을 취득하는 경우에는 1세대 2주택의 대체취득 기간이 2년에서 1년으로 단축되었다.

따라서 대체취득으로 인한 중복기간이 1년이므로, 1년 이내에 처분하고 1년 이내에 새로운 주택으로 전입하여야 대체취득에 따른 1세대 1주택 비과세 적용을 받을 수 있다.

그러나 조정지역에 종전주택이 있는 자가 비조정지역에 대체주택을 취득하는 경우, 비조정지역에 종전주택이 있는 자가 조정지역에 대체주택을 취득하는 경우에는 3년의 중복기간이 그대로 적용된다.

다만, 조정대상지역의 공고가 있은 날 이전에 해당 지역의 주택을 양도하기 위하여 매매계약을 체결하고 계약금을 지급받은 사실이 증빙서류에 의해 확인되는 주택은 종전 규정을 적용한다.

조정대상지역의 일시적 1세대 2주택 비과세 요건이 강화되었다. 2019. 12. 17. 이후 조정대상지역에서 주택을 취득하는 1세대 1주택자는 대체취득일로부터 1년 내에 전입하고 기존주택을 양도하여야 비과세를 적용받을 수 있다. 즉, 조정대상지역의 일시적 2주택자의 전입요건 강화와 중복보유 허용기간을 단축하였다.

조정대상지역 내 일시적으로 1세대 2주택 비과세를 적용받기 위해서는 대체주택을 취득하고 취득일로부터 1년 이내에 기존주택을 양도하고, 동시에 취득일로부터 1년 이내에 대체주택에 전입을 하여야 한다. 2019. 12. 17. 이후부터 조정대상지역에서 신규로 취득하는 주택에 대해 적용한다.

이 규정은 기존주택과 대체주택 모두가 조정대상지역에 있는 경우에만 적용된다. 따라서 기존주택과 대체주택 둘 중에 비조정대상지역에 해당되는 주택이 있다면 종전 규정을 적용하여 대체주택 취득일부터 3년 이내에 기존주택을 양도하면 비과세 혜택을 적용받을 수 있다.

2018년 9·13 부동산 대책 중에서 조정대상지역의 투기세력 근절을 위하여, 일시적 1세대 2주택의 대체취득 중복기간을 2년으로 단축하였다.

기존주택과 대체취득하는 주택이 모두 조정대상지역 내에 존재하는 경우에는 중복보유를 인정하는 기간이 2년이며, 그 외에 기존주택이나 대체취득하는 주택 소재지가 조정대상지역 외의 지역에 소재하는 경우에는 중복기간을 3년으로 본다.

02 직계존속(노부모)을 모시기 위해 세대를 합쳐 2주택을 보유하게 될 때

1주택을 보유한 1세대가 1주택을 보유하고 있는 60세 이상의 직계존속(배우자의 직계존속을 포함)을 모시기 위해 세대를 합침으로써 1세대가 2주택을 보유하게 된 경우, 세대를 합친 날로부터 10년 이내에 먼저 양도하는 주택에 대하여는 양도소득세를 비과세한다. 그리고 암, 희귀성 질환 등의 질병을 앓고 있는 부모를 동거봉양하는 경우에는 60세 미만의 부모라도 적용된다.

비과세 요건

- 세대를 합친 날로부터 10년 이내에 양도해야 한다.
- 노부모(직계존속 중 어느 한 사람 또는 모두가 60세 이상)를 봉양해야 한다.
- 양도하는 주택이 양도일 현재 1세대 1주택 비과세 요건을 갖추어야 한다.

03 혼인으로 2주택을 보유하게 될 때

1주택을 보유하는 자가 1주택을 보유하는 자와 혼인함으로써 1세대가 2개의 주택을 보유하게 된 경우 또는 1주택을 보유하는 자가 1주택을 보유한 직계존속(60세 이상)과 거주 중인 무주택자와 혼인하여 1세대가 2개의 주택을 보유하게 된 경우, 혼인한 날로부터 5년 이내에 먼저 양도하는 비과세 요건을 갖춘 주택에 대하여는 양도소득세를 비과세한다.

비과세 요건

- 혼인한 날로부터 5년 이내에 양도해야 한다.
- 양도하는 주택이 양도일 현재 1세대 1주택 비과세 요건을 갖추어야 한다.

04 상속을 받아 2주택을 보유하게 될 때

(1) 일반주택을 양도하는 경우

상속개시 당시 별도세대로부터 상속받은 주택(조합원입주권을 상속받아 사업시행 완료 후 취득한 신축주택 포함)과 일반주택(상속개시 당시 보유한 주택 또는 상속개시 당시 보유한 조합원입주권에 의하여 사업시행 완료 후 취득한 신축주택만 해당)을 국내에 각각 1개씩 소유하고 있는 1세대가 양도하는 일반주택이 비과세 요건을 갖추었다면 양도소득세를 과세하지 않는다.

피상속인(사망한 사람)이 상속개시 당시 두 개 이상의 주택을 소유한 경우에는 피상속인을 기준으로 아래 '가 > 나 > 다 > 라' 순위에 따른 1주택에 대해서만 상속주택(조합원입주권을 받아 사업시행 완료 후 취득한 신축주택을 포함) 특례가 적용된다.

가. 피상속인이 소유한 기간이 가장 긴 1주택
나. '가'와 같은 주택이 2 이상일 경우에는 피상속인이 거주한 기간이 가장 긴 1주택
다. '가'와 '나'가 모두 같은 주택이 2 이상일 경우에는 피상속인이 상속개시 당시 거주한 1주택
라. 피상속인이 거주한 사실이 없고, '가'와 같은 주택이 2 이상일 경우에는 기준시가가 가장 높은 1주택(기준시가가 같은 경우에는 상속인이 선택하는 1주택)

공동상속주택(2개 이상일 경우, 위 '가 > 나 > 다 > 라'의 순위에 따른 1주택을 말함) 외 다른 주택을 양도할 때에는 해당 공동상속주택은 상속지분이 가장 큰 상속인의 소유로 보며, 상속지분이 가장 큰 상속인이 2인 이상인 경우에는 아래 '마 > 바' 순위에 따라 해당 공동상속주택을 소유한 것으로 본다.

마. 당해 주택에 거주하는 자
바. 최연장자

(2) 상속받은 주택을 먼저 양도하는 경우

그러나 상속받은 주택을 먼저 양도하는 경우에는 양도소득세가 과세된다. 따라서 상속받은 주택이라도 일반주택과 마찬가지로 양도 당시 1세대 1주택 비과세 요건을 갖추어야 양도소득세가 과세되지 않는다.

05 취학 등의 사유로 수도권 밖에 소재하는 주택을 취득하여 2주택이 된 경우

1주택(일반주택)을 소유한 1세대가 취학(유치원·초등학교 및 중학교 제외), 직장의 변경이나 전근 등 근무상의 형편, 1년 이상 질병의 치료나 요양의 사유로 수도권 밖에 소재하는 1주택을 취득하여 1세대 2주택이 된 경우 부득이한 사유가 해소된 날부터 3년 이내에 일반주택(비과세 요건을 갖춘 경우에 한함)을 팔면 양도소득세가 과세되지 아니한다.

이때 사유가 발생한 당사자 외의 세대원 중 일부가 취학, 근무 또는 사업상 형편 등으로 당사자와 함께 주거이전을 하지 못하는 경우 세대원이 전원 주거이전한 것으로 본다.

06 상가와 주택이 함께 있는 겸용주택에서 주택면적이 상가면적보다 클 때

1세대 1주택자가 상가가 함께 있는 주택(비과세 요건을 갖춘 경우에 한함)을 매매할 때에는 주택면적이 점포면적보다 큰 경우 점포도 주택으로 보아 양도소득세를 과세하지 아니한다. 그러나 주택면적이 상가면적보다 같거나 작은 경우 주택면적만 주택으로 본다.

따라서 전체를 주택으로 보는 비과세 혜택을 받기 위해서는 실질적으로 주택으로 사용하고 있는 면적을 확보하는 것이 관건이다.

그리고 겸용주택을 신축하는 경우에는 상가면적보다 주택면적을 조금이라도 더 크게 하면 공부상 주택면적이 상가면적보다 크다는 것이 증명되므로, 전체를 주택으로 인정받아 양도소득세의 세제혜택을 크게 받을 수 있다.

이에 반해 주택면적과 상가면적이 비슷한 경우에는, 조금이라도 더 주택면적으로 인정받기 위해 주택사용의 적극적인 입증이 필요한 경우도 있다.

다음과 같은 상황에서 실제 주택으로 사용하고 있는 경우, 적극적으로 주택 사용임을 입증하여 전체를 비과세받도록 해야 한다.

그러나 세법개정으로 인해 2022년부터 주택면적이 더 크더라도 해당하는 주택부분에 대해서만 주택으로 보아 비과세를 적용하므로, 주택이 아닌 상가부분에 대해서 양도소득세를 과세한다. 따라서 겸용주택이 비과세 요건을 갖추더라도, 상가부분과 상가부수토지는 더 이상 주택으로 보지 아니하며 상가부분은 과세대상이 된다(고가주택에 한함).

겸용주택의 경우 2021년까지 양도하는 경우에 한하여 주택면적이 상가면적보다 큰 경우 전체를 주택으로 보아 비과세를 적용받을 수 있으므로, 겸용주택 소유자는 이 규정을 적극 활용할 가치가 있다.

(1) 상가 내에 세입자가 주거용으로 사용하는 방이 있는 경우

임차인이 가족과 함께 상가 내의 방에서 거주한 사실이 확인되는 경우에는 주택으로 인정해 주고 있다.

상가에 딸린 방이 있는 경우에는, 다음과 같은 서류를 준비하여 주택임을 적극 입증하여야 한다.

- 임대차계약서 사본(당초 계약을 할 때 점포면적과 주택면적을 구분기재 하는 것이 좋음)
- 세입자의 주민등록표 등본
- 인근주민들의 거주사실확인서
- 기타 세입자가 거주한 사실을 입증할 수 있는 서류

(2) 계단의 경우도 실질적인 사용용도로 구분하여 주택면적에 포함

주택면적과 상가 등의 면적이 같거나 비슷한 경우에는 계단의 실지 사용용도에 따라 구분하고, 용도가 불분명한 경우에는 주택면적과 상가면적의 비율로 안분계산한다.

예를 들어, 1층은 상가이고 2층은 주택인 겸용주택으로서 2층 전용계단이 1층에 설치된 경우 1층 중 주택으로 사용하는 계단부분은 주택으로 본다.

또한 3, 4층 주택을 올라가기 위한 주택전용 계단이 2층에 설치된 경우 2층 면적 중 주택으로 사용하는 계단부분도 주택으로 볼 수 있다.

(3) 지하실의 경우 실질적인 사용용도로 구분하여 주택면적에 포함

지하실은 실제로 사용하는 용도에 따라 구분하고, 용도가 불분명한 경우에는 주택면적과 상가면적의 비율로 안분하여 구분한다.

주거용으로 사용하는 경우, 전체를 주택으로 볼 수 있도록 이를 적극 입증하여야 한다.

구분	비과세 여부
주택 > 상가	전체를 주택으로 보아 비과세
주택 ≤ 상가	주택부분만 비과세, 상가는 과세

07 임대주택사업자의 거주주택 비과세 특례

(거주주택과 임대사업등록된 임대주택 보유)

장기임대주택(「소득세법 시행령」 제167조의3 제1항 제2호에 따른 주택)과 그 밖의 1주택을 국내에 소유하고 있는 1세대가 다음의 요건을 모두 충족하는 해당 1주택(거주주택)을 양도하는 경우에는, 국내에 1개의 주택을 소유하고 있는 것으로 보아 비과세 여부를 판단한다.

세법개정으로 단 1회의 거주주택 비과세와 임대주택이 여러 채인 경우, 임대주택을 거주주택으로 전환하는 경우에도 전체 양도차익에 대해서 과세를 하도록 규정되었다.

다만, 최종적으로 임대주택 1채만 보유하게 된 후 거주주택으로 전환 시에는 직전 거주주택 양도 후 양도차익분에 대해서만 비과세를 적용한다.

이 경우 해당 거주주택이 「민간임대주택에 관한 특별법」 제5조에 따라 민간임대주택으로 등록한 사실이 있고, 그 보유기간 중에 양도한 다른 거주주택(직전 거주주택)이 있는 거주주택(직전 거주주택 보유주택)인 경우에는 직전 거주주택의 양도일 후의 기간분에 대해서만 국내에 1개의 주택을 소유하고 있는 것으로 보아 1세대 1주택 비과세 규정을 적용한다.

임대주택사업자의 거주주택 비과세 특례 요건(①, ② 모두 충족)

① 거주기간(직전 거주주택 보유주택의 경우에는 「소득세법」 제168조에 따른 사업자등록 및 「민간임대주택에 관한 특별법」 제5조에 따라 임대주택사업자로 등록한 날 이후의 거주기간을 말한다)이 2년 이상일 것

② 양도일 현재 장기임대주택을 「소득세법」 제168조에 따른 사업자등록 및 「민간임대주택에 관한 특별법」 제5조에 따른 임대주택으로 등록하여 임대하고 있을 것

장기임대주택 임대기간 요건(5년 이상 임대) 충족 전에 거주주택을 양도하는 경우에도 거주주택 비과세 특례는 적용된다.

다만, 1세대가 거주주택 비과세 특례를 적용받은 후 장기임대주택의 임대기간 요건을 충족하지 못하게 된 때(장기임대주택의 임대의무 호수를 임대하지 아니한 기간이 6개월을 지난 경우를 포함)에는 그 사유가 발생한 날이 속하는 달의 말일부터 2개월 이내에 양도소득세를 신고·납부하여야 한다.

08 농어촌주택을 포함하여 2채의 집을 보유한 경우

농어촌주택과 일반주택을 각각 1개씩 소유한 1세대가 비과세 요건을 갖춘 일반주택을 양도하면(귀농주택의 경우 그 취득일부터 5년 안에 일반주택을 양도하여야 함) 양도소득세가 과세되지 아니한다.

'농어촌주택'이란, 서울·인천·경기도를 제외한 읍·면지역(도시지역 내는 제외)에 소재한 다음의 주택을 말한다.

- 상속주택: 피상속인이 취득 후 5년 이상 거주한 사실이 있는 주택
- 이농주택: 농·어업에 종사하던 자가 취득일로부터 5년 이상 거주한 사실이 있는 주택
- 귀농주택: 농업 또는 어업에 종사하고자 하는 자가 취득(귀농 이전 취득 포함)하여 거주하는 다음의 요건을 갖춘 주택을 말하며, 귀농주택 소유자는 귀농일로부터 계속하여 3년 이상 농업·어업에 종사하여야 하고, 같은 기간에 세대 전원도 함께 이사(취학, 근무상의 형편, 질병의 요양, 그 밖의 부득이한 사유로 세대의 구성원 중 일부가 이사하지 못하는 경우 포함)하여 거주해야 한다.

- 고가주택(실가 12억 원 초과)에 해당하지 않을 것
- 대지면적 660㎡ 이내일 것
- 1,000㎡ 이상의 농지를 소유한 자가 해당 농지소재지에 있는 주택을 취득하거나, 1,000㎡ 이상의 농지를 소유하기 전 1년 이내에 해당 농지소재지에 있는 주택을 취득하는 것일 것

또한 1주택을 소유한 1세대가 2003년 8월 1일(고향주택은 2009년 1월 1일)부터 2022년 12월 31일까지의 기간 중에 농어촌(고향) 지역에 소재하는 일정 규모 이하의 주택을 취득하여 1세대 2주택이 된 경우에는 농어촌주택 등 취득 전에 보유하던 일반주택 양도 시 비과세 해당 여부는 농어촌주택을 제외하고 판단한다(이때는 농어촌주택을 3년 이상 보유).

농어촌주택

- 농어촌지역: 읍·면 인구 20만 명 이하인 시의 동지역(수도권, 도시지역, 토지거래허가구역, 지정지역, 관광단지지역은 제외)
- 주택가격: 농어촌주택 취득 시 기준시가 2억 원 이하
  (한옥은 4억 원 이하 → 2014년 1월 1일 이후 취득분부터 적용)

고향주택

- 고향주택: 10년 이상 거주한 사실이 있는 인구 20만 명 이하인 시지역(수도권, 투기지역, 관광단지지역은 제외)
- 주택가격: 고향주택 취득 시 기준시가 2억 원 이하
  (한옥은 4억 원 이하 → 2014년 1월 1일 이후 취득분부터 적용)

인구 20만 이하인 시

농어촌(고향)주택 소재 지역 범위(제99조의4 제2항 관련)

구분	시(26개)
충북	제천시
충남	계룡시, 공주시, 논산시, 보령시, 당진시, 서산시
강원	동해시, 삼척시, 속초시, 태백시
전북	김제시, 남원시, 정읍시
전남	광양시, 나주시
경북	김천시, 문경시, 상주시, 안동시, 영주시, 영천시
경남	밀양시, 사천시, 통영시
제주	서귀포시

비고) 위의 표는 「통계법」 제18조에 따라 통계청장이 통계작성에 관하여 승인한 주민등록인구 현황 (2015년 12월 주민등록인구 기준)을 기준으로 인구 20만 명 이하의 시를 열거한 것임.

09 양수자가 등기이전을 하지 않아 2주택이 된 경우

양도소득세가 해당되지 않는 1세대 1주택을 팔았으나, 집을 산 사람이 등기이전을 하지 않아서 공부상 1세대 2주택으로 나타난 경우 매매계약서 등에 의하여 종전의 주택을 판(잔금을 받은) 사실이 확인되면 양도소득세가 과세되지 아니한다.

10 한 울타리 안에 2주택이 있는 경우

한 울타리 안에 집이 두 개가 있어도 1세대가 주거용으로 모두 사용하고 있을 때에는 1세대 1주택으로 본다.

Chapter

05 다가구주택 & 다세대주택 & 오피스텔의 개념

Kim Yeon Ju & Lim Jun Chan

보유하는 주택을 양도하고 양도소득세를 계산할 때, 정작 소유하고 있던 주택이 세법상 어떤 주택으로 규정되어 과세되고 있는지 모르는 경우가 많다.

그리하여 양도 당시 예상했던 세금과 실제 납부해야 하는 세금에 큰 차이가 발생하여 난감해하는 경우가 있다.

따라서 최소한 자신이 소유하고 있는 건물이 다가구인지, 다세대인지, 오피스텔인지 등 보유하고 있는 부동산이 어떤 건물에 해당하는지를 알고 세법상 어떻게 해석되는지를 알고 있다면, 양도소득세를 이해하는데 큰 도움이 되리라 생각한다.

또한 부동산을 양도하기 전 전문세무사와 충분히 상의 후 양도소득세를 예측하고 매매를 준비하여야 한다.

01 다가구주택

다가구주택은 「건축법」에 의한 용도별 건축물의 종류상 단독주택에 해당한다.

주택으로 쓰이는 층수(지하층 제외)가 3개층 이하이고, 1개 동의 주택으로 쓰는 바닥면적(지하주차장 면적 제외)의 합계가 660㎡ 이하이며, 19세대 이하가 거주할 수 있는 주택을 말한다.

다만, 다가구주택의 층수를 산정함에 있어서 1층 바닥면적의 1/2 이상을 필로티 구조로 하여 주차장으로 사용하고, 나머지 부분을 주택 외의 용도로 쓰는 경우에는 해당 층을 주택의 층수에서 제외한다.

세법상 다가구주택은 여러 가구가 한 건물에 거주할 수 있도록 국토교통부 장관이 정하는 다가구용 단독주택의 건축기준에 의해 건축허가를 받아 건축한 단독주택이다. 그러나 한 가구씩 독립하여 거주할 수 있도록 구획된 부분을 하나의 주택으로 본다.

따라서 건축법상 공동주택에 해당되지는 않지만, 세법을 적용할 때는 공동주택으로 본다. 다만, 해당 다가구를 구획된 부분별로 양도하지 아니하고 하나의 매매단위로 양도하는 경우에는 그 전체를 하나의 주택으로 본다.

이러한 경우에는 하나의 매매단위로 하여 양도하거나 취득하는 경우 이를 단독주택으로 보아 비과세 여부를 판정한다.

02 공동주택 중 다세대주택

건축법상 공동주택은 건축물의 벽, 복도, 계단 그 밖의 설비 등의 전부 또는 일부를 공동으로 사용하는 각 세대가 하나의 건축물 안에서 각각 독립된 주거생활을 영위할 수 있는 구조로 된 주택을 말한다. 이에는 아파트, 연립주택, 다세대주택, 기숙사가 있다.

다세대주택은 「건축법」에 의한 용도별 건축물의 종류상 공동주택에 해당한다.

주택으로 쓰는 1개 동의 바닥면적 합계가 660㎡ 이하이고, 층수가 4개층 이하인 주택을 말한다.

다만, 2개 이상의 동을 지하주차장으로 연결하는 경우에는 각각의 동으로 보며 지하주차장 면적은 바닥면적에서 제외하고, 층수를 산정할 때는 1층의 바닥면적 1/2 이상을 필로티 구조로 하여 주차장으로 사용하고 나머지 부분을 주택 외의 용도로 쓰는 경우에는 해당 층을 주택의 층수에서 제외한다.

세법상 다세대주택은 세대별로 독립하여 거주할 수 있도록 구획된 부분을 하나의 주택으로 보는 것이므로, 1호의 주택을 1주택으로 보아 판단한다.

따라서 다세대주택을 하나의 매매단위로 양도하는 경우에도 각 1호의 주택을 1주택으로 보아 주택 수를 계산한다.

그리고 다세대주택을 다가구주택으로 용도를 변경하여 매매하는 경우에는 용도변경일 이후 1세대 1주택 비과세를 적용할 수 있다.

03 오피스텔

오피스텔은 주택법상 업무시설 중의 하나로 업무를 주로 하며, 분양하거나 임대하는 구획 중 일부 구획에서 숙식을 할 수 있도록 한 건축물로서 국토교통부 장관이 고시하는 기준에 적합한 것을 말한다.

세법상 주택을 판단할 때는 공부상 용도 및 사업자등록상의 여부와 관계없이 실질적으로 주거용으로 사용하는 건물을 주택으로 본다. 만약 오피스텔을 사무실이 아닌 주거용으로 사용하는 경우 주택으로 보고 있으며, 주택 수를 산정할 때도 포함한다.

따라서 오피스텔이 주택에 해당하는지 여부는 사실 확인하여 판단해야 하며, 해당 오피스텔의 주택 구분은 주택과 관련된 건축법령의 규정 및 건축물의 규모와 형태, 사실상 사용하는 용도 등을 종합하여 사실 판단을 하여야 한다.

Kim Yeon Ju & Lim Jun Chan

부동산 중과 NO!

11가지 노련한

양도소득세 절세 전략!

Chapter

01 합법적인 절세 전략 11가지 알아두기

Kim Yeon Ju & Lim Jun Chan

부동산 중과 NO!
합법적이고 노련한 11가지 양도소득세 절세 방안!

2채 이상의 부동산을 소유한 자가 자산을 매매할 때는 최소한 20% 또는 30% 가산되는 중과세를 피하고 부동산의 양도시기와 처분순서 등을 미리 상담하고 계획하여 양도소득세 규정을 적극 활용하여야 한다. 그리고 보다 노련하고 합법적인 절세 방법을 모색하여야 한다.

특히 1세대 1주택의 비과세 혜택을 최대한 끌어내며, 양도소득세 공제 및 감면을 활용하기 위한 방안을 마련해야 한다. 또한 부동산은 처분하는 시기와 매각하는 자산의 순서 등에 따라 납부할 세금이 큰 폭으로 달라지므로, 전문세무사와의 상담을 통해 양도 전략을 잘 수립하여 양도소득세를 줄여야 한다.

01 장기보유특별공제 적극 활용하기

장기보유특별공제는 일정기간 동안 부동산을 보유함에 따라 합리적인 소유행태를 유도하기 위한 제도이다.

보유기간이 3년 이상인 토지, 건물에 대하여 양도차익의 일정비율을 차감시켜 준다. 최소 3년 이상(2019년 6%)부터 최대 15년(30%)까지 양도차익에서 장기보유특별공제액을 차감하고 있다.

1가구 1주택자로서 고가주택에 해당할 경우는 보유기간과 거주기간이 모두 10년 이상인 경우(최대 80%) 양도차익을 차감시켜 주므로, 부동산을 최대 15년 이상 보유하는 것이 절세효과가 크다.

2021. 1. 1. 이후 양도하는 고가주택의 1세대 1주택자는 12억 원을 초과하는 양도차익에 대한 장기보유특별공제를 적용할 때 보유기간과 거주기간을 각각 구분하여 보유기간별, 거주기간별 4%의 장기보유특별공제율을 계산한다. 1세대 1주택자(실거래가 12억 원을 초과)에 대한 장기보유특별공제율을 최대 80%(10년)를 유지하되, 거주기간 요건을 추가하여 보유기간별 장기보유특별공제율(연 4%)과 거주기간별 장기보유특별공제율(연 4%)을 구분하여 장기보유특별공제율을 적용한다.

조세특례제한법 제97조의3에 따른 장기보유특별공제 우대율이 적용되는 장기일반민간임대주택(구 준공공임대주택)은 8년 임대 후 양도하면 50%, 10년 임대 후 양도하는 경우 70%의 장기보유특별공제율이 적용된다. 다만, 세법개정으로 장기일반민간임대주택의 장기보유특별공제 특례의 적용기한이 2020년 12월 31일까지 요건을 갖춘 장기임대등록을 신청한 경우에 적용된다. 장기보유특별공제 특례는 임대사업자 등록 이후의 임대기간으로 한정되며, 2022년 12. 31.까지의 기간에서 2년 단축되었다.

여기서 임대주택의 요건은 수도권은 6억 원 이하, 수도권 외 지역은 3억 원 이하의 가액요건과 국민주택규모 이하의 면적을 충족하고 지자체와 세무서에 장기일반민간임대주택(구 준공공임대주택)으로서 10년 임대기간으로 등록한 주택을 말한다.

조세특례제한법 제97조의4 임대주택 특례요건은 거주자 및 비거주자에 관계없이 수도권은 6억 원(수도권 외 지역 3억 원) 이하의 가액기준과 임대료보증금 등의 증가율이 5% 이하로서 주택면적에는 관계없이 2018년 3월 31일까지 지방자치단체와 세무서에 사업자등록을 한 주택으로 실제 6년 이상 임대한 주택을 말한다.

조세특례제한법 제97조의4에 따른 장기보유특별공제 추가공제율이 가산되는 5년 이상 임대하는 단기, 장기임대주택을 6년 이상 임대하고 세법상 요건을 충족한 경우에는 기본공제율에 2~10%의 추가공제율을 가산한 장기보유특별공제율을 적용한다.

장기보유특별공제의 내용은 다음과 같으며, 세법상 공제율의 차이를 비교해 볼 수 있다.

일반장기보유 특별공제		1세대 1주택 장기보유특별공제		조세특례제한법 제97조의3(장기일반민간임대주택) 장기보유특별공제		조세특례제한법 제97조의4 (장기임대주택등) 장기보유특별공제 추가공제율 과세특례	
보유기간	공제율(2%)	거주기간(4%)	보유기간(4%)	보유기간	공제율	보유기간	추가공제율
3년 이상 4년 미만	6%	3년 이상 4년 미만: 12%	3년 이상 4년 미만: 12%	3년 이상 4년 미만		3년 이상 4년 미만	
4년 이상 5년 미만	8%	4년 이상 5년 미만: 16%	4년 이상 5년 미만: 16%	4년 이상 5년 미만		4년 이상 5년 미만	
5년 이상 6년 미만	10%	5년 이상 6년 미만: 20%	5년 이상 6년 미만: 20%	5년 이상 6년 미만		5년 이상 6년 미만	
6년 이상 7년 미만	12%	6년 이상 7년 미만: 24%	6년 이상 7년 미만: 24%	6년 이상 7년 미만		6년 이상 7년 미만	2% 가산
7년 이상 8년 미만	14%	7년 이상 8년 미만: 28%	7년 이상 8년 미만: 28%	7년 이상 8년 미만		7년 이상 8년 미만	4% 가산
8년 이상 9년 미만	16%	8년 이상 9년 미만: 32%	8년 이상 9년 미만: 32%	8년 이상 9년 미만	50%	8년 이상 9년 미만	6% 가산
9년 이상 10년 미만	18%	9년 이상 10년 미만: 36%	9년 이상 10년 미만: 36%	9년 이상 10년 미만	50%	9년 이상 10년 미만	8% 가산
10년 이상 11년 미만	20%	10년 이상: 40%	10년 이상: 40%	10년 이상 11년 미만	70%	10년 이상 11년 미만	10% 가산
11년 이상 12년 미만	22%			11년 이상 12년 미만		11년 이상 12년 미만	
12년 이상 13년 미만	24%			12년 이상 13년 미만		12년 이상 13년 미만	
13년 이상 14년 미만	26%			13년 이상 14년 미만		13년 이상 14년 미만	
14년 이상 15년 미만	28%			14년 이상 15년 미만		14년 이상 15년 미만	
15년 이상	30%			15년 이상		15년 이상	

* 조세특례제한법 제97조의3(장기일반민간임대주택등에 대한 양도소득세의 과세특례)

** 조세특례제한법 제97조의4(장기임대주택등에 대한 장기보유특별공제율 적용 과세특례)

02 배우자 간 증여재산 공제 적극 활용하기

만약, 보유하고 있는 2주택이 모두 조정대상지역에 해당된다면 어떻게 해야 할까?

2주택 중 1주택만 매매하여도 기본세율에 20%가 가산되는 중과세율을 적용받게 되고, 장기보유특별공제를 적용받지 못한다. 조정대상지역의 중과는 납세자가 부담해야 하는 양도세를 상당히 가중시킨다. 이런 경우 배우자 간의 증여를 통하여 취득가액을 높여 양도차익을 줄일 수 있는 방법이 있다. 여기서 말하는 배우자는 민법상 혼인으로 인정되는 혼인관계에 있는 배우자이며, 사실혼 관계에 있는 배우자는 공제되지 아니한다.

증여세법상 증여재산 공제는 수증자와 증여자 간의 인적 관계가 있는 경우 증여세 과세가액에서 일정액을 공제하여 과세표준을 산정하도록 하고 있다.

증여세 과세가액에서 10년간 합산하여 공제하는데, 배우자 간의 증여는 증여받는 배우자가 최대 6억 원까지 공제받을 수 있고 직계존비속 간에는 5,000만 원(수증자가 미성년자인 경우에는 2,000만 원), 기타 친족의 경우에는 1,000만 원까지 공제가능하다.

지난 10년간 배우자에게 증여한 재산이 없다면, 조정대상지역의 주택을 증여하여 배우자공제 6억 원을 공제받고 부동산 명의를 넘길 수 있다. 그리고 5년이 경과한 후 증여받은 부동산을 양도하는 경우 증여받을 당시의 가액이 취득가액으로 산정되어, 상대적으로 높은 취득가액을 기준으로 매매함으로써 양도차익을 줄일 수 있다.

다만, 배우자의 증여자산에 대한 이월과세 규정을 적용받을 수 있으므로 반드시 증여받고 5년이 경과한 다음에 양도하여야 한다. 만약 증여시점에서 5년 이내에 양도하는 경우에는 조세회피 목적으로 보아 증여받은 부동산을 양도할 때 취득가액 산정을 증여한 배우자의 종전 취득가액으로 보아 양도소득세를 과세하므로 상당한 주의가 필요하다.

03 자산취득은 단독명의보다는 부부공동명의로

자산을 취득하는 경우 부담하는 취득세는, 취득하는 사람의 인원수에 관계없이 동일하여 세감소 효과가 없다. 그러나 자산을 공동명의로 취득하여 지분을 나눈 경우에는 양도소득세가 공동명의자의 지분율로 안분되어 계산된다.

따라서 누진세율 구조인 양도소득세율의 경우에는 단독명의로 양도하는 것에 비하여 부부공동명의가 세부담 감소효과가 상당히 크다.

04 이혼 시 부동산을 주는 경우에는 위자료가 아닌 재산분할청구권으로 등기이전

'재산분할청구에 의한 소유권 이전'으로 등기가 이전되는 경우에는 부부의 공동노력으로 성취한 공동재산을 이혼으로 인하여 이혼자 일방이 애초 취득 시부터 자기지분인 재산을 환원하여 가져간 것으로 본다.

따라서 당초 취득시점부터 자기지분인 재산을 찾아간 것으로 보아 세법은 양도 및 증여로 보지 아니한다. 따라서 '재산분할청구에 의한 소유권 이전'으로 등기를 넘기는 경우에는 특별한 세부담 없이 소유권을 이전할 수 있다.

그러나 '이혼에 따른 위자료'로 부동산을 등기 이전하는 경우에는 그 부동산을 위자료로 대신하는 것으로 보아, 세법에서는 상대방에게 양도한 것으로 본다.

따라서 등기 이전하는 부동산이 양도소득세 과세대상인 경우에는 양도소득세를 부담하여야 한다.

05 부동산 보유기간은 최대한 길게 가라

양도소득세율은 8단계 초과누진세율로 구성되어 있으나, 보유기간이 단기인 경우에는 높은 고율의 세율을 적용받는다.

즉, 보유기간이 1년 미만인 경우에 주택은 70%의 세율이 적용되고, 보유기간이 1년 이상 2년 미만인 경우에 주택은 60%가 적용된다.

그리고 일반적으로 취득시기부터 양도시기까지 보유기간이 2년 이상인 경우에는 6~45%의 8단계 초과누진세율이 적용된다.

만약 부동산을 급매해야 하는 상황이 발생한다 하더라도, 잔금청산일을 최대한 늦추어 보유기간이 최소 1년 이상으로 산정될 수 있도록 해야 한다. 또한 2년 미만의 경우는 2년 이상 보유할 수 있도록 해야 한다.

이는 보유기간 조정으로 단기보유에 따른 고율의 세율을 비켜나갈 수 있는 방법이기 때문이다.

06 부동산 처분시기 분산 & 처분순서 정하기

한해에 2주택 이상의 부동산을 양도하고 한쪽에서는 양도차익이 발생하고 다른 한쪽에서는 양도차손이 생겼다면, 양도차익과 양도차손을 통산하여 양도소득세를 부과한다. 결국 양도차손이 양도차익에 흡수되어 양도차익은 줄어들고, 납부할 양도소득세도 줄어든다.

따라서 양도하는 부동산 중에 양도차손의 발생이 예상된다면, 해당 연도에 양도차익이 발생하는 부동산을 매각하여 양도차손익을 통산함으로써 양도소득세 세부담을 확실하게 줄일 수 있다. 만약, 2주택 이상이 전부 양도차익이 예상된다면 한해에 가급적 1주택만 처분하는 것이 좋다.

양도차익이 누적되어 합산되므로, 초과누진세율하에서는 당연히 세부담이 누적되어 증가하므로 양도소득세 부담이 커지게 된다.

그리고 먼저 주택 양도 순서에 따라 세부담이 달라질 수 있다. 만약 1세대 2주택자로서 조정대상지역인 서울에 한 채(A주택)가 있고 조정대상지역 외에 다른 주택(B주택)이 있는 사례로서, A주택의 양도차익이 B주택의 양도차익보다 크거나 같은 경우 조정지역 외의 B주택을 먼저 처분하고 A주택을 1세대 1주택 비과세를 받도록 준비하면 된다. 그리고 2017. 8. 2. 이전에 A주택을 구입하였다면 2년 거주의무기간 없이 2년만 보유하면 비과세가 가능하다. B주택도 조정지역 외에 소재하므로 중과는 없다.

07 예상되는 양도차익이 큰 주택은 1세대 1주택 비과세 적용을 받으라

3주택 이상의 다주택자는 조정대상지역의 부동산을 처분할 때 30%의 양도소득세율을 적용받고, 장기보유특별공제도 배제된다.

따라서 조정대상지역의 양도차익이 가장 적다고 예상되는 주택을 먼저 매매하는 경우에는, 상대적인 양도소득세 부담을 최소화시키면서 주택 수를 줄여나갈 수 있다.

종국에는 양도차익이 가장 많은 주택에 대해, 반드시 1세대 1주택 비과세 혜택을 적용받도록 설계하여 세부담의 최소화를 위한 방안을 마련하여야 한다.

08 양도소득세 감면 & 적극적인 1세대 1주택 비과세 활용

부동산 침체로 인한 건설경기를 부양하기 위하여 조세특례제한법상 다양한 조세감면 규정을 두고 있다.

예를 들어, 미분양 아파트를 취득하거나 일정기간 미분양주택의 임대사업을 하는 경우 양도소득세 공제, 감면 특례를 두고 해당 주택을 양도하는 경우 세부담을 줄여주고 있다.

따라서 현재 보유하거나 양도하는 주택이 양도소득세나 조세특례제한법에서 어떻게 취급되고 있는지와 양도세 감면 요건은 어떻게 되는지를 반드시 확인하여 절세방안을 마련하여야 한다.

적극적인 1세대 1주택 비과세를 활용해야 한다.

국민주거생활 안정을 위하여 조세정책적으로 1세대 1주택에 대해 비과세 규정을 두고 있다.

또한 다른 곳으로 이사가기 위해 대체취득하는 경우, 부모의 동거봉양, 결혼, 취학, 상속 등 실생활에서 불가피하게 일시적 2주택이 되는 경우, 주택임대사업 활성화를 위한 양도소득세 감면 등을 통해 주택과 관련된 세금을 비과세하고 각종의 감면 규정을 두고 있다.

따라서 불가피하게 발생되는 2주택의 경우라도 1세대 1주택 비과세 특례요건을 확인하여, 보다 적극적으로 절세플랜을 마련하고 최적의 절세를 위하여 합법적인 전략을 구상해야 할 것이다.

09 상가 겸용주택은 주택면적을 크게 하라

겸용주택을 양도할 때에는 반드시 주택면적을 상가면적보다 크게 하여 전체를 주택으로 인정받을 수 있도록 하여야 한다.

그러나 세법개정으로 인해 2022년부터 고가주택의 경우 주택면적이 더 크더라도 해당하는 주택부분에 대해서만 주택으로 보아 비과세를 적용하므로, 주택이 아닌 상가부분에 대해서 양도소득세를 과세한다. 따라서 겸용주택이 비과세 요건을 갖추더라도, 상가부분과 상가부수토지는 더 이상 주택으로 보지 아니하며 상가부분은 과세대상이 된다.

겸용주택의 경우 2021년까지 양도하는 경우에 한하여 주택면적이 상가면적보다 큰 경우 전체를 주택으로 보아 비과세를 적용받을 수 있으므로, 겸용주택 소유자는 이 규정을 적극 활용할 가치가 있다.

즉, 주택면적이 상가면적보다 큰 경우에는 건물 전체를 주택으로 보며, 상가면적이 주택면적과 같거나 더 크다면 주택부분만을 주택으로 보고 있다.

1세대 1주택자로서 상가면적이 주택면적보다 크거나 같다면, 용도변경 또는 개조나 수리를 통해 공부상 용도가 주택으로 드러나도록 변경하여야 한다.

만약 공부와는 달리 실제 주택으로 사용한 면적이 크다면, 이를 입증할 수 있는 사진, 각종의 증빙, 이웃의 인우보증서 등을 준비하여 주택임을 적극적으로 설명할 수 있어야 한다.

1세대 1주택 비과세만큼 절세효과가 큰 것은 없기 때문이다.

10 취득가액으로 공제받는 지출증빙의 중요성

부동산의 취득 및 자본적 지출 등과 관련하여 지출한 경비에 대해 해당하는 세금계산서 및 영수증 등의 증빙을 반드시 챙겨야 한다. 이렇게 실제 지출된 비용에 대한 증빙을 확보하는 만큼 양도소득세를 줄일 수 있다.

즉, 양도소득세 계산구조를 살펴보면 양도차익의 산출은 부동산을 직접 취득하는 원가와 취득세 등의 취득부대비용 그리고 자산의 가치를 증가시키는 지출도 취득원가로 차감하여 주기 때문이다.

11 매매 후 반드시 양도소득세 신고하라

양도소득세 신고는 양도일이 속하는 달의 말일로부터 2개월 이내에 하여야 한다. 만약 이 기간 안에 신고를 하지 아니한 경우에는 가산세를 부담하게 된다.

그리고 1년 이내에 2번 이상의 부동산을 처분하고 양도소득세를 신고할 경우에는 2번 이상 양도한 내역을 합산 신고하여야 한다. 만약 이러한 합산 신고를 하지 아니한 경우에는 양도소득세 확정신고를 반드시 하여야 한다.

양도소득세는 과세기간 중에 양도를 할 때마다 예정신고를 하고, 다음 해 5월까지 양도한 내용을 통산하여 양도소득세 확정신고의 과정을 거쳐 양도소득세를 결정한다.

따라서 2건 이상의 양도를 하는 경우에는 다음 연도 5월에 양도차손의 통산을 거쳐, 확정신고를 통해 양도소득세가 결정되어 신고하여야 한다.

Kim Yeon Ju & Lim Jun Chan

나는 다주택자인가?
주택 수 판단하기!

Chapter 01

1세대 3주택자 주택 수 판정방법

● *Kim Yeon Ju & Lim Jun Chan* ●

01 조정대상지역의 주택매매 시 중과여부 판단 flow

1단계: 1세대의 범위는 어떻게 되는가?	• 사실혼 배우자 포함 • 배우자가 없어도 1세대로 보는 경우
2단계: 양도하는 주택이 조정대상 지역인가?	조정대상지역
3단계: 전국에 보유하는 주택은 몇 채인가?	〈당초 주택 수 계산 시 제외되는 주택〉 • 수도권, 광역시, 세종시 외의 지역에 있는 기준시가 3억 원 이하의 주택 • 주택신축판매업자(건설업)의 재고주택 등 〈주택 수에 포함되는 주택〉 • 주택 수에 포함되는 조합원입주권 • 부동산매매업자의 재고자산 • 공동상속주택 • 다가구주택 • 주택임대사업자의 임대주택 • 주거용 오피스텔, 무허가 주택 등 • 분양권(21. 1. 1.이후 취득하는 분양권)

4단계: 주택 수에는 포함되나 중과대상주택에서 제외되는 주택에 해당되는가? (3주택 이상자)	〈3주택 수에는 포함되나 제외되는 중과대상 주택〉 • 소득세법 시행령 제167조의3[장기임대주택] • 조세특례제한법상 수도권 밖 미분양매입임대주택 • 조세특례제한법상 양도소득세 감면대상 장기임대주택 • 조세특례제한법상 감면대상 신축주택 • 장기사원용주택 • 문화재보호법상 문화재주택 • 선순위 상속1주택 • 저당권 실행 또는 대물변제 취득주택 • 장기가정어린이집 • 위의 주택을 제외하고 1개의 주택만 소유하는 해당 주택
4단계: 주택 수에는 포함되나 중과대상주택에서 제외되는 주택에 해당되는가? (2주택 이상자)	〈2주택 수에는 포함되나 제외되는 중과대상 주택〉 • 3주택 중과대상에서 제외되는 주택도 제외 • 취학, 근무상의 형편 등 부득이한 사유로 취득한 주택 • 동거봉양을 사유로 합가한 2주택 • 혼인을 사유로 합가한 2주택 • 법정소송 결과로 취득한 주택 • 일시적 1세대 2주택 • 주택의 양도 당시 기준시가 1억 원 이하인 주택 • 위의 주택을 제외하고 1개의 주택만 소유하는 해당 주택

02 1세대별로 보유주택을 판단하는바 1세대란 무엇인가?

(1) 1세대란

1세대란, 거주자 및 그 배우자가 그들과 동일한 주소 또는 거소에서 생계를 같이 하는 가족과 함께 구성하는 1세대를 말한다. 가족은 거주자와 그 배우자의 직계존비속(그 배우자를 포함한다) 및 형제자매를 말하며, 취학, 질병의 요양, 근무상 또는 사업상의 형편으로 본래의 주소 또는 거소를 일시 퇴거한 자를 포함한다.

배우자의 직계존속(장인, 장모, 시부모)과 배우자의 형제자매(처제, 처남, 시동생)도 동일한 주소에서 생계를 같이 하는 경우에는 가족의 범위에 포함되나, 형제자매의 배우자(형수, 제수, 동서, 형부, 제부)는 가족의 범위에서 제외된다.

그리고 부부가 단독으로 세대를 각각 이루거나 별거 중이라 하더라도 법률상 배우자는 동일한 세대로 본다. 그리고 세법개정으로 2019년부터 법률상 이혼을 하더라도 사실혼 관계를 유지하고 있는 배우자도 1세대로 본다는 것이다.

개정 이유는 다주택가구가 이혼을 위장하고 양도소득세 비과세 혜택을 받는 경우가 많았다. 이러한 사실과 다른 허위로 인한 양도신고를 부인하고 실질적인 관계를 과세근거기준으로 삼기 위함이다.

다음의 경우에는 배우자가 없는 때에도 1세대로 본다.

- 당해 거주자의 연령이 30세 이상인 경우
- 배우자가 사망하거나 이혼한 경우
- 법 제4조에 따른 소득이 「국민기초생활 보장법」 제2조 제11호에 따른 기준 중위소득의 100분의 40 수준 이상으로서 소유하고 있는 주택 또는 토지를 관리·유지하면서 독립된 생계를 유지할 수 있는 경우. 다만, 미성년자의 경우를 제외하되, 미성년자의 결혼, 가족의 사망 그 밖에 기획재정부령이 정하는 사유로 1세대의 구성이 불가피한 경우에는 그러하지 아니하다.

(2) 1세대의 판정기준

1세대에 해당되는지 여부는 주택을 양도하는 시점, 양도일 현재를 기준으로 판정하는 것이며, 같은 장소에서 생계를 같이 하는 가족의 주민등록상 현황과 사실상 현황이 다른 경우에는 사실상 현황에 의한다.

03 매매하려는 주택의 소재지가 어디 위치하는가?

부동산투기억제를 강력하게 제제하기 위한 8·2 대책으로 인해 주택을 매매할 때 가장 먼저 확인해야 할 것은 "양도하려는 주택의 소재지가 어느 지역에 위치하는가"이다.

즉, 매매하려는 주택이 조정대상지역에 해당되는지, 투기과열지구에 위치하는지, 투기지역에 소재하는지를 가장 먼저 확인하여야 한다.

해당되는 지역에 따라 각종의 양도소득세 중과를 적용할 것인지에 대한 밑그림이 나오기 때문이다.

그 다음으로 조합원입주권을 포함하여 보유 중인 주택이 몇 개인가 하는 것이다. 1세대가 보유하는 주택 수에 따라 중과되는 양도소득세율이 달라지기 때문이다.

보유하는 주택 수가 정해지고 양도하려는 주택의 소재지가 파악되고 난 후에야 8·2 대책과 9·13 대책에서 규제하고 있는 다양한 양도소득세 중과세금을 결정할 수 있다.

1세대 2주택자는 기본세율에 20%를 추가하고 장기보유특별공제가 배제되며, 1세대 3주택자는 기본세율에 30%를 가산하고 장기보유특별공제가 적용되지 않는다.

이러한 세율중과는 양도소득세 부담에 상당한 파급 효과를 미치므로, 매매하는 주택의 소재지와 주택 수를 계산할 때 상당한 주의를 기하여야 한다.

- 조정대상지역
- 투기과열지역
- 투기지역

구분	조정대상지역
서울	서울시 전 지역 25개구 강남, 서초, 송파, 강동, 용산, 성동, 노원, 마포, 양천, 영등포, 강서, 구로, 금천, 동작, 관악, 은평, 서대문, 종로, 중구, 성북, 강북, 도봉, 중랑, 동대문, 광진
경기도	과천시, 성남시, 하남시, 화성시 동탄, 광명시, 구리시, 안양시 동안·만안, 광교지구, 수원시 팔달·장안·영통·권선, 용인시 기흥·수지, 의왕시, 고양시, 남양주시, 화성시, 군포시, 안성시, 부천시, 안산시, 시흥시, 용인시 처인, 오산시, 평택시, 광주시, 양주시, 의정부시, 김포시, 파주시
인천	중, 동, 미추홀, 연수, 남동, 부평, 계양, 서
대전	동, 중, 서, 유성, 대덕
대구	수성, 중, 동, 서, 남, 북, 달서, 달성군
세종특별시	세종특별자치시
충북	청주
부산	해운대, 수영, 동래, 남, 연제, 서, 동, 영도, 부산진, 금정, 북, 강서, 사상, 사하
광주	동, 서, 남, 북, 광산

구분	조정대상지역
울산	중, 남
충남	천안시 동남, 서북, 논산시, 공주시
전북	전주시 완산, 덕진
전남	여수시, 순천시, 광양시
경북	포항시 남, 경산시
경남	창원시 성산

04 우리 집 보유 주택 수는 몇 채인가? 3채인가?

그렇다면 현재 보유하고 있는 주택 수는 어떻게 계산되는 것일까?

매매하려는 주택이 조정대상지역에 소재한다고 하여 무조건 양도하려는 주택을 주택 수에 포함하여 계산하는 것은 아니다.

즉, 매매하려는 주택이 조정대상지역에 위치한다 하더라도, 다주택자 중과규정을 적용할 때 배제되는 주택에 해당된다면 중과가 배제될 수 있는 것이다.

조정대상지역 내 3주택 이상의 다주택자라도 중과적용이 배제되는 주택은 다음과 같다.

(1) 3주택 중과대상 주택 수에서 제외되는 주택

중과대상 주택 수 판단은 전국의 모든 주택이 대상이 된다. 이때 조합원입주권도 주택 수에 포함된다.

그러나 다음의 경우는 중과대상 주택 수 산정 시 중과대상 주택 수에서 제외한다.

1) 수도권, 광역시, 세종시 외의 지역에 있는 기준시가 3억 원 이하의 주택

구분	지역
모든 주택이 주택 수에 포함되는 지역	서울시 광역시(군지역 제외) 경기도, 세종시(읍·면지역 제외)
기준시가 3억 원 초과하는 주택만 주택 수에 포함되는 지역	모든 광역시의 군지역 경기도, 세종시 읍·면지역 기타 모든 도지역

중과대상 주택은 소재하는 지역에 따라 주택 수의 계산이 달라진다. 수도권, 광역시(군지역 제외), 세종시(읍·면지역 제외)에 주택이 위치하는 경우에 이 주택은 가액에 관계없이 무조건 중과대상 주택 수에 포함된다. 그러나 경기도, 세종시의 읍·면지역, 광역시의 군지역, 기타 도지역에 소재하는 주택으로 주택가액이 기준시가로 3억 원을 초과하는 경우에만 주택 수에 포함되므로, 3억 원 이하인 경우에는 주택 수에서 제외된다.

소득세법 시행령 제167조의3【1세대 3주택 이상에 해당되는 주택의 범위】(2003. 12. 30. 신설)

① 법 제104조 제7항 제3호에서 "대통령령으로 정하는 1세대 3주택 이상에 해당하는 주택"이란 국내에 주택을 3개 이상(제1호에 해당하는 주택은 주택의 수를 계산할 때 산입하지 아니한다) 소유하고 있는 1세대가 소유하는 주택으로서 다음 각 호의 어느 하나에 해당하지 아니하는 주택을 말한다.

1. 「수도권정비계획법」 제2조 제1호에 따른 수도권 및 광역시·특별자치시 외의 지역에 소재하는 주택으로서 해당 주택 및 이에 부수되는 토지의 기준시가의 합계액이 해당 주택 또는 그 밖의 주택의 양도 당시 3억 원을 초과하지 아니하는 주택. 다만, 광역시에 소속된 군, 「지방자치법」 제3조 제3항·제4항에 따른 읍·면 및 「세종특별자치시 설치 등에 관한 특별법」 제6조 제3항에 따른 읍·면에 해당하는 지역을 제외한다.

2) 주택신축판매업자(건설업)가 보유하고 있는 주택

건설업에 해당되는 주택신축판매업자가 보유하고 있는 사업용 재고자산인 주택은 주택 수 산정 시 포함하지 아니한다. 다만, 부동산매매업자가 보유하고 있는 재고자산인 주택은 주택 수 계산 시 포함시킨다.

양도소득세 집행기준 104-167의3-6
[사업용 재고자산인 주택의 경우]

부동산매매업자가 보유하는 재고자산인 주택은 주택 수 계산에 포함되며, 주택신축판매업자(건설업에 해당하는 경우)의 재고자산인 주택은 주택 수 계산에 포함되지 아니한다.

(2) 3주택 이상자의 보유주택 판정 시 중과대상 주택 수에 포함되는 주택

1) 주택 수에 포함되는 조합원입주권

양도소득세 집행기준 104-167의4-1
[주택 수 계산에 포함되는 조합원입주권]

2006. 1. 1. 이후 재개발·재건축사업의 관리처분계획이 인가된 조합원입주권과 2005. 12. 31. 이전에 관리처분계획이 인가된 입주권을 2006. 1. 1. 이후 취득한 경우 주택 수 계산에 포함되며, 조합원입주권의 3억 원 초과 여부는 「도시 및 주거환경정비법」에 따른 종

전주택 및 그에 딸린 토지의 평가액(사업시행인가의 고시가 있은 날을 기준으로 한 가격)으로 판단한다.

세법개정으로 2021. 1. 1. 이후부터 조정대상지역 내 다주택자 중과 여부를 판단하는 주택 수를 계산하는 때에 분양권을 주택 수에 포함하여 판단한다.

2) 부동산매매업자의 재고자산

양도소득세 집행기준 104-167의3-6
[사업용 재고자산인 주택의 경우]

부동산매매업자가 보유하는 재고자산인 주택은 주택 수 계산에 포함한다.

3) 공동소유주택자 중 소수지분자 지분주택

주택 수 계산 시 공동주택 소수지분자도 주택 수에 포함한다.

종전에는 공동소유주택은 지분이 가장 큰 자의 주택으로 보아 소수지분자의 지분은 주택 수에 포함하지 않았다. 이때 지분이 가장 큰 자가 2인 이상인 경우에는 공동소유자 간의 합의에 따라 신고한 자의 주택으로 보며, 합의가 없는 경우에는 각각의 소유로 계산한다.

세법개정을 통하여 2020년 귀속분부터 다음의 요건이 충족된 경우에는 소수지분자의 지분도 주택으로 보아 주택 수에 포함된다.

일정 지분을 소유한 주택에서 발생하는 임대소득이 연간 600만 원 이상이거나 주택기준시가가 9억 원을 초과하는 고가주택으로서 그 주택의 지분을 30% 초과하는 공유지분을 소유하는 경우 소수지분자의 지분도 주택으로 간주된다.

동일주택을 부부가 일정 지분 이상 소유한 경우, 다음 순서로 부부 중 1인의 소유주택으로 계산한다. 부부 중 지분이 더 큰 자의 소유주택으로 보며, 부부의 지분이 동일한 경우에는 부부 사이의 합의에 따라 소유주택에 가산하기로 한 자의 1인의 소유주택으로 계산한다.

4) 공동상속주택의 주택

양도소득세 집행기준 104-167의3-5
[공동상속주택의 주택 수 계산]

상속지분이 가장 큰 상속인의 소유로 하여 주택 수를 계산하며, 상속지분이 가장 큰 자가 2인 이상인 경우에는 해당 주택에 거주하는 자, 최연장자의 순서로 해당 공동주택을 소유한 것으로 본다.

5) 다가구주택

다가구주택을 가구별로 분양하지 아니하고 다가구 전체를 하나의 매매단위로 양도하는(스스로 건설하여 취득한 경우도 포함) 경우는 거주자가 선택한 경우에 이를 단독주택으로 본다.

6) 주택임대사업자의 임대주택

주택임대사업을 하는 사업자가 보유하고 있는 사업용임대주택도 주택 수 산정 시 포함하여 계산한다.

7) 주거용 오피스텔, 무허가 주택 등

주거용으로 사용하고 있는 오피스텔과 허가를 받지 아니하였지만 주택으로 사용하는 무허가 주택 등도 주택 수를 계산할 때 포함한다.

(3) 3주택 이상자의 보유주택 중 중과대상 주택에서 제외되는 주택

다음의 주택은 보유하고 있는 주택 수를 계산할 때는 주택 수에 포함되더라도, 중과대상 주택으로 보지 아니한다.

조정대상지역이나 투기지역에 소재하더라도 중과대상 주택으로 보지 아니한다. 다만, 2019년 세법개정으로 1주택 이상을 보유한 1세대가 조정대상지역에 새로 취득한 주택을 소득세법 장기임대주택으로 등록하더라도 이 주택을 임대기간 종료 후 양도하는 경우에는 중과 및 장기보유특별공제 배제를 적용한다. 이 규정은 2018. 9. 14. 이후 조정대상지역 내에 주택을 취득하고 임대등록하는 분부터 적용한다.

따라서 2018. 9. 13. 이전에 주택 또는 주택을 취득할 수 있는 권리(분양권, 조합원입주권)를 취득한 경우 그리고 2018. 9. 13. 이전에 주택 또는 주택을 취득할 수 있는 권리(분양권, 조합원입주권)를 취득하기 위한 매매계약과 계약금을 지급한 경우에는 종전의 규정을 그대로 적용하여 해당 주택을 장기임대주택으로 등록한 경우 중과에서 제외한다.

1) 소득세법 시행령 제167조의3[장기임대주택]

장기임대주택이란 「소득세법」 제168조에 따른 사업자등록과 「민간임대주택에 관한 특별법」 제5조에 따른 임대사업자등록(이하 '사업자등록등')을 한 거주자가 장기일반민간임대주택 등으로 10년 이상 임대하는 주택으로서, 해당 주택 및 이에 부수되는 토지의 기준시가 합계액이 해당 주택의 임대 개시일 당시 6억 원(수도권 밖의 지역인 경우 3억 원)을 초과하지 않고 임대료 등의 증가율이 100분의 5를 초과하지 않는 주택을 말한다.

2020년 7·10 대책으로 단기임대주택 등록이 불가능하며 단기임대주택의 장기일반민간임대주택으로의 전환이 되지 않는다. 그리고 아파트는 장기일반민간임대주택 등록을 할 수 없으며, 아파트를 제외한 주택(다세대, 다가구, 단독주택, 오피스텔 등)의 장기일반민간임대주택의 등록은 가능하다. 장기임대주택의 경우 최소 의무기간이 8년에서 10년으로 임대의무기간이 연장된다. 단기 및 장기일반민간임대주택으로 등록된 임대주택의 임대의무기간 경과 후에는 임대등록이 자동 말소된다.

2) 조세특례제한법상 수도권 밖 미분양매입임대주택

거주자가 민간매입임대주택을 소득세법상 사업자등록과 「민간임대주택법」상 임대사업자등록을 하고 2008. 6. 10.까지 분양계약이 체결되지 아니한 미분양주택을 계약하고 세법이 규정하고 있는 요건을 충족하여 임대한 주택을 말한다.

3) 조세특례제한법상 양도소득세 감면대상 장기임대주택

조세특례제한법 제97조·제97조의2, 제98조에 따른 양도소득세가 감면되는 임대주택으로, 5년 이상 임대한 국민주택을 말한다.

4) 장기사원용주택

종업원(사용자의 「국세기본법 시행령」 제1조의2 제1항에 따른 특수관계인을 제외한다)에게 무상으로 제공하는 사용자 소유의 주택으로, 무상제공기간이 10년 이상(의무무상기간)인 주택을 말한다.

5) 조세특례제한법상 감면대상 신축주택

조세특례제한법 제99조·제99조의3에 따른 양도소득세가 감면되는 신축주택을 말한다.

6) 문화재보호법상 문화재주택

문화재보호법 제2조 제2항에 의한 지정문화재 또는 동법 제53조 제1항에 의한 등록문화재로 지정 또는 등록된 주택을 말한다.

지정문화재주택이란

국가지정문화재(문화재청장이 지정한 문화재), 시·도 지정문화재(특별시장·광역시장·도지사 또는 특별자치도지사가 지정한 문화재), 문화재자료(국가·시·도 지정문화재로 지정되지 아니한 문화재 중 시·도지사가 향토문화보존상 필요하다고 인정하여 지정한 문화재)로서 문화재지정서를 통지받은 날부터 지정해제일까지 효력이 발생한다.

등록문화재주택이란

문화재청장은 문화재위원회의 심의를 거쳐 지정문화재가 아닌 문화재 중에서 보존과 활용을 위한 조치가 특별히 필요한 것으로 등록한 문화재로서 등록문화재 등록증을 통지받은 날부터 등록해제일까지 효력이 발생한다.

7) 선순위 상속1주택

소득세법 시행령 제155조 제2항 규정의 상속주택 - 선순위 상속 1주택(상속받은 날부터 5년이 경과하지 아니한 경우에 한정)을 말한다.

8) 저당권 실행 또는 대물변제 취득주택

저당권의 실행으로 취득하거나 채권변제를 대신하여 취득한 주택으로서, 취득일로부터 3년이 경과하지 아니한 주택을 말한다.

9) 장기가정어린이집

1세대의 구성원이 시장, 군수 또는 자치구청장으로부터 어린이집 인가를 받고 소득세법에 따라 사업자등록을 한 후 5년 이상(의무사용기간)

가정어린이집으로 사용하고, 가정어린이집으로 사용하지 아니하게 된 날부터 6월이 경과하지 아니한 주택을 말한다.

10) 1세대가 1)부터 9)까지에 해당하는 주택을 제외하고 1개의 주택만을 소유하고 있는 경우의 해당 주택(일반주택)

Chapter 02

1세대 2주택자 주택 수 판정방법

Kim Yeon Ju & Lim Jun Chan

매매하려는 주택이 조정대상지역에 소재한다고 하여 무조건 양도하려는 주택을 주택 수에 포함하여 계산하는 것은 아니다. 즉, 매매하려는 주택이 조정대상지역에 위치한다 하더라도, 2주택에 대해 중과세 여부를 판정할 때 배제되는 주택에 해당된다면 중과가 배제될 수 있는 것이다.

조정대상지역 내 2주택 이상자라 하더라도 중과적용이 배제되는 주택은 다음과 같다.

01 2주택 이상자의 보유주택 판정 시 중과대상 주택 수에서 제외되는 주택

중과대상 주택 수 판단은 전국의 모든 주택이 대상이 된다. 이때 조합원입주권 및 분양권(21. 1. 1. 이후 취득)도 주택 수에 포함된다.

그러나 다음의 경우는 중과대상 주택 수 산정 시 중과대상 주택 수에서 제외한다.

(1) 수도권, 광역시, 세종시 외의 지역에 있는 기준시가 3억 원 이하의 주택

구분	지역
모든 주택이 주택 수에 포함되는 지역	서울시 광역시(군지역 제외) 경기도, 세종시(읍·면지역 제외)
기준시가 3억 원 초과하는 주택만 주택 수에 포함되는 지역	모든 광역시의 군지역 경기도, 세종시 읍·면지역 기타 모든 도지역

중과대상 주택이 소재하는 지역에 따라 주택 수의 계산이 달라진다. 수도권, 광역시(군지역 제외), 세종시(읍·면지역 제외)에 주택이 위치하는 경우에 이 주택은 가액에 관계없이 무조건 중과대상 주택 수에 포함된다.

그러나 경기도·세종시의 읍·면지역, 광역시의 군지역, 기타 도지역에 소재하고 주택가액이 기준시가로 3억 원을 초과하는 경우에만 주택 수에 포함되므로, 3억 원 이하인 경우에는 주택 수에서 제외된다.

소득세법 시행령 제167조의3【1세대 3주택 이상에 해당되는 주택의 범위】(2003. 12. 30. 신설)

① 법 제104조 제7항 제3호에서 "대통령령으로 정하는 1세대 3주택 이상에 해당하는 주택"이란 국내에 주택을 3개 이상(제1호에 해당하는 주택은 주택의 수를 계산할 때 산입하지 아니한다) 소유하고 있는 1세대가 소유하는 주택으로서 다음 각 호의 어느 하나에 해당하지 아니하는 주택을 말한다.

1. 「수도권정비계획법」 제2조 제1호에 따른 수도권 및 광역시·특별자치시 외의 지역에 소재하는 주택으로서 해당 주택 및 이에 부수되는 토지의 기준시가의 합계액이 해당 주택 또는 그 밖의 주택의 양도 당시 3억 원을 초과하지 아니하는 주택. 다만, 광역시에 소속된 군, 「지방자치법」 제3조 제3항·제4항에 따른 읍·면 및 「세종특별자치시 설치 등에 관한 특별법」 제6조 제3항에 따른 읍·면에 해당하는 지역을 제외한다.

(2) 주택신축판매업자(건설업)가 보유하고 있는 주택

건설업에 해당되는 주택신축판매업자가 보유하고 있는 사업용 재고자산인 주택은 주택 수 산정 시 포함하지 아니한다.

다만, 부동산매매업자가 보유하고 있는 재고자산인 주택은 주택 수 계산 시 포함시킨다.

양도소득세 집행기준 104-167의3-6
[사업용 재고자산인 주택의 경우]

부동산매매업자가 보유하는 재고자산인 주택은 주택 수 계산에 포함되며, 주택신축판매업자(건설업에 해당하는 경우)의 재고자산인 주택은 주택 수의 계산에 포함되지 아니한다.

02 3주택 중과대상 주택 수에 포함되는 주택

(1) 주택 수에 포함되는 조합원입주권

양도소득세 집행기준 104-167의4-1
[주택 수 계산에 포함되는 조합원입주권]

2006. 1. 1. 이후 재개발·재건축사업의 관리처분계획이 인가된 조합원입주권과 2015. 12. 31. 이전에 관리처분계획이 인가된 입주권을 2006. 1. 1. 이후 취득한 경우 주택 수 계산에 포함되며, 조합원입주권의 3억 원 초과 여부는 「도시 및 주거환경정비법」에 따른 종전주택 및 그에 딸린 토지의 평가액(사업시행인가의 고시가 있은 날을 기준으로 한 가격)으로 판단한다.

(2) 부동산매매업자의 재고자산

양도소득세 집행기준 104-167의3-6
[사업용 재고자산인 주택의 경우]

부동산매매업자가 보유하는 재고자산인 주택은 주택 수 계산에 포함한다.

(3) 공동소유주택자 중 소수지분자 지분주택

주택 수 계산 시 공동주택 소수지분자도 주택 수에 포함한다.

종전에는 공동소유 주택은 지분이 가장 큰 자의 주택으로 보아 소수지분자의 지분은 주택 수에 포함하지 않았다. 이때 지분이 가장 큰 자가 2인 이상인 경우에는 공동소유자 간의 합의에 따라 신고한 자의 주택으로 보며, 합의가 없는 경우에는 각각의 소유로 계산한다.

세법개정을 통하여 2020년 귀속분부터 다음의 요건이 충족된 경우에는 소수지분자의 지분도 주택으로 보아 주택 수에 포함된다.

일정 지분을 소유한 주택에서 발생하는 임대소득이 연간 600만 원 이상이거나 주택기준시가가 9억 원을 초과하는 고가주택으로서, 그 주택의 지분을 30% 초과하는 공유지분을 소유하는 경우 소수지분자의 지분도 주택으로 간주된다.

동일주택을 부부가 일정 지분 이상 소유한 경우, 다음 순서로 부부 중 1인의 소유주택으로 계산한다. 부부 중 지분이 더 큰 자의 소유주택으로 보며, 부부의 지분이 동일한 경우에는 부부 사이의 합의에 따라 소유주택에 가산하기로 한 자의 1인의 소유주택으로 계산한다.

(4) 공동상속주택의 주택

양도소득세 집행기준 104-167의3-5
[공동상속주택의 주택 수 계산]

상속지분이 가장 큰 상속인의 소유로 하여 주택 수를 계산하며, 상속지분이 가장 큰 자가 2인 이상인 경우에는 해당 주택에 거주하는 자, 최연장자의 순서로 해당 공동주택을 소유한 것으로 본다.

(5) 다가구주택

다가구주택을 가구별로 분양하지 아니하고 다가구 전체를 하나의 매매단위로 양도하는(스스로 건설하여 취득한 경우도 포함) 경우는 거주자가 선택한 경우에 이를 단독주택으로 본다.

(6) 주택임대사업자의 임대주택

주택임대사업을 하는 사업자가 보유하고 있는 사업용임대주택도 주택 수 산정 시 포함하여 계산한다.

(7) 주거용 오피스텔, 무허가 주택 등

주거용으로 사용하고 있는 오피스텔과 허가를 받지 아니하였지만 주택으로 사용하는 무허가 주택 등도 주택 수를 계산할 때 포함한다.

03 2주택자의 보유주택 중 중과대상 주택에서 제외되는 주택

(1) 3주택 중과대상에서 제외되는 주택도 제외

- 소득세법 시행령 제167조의3 [장기임대주택]
- 조세특례제한법상 수도권 밖 미분양매입임대주택
- 조세특례제한법상 양도소득세 감면대상 장기임대주택
- 장기사원용주택
- 조세특례제한법상 감면대상 신축주택

- 문화재보호법상 문화재주택
- 5년 미경과된 선순위 상속 1주택
- 저당권 실행 또는 대물변제 취득주택
- 장기가정어린이집

(2) 취학, 근무상의 형편 등 부득이한 사유로 취득한 주택

1세대의 구성원 중 일부가 고등학교 이상의 취학, 근무상의 형편, 질병의 요양, 그 밖에 부득이한 사유로 인하여 다른 시(특별시·광역시·특별자치시)·군으로 주거를 이전하기 위하여 1주택(학교의 소재지, 직장의 소재지 또는 질병을 치료·요양하는 장소와 같은 시·군에 소재하는 주택으로서 취득 당시 기준시가의 합계액이 3억 원을 초과하지 아니하는 것에 한정)을 취득함으로써 1세대가 2주택이 된 경우의 해당 주택(취득 후 1년 이상 거주하고 해당 사유가 해소된 날부터 3년이 경과하지 아니한 경우에 한정한다)을 말한다.

(3) 동거봉양을 사유로 합가한 2주택

1주택을 소유하고 1세대를 구성하는 사람이 1주택을 소유하고 있는 60세 이상의 직계존속(배우자의 직계존속을 포함하며, 직계존속 중 어느 한 사람이 60세 미만인 경우를 포함한다)을 동거봉양하기 위하여 세대를 합침으로써 1세대가 2주택을 소유하게 되는 경우의 해당 주택(세대를 합친 날부터 10년이 경과하지 아니한 경우에 한정한다)을 말한다.

(4) 혼인을 사유로 합가한 2주택

1주택을 소유하는 사람이 1주택을 소유하는 다른 사람과 혼인함으로써 1세대가 2주택을 소유하게 되는 경우의 해당 주택(혼인한 날부터 5년이 경과하지 아니한 경우에 한정한다)을 말한다.

(5) 법정소송 결과로 취득한 주택

주택의 소유권에 관한 소송이 진행 중이거나, 해당 소송결과로 취득한 주택(소송으로 인한 확정판결일부터 3년이 경과하지 아니한 경우에 한정한다)을 말한다.

(6) 일시적 1세대 2주택

1주택을 소유한 1세대가 그 주택을 양도하기 전에 다른 주택을 취득(자기가 건설하여 취득한 경우를 포함한다)함으로써 일시적으로 2주택을 소유하게 되는 경우 종전의 주택[다른 주택을 취득한 날부터 3년이 지나지 아니한 경우(3년이 지난 경우로서 제155조 제18항 각 호의 어느 하나에 해당하는 경우를 포함한다)에 한정한다]을 말한다.

(7) 주택의 양도 당시 기준시가가 1억 원 이하인 주택

다만, 「도시 및 주거환경정비법」에 따른 정비구역으로 지정·고시된 지역 또는 「빈집 및 소규모주택 정비에 관한 특례법」에 따른 사업시행구역에 소재하는 주택은 제외한다. 그러나 기준시가가 1억 원 이하인 오피스텔의 경우에는 중과배제 주택에 해당되지 아니한다.

(8) 1세대가 (1)부터 (5)까지의 규정에 해당하는 주택을 제외하고 1개의 주택만을 소유하고 있는 경우 그 해당 주택

Chapter

03 1주택+조합원입주권 주택 수 판정방법

Kim Yeon Ju & Lim Jun Chan

현재 양도를 계획하는 집은 1채이지만, 「도시 및 주거환경정비법」에 따른 관리처분계획인가로 취득한 조합원입주권도 함께 보유하는 경우 2주택자에 들어가는 것일까?

이러한 입주권도 주택으로 보아, 보유 중인 주택을 양도하는 경우 2주택자에 해당되어 부동산 중과대상에 해당되는 것일까?

도대체 입주권의 실질적인 성격은 무엇이고, 입주권을 어떻게 해석해야 하는 것일까?

「도시 및 주거환경정비법」 등에 따른 조합원입주권은 관리처분계획인가일 이후에는 더 이상 주택으로 보지 아니하고, 주택을 취득할 수 있는 권리로 본다. 그러나 조합원입주권도 1세대 1주택 비과세 또는 조합원입주권 비과세 판정시 보유주택 수 산정에는 포함하며, 21. 1. 1 이후부터는(조합원입주권 비과세 판정시에는 22. 1. 1) 분양권도 주택수 산정에 포함한다.

조합원입주권 양도시에 비과세 규정을 적용받기 위해서는 아래의 요건을 모두 충족하여야 한다.

관리처분계획인가일(인가일 전에 기존주택이 철거되는 때에는 기존주택의 철거일) 현재 1세대 1주택 비과세 요건을 충족해야 한다. 그리고 양도일 현재 다른 주택(또는 분양권)이 없거나 1조합원 입주권 외에 1주택(분양권을 보유하지 않는 경우로 한정) 소유한 경우 1주택을 취득한 날로부터 3년 이내에 당해 조합원입주권을 양도하여야 한다.

그리고 조합원입주권은 주택이 아닌 권리이므로, 조정대상지역 내의 조합원입주권을 양도하는 경우에도 중과세율이 적용되지 아니한다. 또한 분양권과는 다른 개념이므로, 조정대상지역에서 매매하여도 단일세율인 50%를 적용하지 아니한다.

조합원입주권을 2021. 6. 1. 이후 조정대상지역에서 1년 이내 양도하면 70%, 1~2년 이내 양도하면 60%, 2년 이상 보유하고 양도하면 기본세율인 6~45%를 적용하며, 이때 보유기간은 구주택의 취득 시점부터 계산된다.

그리고 수도권 외 지역(광역시 군·읍·면지역은 포함)의 주택 및 조합원입주권으로 3억 원 이하인 경우에는 주택 및 조합원입주권을 계산하는 경우 주택 수에 포함시키지 아니한다.

01 1세대가 1주택과 1입주권을 보유한 경우

[소득세법 시행령 제156조의2 제3항]

1주택자가 주택 취득일로부터 1년 경과 후 1입주권을 취득하고 3년 이내 종전주택을 양도하는 경우 해당 주택

02 1세대가 1주택과 1입주권을 보유한 경우

[소득세법 시행령 제156조의2 제4항]

1주택자가 1입주권을 취득하고 3년이 경과하여 해당 주택을 양도하고, 다음의 요건을 충족하는 경우

- 재개발사업 및 재건축사업 등으로 취득하는 주택으로 2년 이내 세대 전원이 이사하고 1년 이상 거주
- 주택이 완공된 후 2년 이내에 종전의 주택을 양도

03 1세대가 1주택과 대체취득한 1주택을 보유한 경우

[소득세법 시행령 제156조의2 제5항]

국내에 1주택을 소유한 1세대가 그 주택의 주택재개발사업 또는 주택재건축사업의 시행기간 동안 거주하기 위한 다른 주택(대체주택)을 취득한 경우로서, 다음의 요건을 모두 충족하고 양도하는 대체주택

- 주택재개발사업 또는 주택재건축사업의 사업시행인가일 이후 대체주택을 취득하고 세대 전원이 1년 이상 거주
- 주택재개발사업 또는 주택재건축사업의 관리처분계획에 따라 취득하는 주택이 완성된 후 2년 이내에 그 주택으로 세대 전원이 이사(취학, 근무상의 형편, 질병의 요양, 그 밖에 부득이한 사유로 세대원 중 일부가 이사하지 못하는 경우를 포함)하여 1년 이상 계속하여 거주할 것
- 주택재개발사업 또는 주택재건축사업의 관리처분계획에 따라 취득하는 주택이 완성되기 전 또는 완성된 후 2년 이내에 대체주택을 양도

소득세법 시행령 제156조의2

【주택과 조합원입주권을 소유한 경우 1세대 1주택의 특례】

③ 국내에 1주택을 소유한 1세대가 그 주택("종전의 주택")을 양도하기 전에 조합원입주권을 취득함으로써 일시적으로 1주택과 1조합원입주권을 소유하게 된 경우 종전의 주택을 취득한 날부터 1년 이상이 지난 후에 조합원입주권을 취득하고 그 조합원입주권을 취득한 날부터 3년 이내에 종전의 주택을 양도하는 경우(3년 이내에 양도하지 못하는 경우로서 기획재정부령으로 정하는 사유에 해당하는 경우를 포함한다)

④ 국내에 1주택을 소유한 1세대가 그 주택을 양도하기 전에 조합원입주권을 취득함으로써 일시적으로 1주택과 1조합원입주권을 소유하게 된 경우 조합원입주권을 취득한 날부터 3년이 지나 종전의 주택을 양도하는 경우로서 다음 각 호의 요건을 모두 갖춘 경우

1. 재개발사업, 재건축사업 또는 소규모재건축사업의 관리처분계획등에 따라 취득하는 주택이 완성된 후 2년 이내에 그 주택으로 세대 전원이 이사(취학, 근무상의 형편, 질병의 요양, 그 밖에 부득이한 사유로 세대의 구성원 중 일부가 이사하지 못하는 경우를 포함)하여 1년 이상 계속하여 거주할 것
2. 재개발사업, 재건축사업 또는 소규모재건축사업의 관리처분계획등에 따라 취득하는 주택이 완성되기 전 또는 완성된 후 2년 이내에 종전의 주택을 양도할 것

⑤ 국내에 1주택을 소유한 1세대가 그 주택에 대한 재개발사업, 재건축사업 또는 소규모재건축사업의 시행기간 동안 거주하기 위하여 다른 주택("대체주택")을 취득한 경우로서 다음 각 호의 요건을 모두 갖추어 대체주택을 양도하는 경우

1. 재개발사업, 재건축사업 또는 소규모재건축사업의 사업시행인가일 이후 대체주택을 취득하여 1년 이상 거주할 것
2. 재개발사업, 재건축사업 또는 소규모재건축사업의 관리처분계획등에 따라 취득하는 주택이 완성된 후 2년 이내에 그 주택으로 세대 전원이 이사(취학, 근무상의 형편, 질병의 요양, 그 밖에 부득이한 사유로 세대원 중 일부가 이사하지 못하는 경우를 포함)하여 1년 이상 계속하여 거주할 것. 다만, 주택이 완성된 후 2년 이내에 취학 또는 근무상의 형편으로 1년 이상 계속하여 국외에 거주할 필요가 있어 세대 전원이 출국하는 경우에는 출국사유가 해소(출국한 후 3년 이내에 해소되는 경우만 해당)되어 입국한 후 1년 이상 계속하여 거주하여야 한다.
3. 재개발사업, 재건축사업 또는 소규모재건축사업의 관리처분계획등에 따라 취득하는 주택이 완성되기 전 또는 완성된 후 2년 이내에 대체주택을 양도할 것

Kim Yeon Ju & Lim Jun Chan

집을 팔면 "양도세폭탄" 대상인가?

Chapter

01 1세대 2주택자 부동산 세금에서 생존하다!

Kim Yeon Ju & Lim Jun Chan

01 1세대 2주택자 부동산 세금에서 살아남는 방법! 세금 한 푼 안내고 집을 팔고 싶다!

"지금 같은 현실에서 이런 일이 정말 가능한 것일까"라며 의아해하는 이들이 많았다. 소득세법상 장기임대주택사업자인 경우에는 충분히 실현 가능한 일이었다.

그러나 2020년 7·10 대책으로 단기임대주택 등록이 불가능하며, 단기임대주택의 장기일반민간임대주택으로의 전환이 되지 않는다. 그리고 아파트는 장기일반민간임대주택 등록을 할 수 없으며, 아파트를 제외한 주택(다세대, 다가구, 단독주택, 오피스텔 등)의 장기일반민간임대주택의 등록은 가능하다. 장기임대주택의 경우 최소 의무기간이 8년에서 10년으로 임대의무기간이 연장된다. 단기 및 장기일반민간임대주택으로 등록된 임대주택의 임대의무기간 경과 후에는 임대등록이 자동 말소된다.

이는 장기임대등록을 통한 세입자의 주거안정과 아파트의 투기과열을 방지하기 위해 임대주택에 대한 세제혜택은 거의 사라지고 있음을 알 수 있다.

다음의 1세대 2주택자 장기임대주택등록을 통한 비과세 전략은 2020년 7·10 대책으로 거의 유명무실해졌다. 그러나 종전 규정을 적극적으로 활용하여 절세전략을 모색한 주택임대사업자도 많은바 과도기적인 정책의 사례로 수록하였다.

02 1세대 2주택자 장기임대주택사업자 등록으로 비과세 받기

거주하는 주택 1채와 소득세법상 장기임대주택을 소유한 1세대가 거주주택을 양도하는 경우, 거주하는 기간이 2년 이상이면 거주한 주택을 1세대 1주택으로 보아 비과세 적용을 받을 수 있다.

(1) 주택임대사업자 최초 거주주택 1회만 비과세 허용

2년 이상 거주한 주택을 양도하고 그 주택의 비과세 여부를 판단하는 경우, 장기임대주택이 여러 채가 있는 경우에도 모두 주택 수에서 제외되었다.

2년 이상 거주한 거주주택을 양도할 때 비과세를 적용받고, 다른 거주주택을 취득하여 2년 거주 후 또 다시 매각하는 경우에도 직전 거주주택 양도 후 양도차익에 대해 비과세가 적용되었다. 이처럼 주택을 여러 채 보유한 다주택자들이 거주주택 과세특례를 이용하여 강력한 양도세 구조에서도 살아남는 경우가 많았다.

그러나 세법개정을 통해 양도세 틈새를 빠져나가는 출구를 전략적으로 막고, 거주주택에 대해 단 1회만 비과세하는 것으로 강화되었다.

이 법의 시행시기는 시행령 개정 이후 신규 취득분부터 적용하되, 시행일 당시에 거주하고 있는 주택(시행일 이전에 거주주택을 취득하기 위해 계약금을 지불한 경우도 포함)은 종전 규정을 적용한다.

(2) 임대주택을 거주주택으로 전환하는 경우에도 전체 양도차익 과세. 단, 최종 임대주택 1채만 보유하고 거주주택 전환 시 직전 거주주택 양도 후 양도차익에 대해서만 비과세

장기임대주택을 보유한 임대사업자가 2년 이상 본인이 거주한 주택을 양도 시 1세대 1주택으로 보아 횟수에 제한없이 비과세를 적용하였다. 즉, 임대주택을 거주주택으로 전환하는 경우 기존 거주주택 양도 후 발생하는 양도차익에 대해 비과세를 하였다.

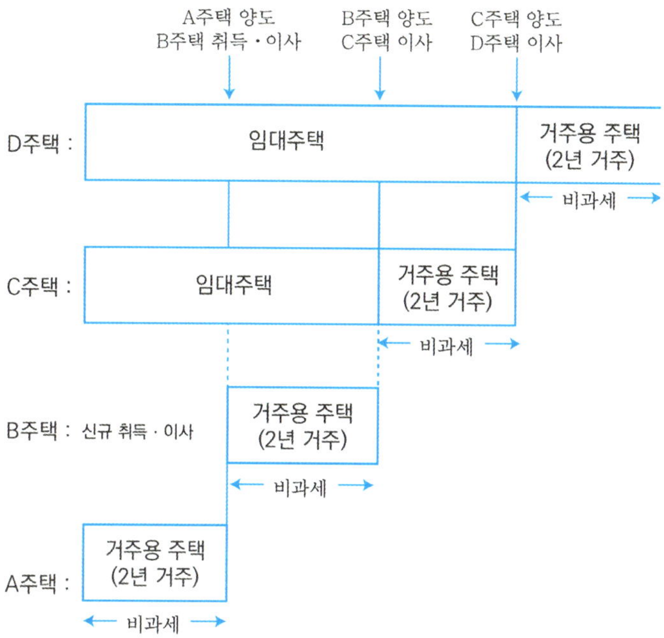

이번 세법개정을 통해 임대주택을 거주주택으로 전환하는 경우에도 전체 양도차익에 대해서 과세를 하도록 규정되었다.

다만, 최종적으로 임대주택 1채만 보유하게 된 후 거주주택으로 전환 시에는 직전 거주주택 양도 후 양도차익분에 대해서만 비과세를 적용한다.

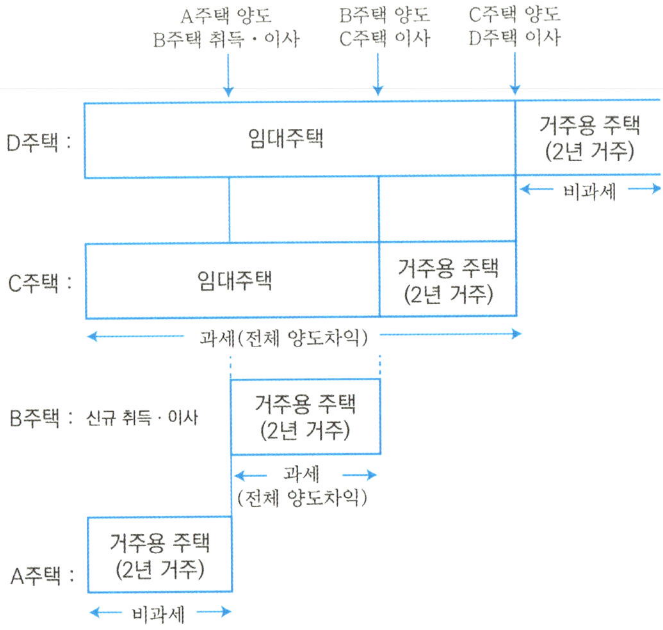

이때 장기임대주택은 단순하게 시·군·구청 등에 주택임대사업으로 등록하였다고 이 규정이 적용되는 것은 아님을 주의하여야 한다. 즉, 소득세법상 주택임대사업자의 요건인 장기임대주택에 해당되어야 한다는 것이다.

장기임대주택은 소득세법 시행령 제167조의3 제1항 제2호에 규정되어 있다.

장기임대주택이란

- 소득세법상 사업자등록과
- 민간임대주택법상 임대사업자등록(이하 '사업자등록등')을 하고

- 8년 이상 임대의무기간
- 임대 개시일 당시 주택의 기준시가가 6억 원(수도권 밖의 지역은 3억 원)을 초과하지 않는 조건에 해당하는 주택을 말한다.

또한 임대주택등록 후 8년 이상의 의무임대기간 요건을 충족하기 전에 거주주택을 양도하는 경우에도 비과세가 적용된다. 이는 장기임대주택 외에 2년 이상 거주한 거주주택의 과세특례, 즉 해당 장기임대주택은 주택 수에서 제외(소득세법 시행령 제155조 제2항)하기 때문에 가능하다.

그러나 8년의 기간을 채우지 못한 상황에서 임대주택을 양도하는 경우에는 애초 비과세 적용을 받았던 거주주택이 비과세 대상이 아닌 경우의 양도소득세와 비교하여 그 차액에 대하여 자진신고 및 납부를 해야 한다.

▶▶ 장기임대주택사업자 1세대 2주택 비과세

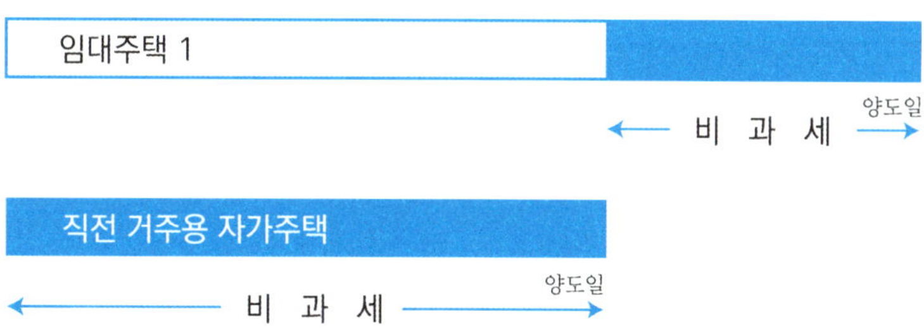

Chapter 02

1세대 3주택자 "양도폭탄"에서 살아남다!

Kim Yeon Ju & Lim Jun Chan

01 1세대 3주택자 "양도폭탄"에서 생존하고 싶다! 중과부동산 세금에서 벗어나 세금 없이 집을 매매하고 싶다!

복잡한 주거조건과 환경 속에서 불가피하게 1세대가 3주택을 보유하게 되는 상황도 발생한다. 2020년 7·10 대책 이전에는 3주택자에 대한 절세전략으로 장기임대주택을 적극적으로 활용하여 날아드는 중과세를 피할 수 있는 방안을 모색하였다.

그러나 2020년 7·10 대책으로 단기임대주택 등록이 불가능하며, 단기임대주택의 장기일반민간임대주택으로의 전환이 되지 않는다. 그리고 아파트는 장기일반민간임대주택 등록을 할 수 없으며, 아파트를 제외한 주택(다세대, 다가구, 단독주택, 오피스텔 등)의 장기일반민간임대주택의 등록은 가능하다. 장기임대주택의 경우 최소 의무기간이 8년에서 10년으로 임대의무기간이 연장된다. 단기 및 장기일반민간임대주택으로 등록된 임대주택의 임대의무기간 경과 후에는 임대등록이 자동 말소된다. 이는 장기임대등록을 통한 세입자의 주거안정과 아파트의 투기과열을 방지하기 위해 임대주택에 대한 세제혜택은 거의 사라지고 있음을 알 수 있다.

다음의 1세대 3주택자 장기임대주택등록을 통한 비과세 전략은 2020년 7·10 대책으로 거의 유명무실해졌다. 그러나 종전 규정을 적극적으로 활용하여 절세전략을 모색한 주택임대사업자도 많은바 과도기적인 정책의 사례로 수록하였다.

1세대 3주택자를 살펴보자.

국내에 1세대 1주택을 소유한 거주자가 장기임대주택을 취득한 상태에서 애초의 1주택을 취득한 날부터 1년 이상이 지난 후, 불가피하게 새로운 신규주택(대체주택)을 취득하여 1세대가 3주택을 보유하게 된 경우 어떻게 살아남을 수 있을까?

장기임대주택 외에 가장 처음 보유한 주택(종전주택)을 취득한 날부터 1년 이상 지난 후 새로운 신규주택을 취득(일시적 1세대 2주택 특례)하고, 그 취득한 날부터 3년 이내에 종전주택을 2년 이상 보유하고 세대 전원이 2년 이상 거주한 종전주택을 양도하는 경우에는 비과세가 적용된다.

또한 남아있는 대체주택은 2년 이상 보유하고 2년 이상 거주하면, 대체주택 전체의 양도차익(고가주택의 경우 9억 원 초과분은 양도세 과세)에 대해 1세대 1주택 요건을 충족하여 비과세를 받을 수 있다.

위의 상황에서 1세대 3주택자이지만 1세대 1주택 비과세를 적용받을 수 있었던 결정적인 역할은 바로 장기임대주택이다. 따라서 다주택자를 밤낮으로 힘들게 하는 무거운 부동산 세금을 탈출하는 방법이 장기임대주택등록임을 알 수 있다.

다주택자가 부동산중과세에서 살아남는 방법인 해당 장기임대주택은 주택 수에서 제외(소득세법 시행령 제155조 제2항)됨으로써, 이를 적극적으로 활용함과 동시에 1세대 1주택 요건을 반드시 충족하여 비과세를 적용받아야 한다.

이때 장기임대주택은 단순하게 시·군·구청 등에 주택임대사업으로 등록하였다고, 이 규정이 적용되는 것은 아님을 주의하여야 한다.

즉, 소득세법상 주택임대사업자의 요건인 장기임대주택에 해당되어야 한다는 것이다.

장기임대주택은 소득세법 시행령 제167조의3 제1항 제2호에 규정되어 있다.

장기임대주택이란

- 소득세법상 사업자등록과
- 민간임대주택법상 임대사업자등록(이하 '사업자등록등')을 하고
- 8년 이상 임대의무기간
- 임대 개시일 당시 주택의 기준시가가 6억 원(수도권 밖의 지역은 3억 원)을 초과하지 않는 조건에 해당하는 주택을 말한다.

또한 임대주택등록 후 8년 이상의 의무임대기간 요건을 충족하기 전에 거주주택을 양도하는 경우에도 비과세가 적용된다. 이는 장기임대주택 외에 2년 이상 거주한 거주주택의 과세특례, 즉 해당 장기임대주택은 주택 수에서 제외(소득세법 시행령 제155조 제2항)하기 때문에 가능하다.

그러나 세법개정으로 단 1회의 거주주택 비과세와 임대주택이 여러 채인 경우 임대주택을 거주주택으로 전환하는 경우에도 전체 양도차익에 대해서 과세를 하도록 규정되었다. 다만, 최종적으로 임대주택 1채만 보유하게 된 후 거주주택으로 전환 시에는 직전 거주주택 양도 후 양도차익분에 대해서만 비과세를 적용한다.

그러나 8년의 기간을 채우지 못한 상황에서 임대주택을 양도하는 경우에는 애초 비과세 적용을 받았던 거주주택이 비과세 대상이 아닌 경우의 양도소득세와 비교하여 그 차액에 대하여 자진신고 및 납부를 해야 한다.

Chapter

03 1세대 2주택자 잠 못 드는 중과세금

Kim Yeon Ju & Lim Jun Chan

주택 수를 계산할 때 제외되는 다양한 주택에도 불구하고 2주택자에 해당되는 경우, 1세대 2주택자의 밤잠을 깨우는 부동산 중과세금에는 과연 어떤 것들이 있을까?

01 조정대상지역 내의 1세대 1주택 비과세 요건 강화 (2년 거주 요건 추가)

2017. 8. 2. 이후 조정대상지역 내의 주택을 취득하는 경우 1세대 1주택 비과세 요건에 2년 거주요건이 추가된다. 여기서 반드시 확인해야 할 사항은 '취득'의 개념이다. 양도소득세법상 취득시기는 원칙적으로 실제 대금이 청산된 날을 취득한 것으로 보고 있다.

다만, 대금청산일이 불분명하거나 대금청산 전에 소유권이전 등기를 한 경우 등기·등록접수일을 말한다.

그 외에도 다양한 형태의 양도가 발생(예컨대 자가건축, 장기할부조건의 매입, 상속이나 증여로 취득하는 등)하는 경우 반드시 취득시점을 명확하게 확인하여야 한다.

양도소득세의 취득시기, 양도시기의 판정은 부동산을 보유한 기간 계산, 보유시점에 따른 양도소득세의 적용세율(1년 미만 보유의 단기양도, 1~2년 미만 보유의 양도), 장기보유특별공제 시 보유기간, 각종 감면 규정과 비과세 여부를 판단할 때 매우 중요한 역할을 한다.

취득시기와 양도시기의 판단에 대한 구체적인 내용은 1세대 1주택 취득시기, 양도시기 파트에서 상세히 확인할 수 있다.

따라서 조정대상지역에서 2017. 8. 2. 이전에 매매계약을 체결하고 잔금까지 청산한 경우에는, 조정대상지역의 해당 주택을 1세대 1주택 판정 시 2년 거주 요건을 적용하지 아니한다.

그리고 2017. 8. 2. 이전에 매매계약은 체결하였으나(매매계약 체결시점에 무주택자에 한하여), 잔금을 8. 2. 이후에 청산한 경우에도 조정대상지역의 해당 주택을 1세대 1주택 판정 시 2년 거주 요건을 적용하지 아니한다.

그러나 조정대상지역에서 2017. 8. 2. 이전에 매매계약을 체결하였으나(매매계약 체결시점에 주택이 있는 경우) 잔금청산시점이 8. 2. 이후에 해당되는 경우에는, 취득시점이 8. 2. 이후이므로 1세대 1주택 판정 시 2년 거주 요건을 반드시 갖추어야 한다.

이처럼 2017. 8. 2.을 전후로 취득시점이 어떻게 귀속되느냐에 따라 세법적용이 완전히 달라진다.

소득세법 시행령 제154조【1세대 1주택의 범위】

① 비과세 양도소득 중 1세대 1주택 요건이란 1세대가 양도일 현재 국내에 1주택을 보유하고 해당 주택의 보유기간이 2년(제8항 제2호에 해당하는 거주자의 주택인 경우는 3년) 이상인 것[취득 당시에 「주택법」 제63조의2 제1항 제1호에 따른 조정대상지역(이하 이 조에서 "조정대상지역"이라 한다)에 있는 주택의 경우에는 해당 주택의 보유기간이 2년(제8항 제2호에 해당하는 거주자의 주택인 경우에는 3년) 이상이고 그 보유기간 중 거주기간이 2년 이상인 것]을 말한다. 다만, 1세대가 양도일 현재 국내에 1주택을 보유하고 있는 경우로서 제1호부터 제3호까지의 어느 하나에 해당하는 경우에는 그 보유기간 및 거주기간의 제한을 받지 아니하며 제4호 및 제5호에 해당하는 경우에는 거주기간의 제한을 받지 아니한다.

부칙〈대통령령 제28293호, 2017. 9. 19.〉
제1조(시행일) 이 영은 공포한 날부터 시행한다.
제2조(1세대 1주택 비과세 요건에 관한 적용례 등)
① 제154조 제1항, 제2항 및 같은 조 제8항 제3호의 개정 규정은 이 영 시행 이후 양도하는 분부터 적용한다.
② 다음 각 호의 어느 하나에 해당하는 주택에 대해서는 제154조 제1항, 제2항 및 같은 조 제8항 제3호의 개정 규정 및 이 조 제1항에도 불구하고 종전의 규정에 따른다.

1. 2017년 8월 2일 이전에 취득한 주택
2. 2017년 8월 2일 이전에 매매계약을 체결하고 계약금을 지급한 사실이 증빙서류에 의하여 확인되는 주택(해당 주택의 거주자가 속한 1세대가 계약금 지급일 현재 주택을 보유하지 아니하는 경우로 한정한다)
3. 2017년 8월 3일 이후 취득하여 이 영 시행 전에 양도하는 주택

02 1세대 2주택자가 조정대상지역 주택을 양도하는 경우 양도소득세율 20% 가산

2021. 6. 1. 이후 1세대 2주택 이상 다주택자(조합원입주권 포함)가 조정대상지역에 해당되는(서울시 전 지역 25개구, 경기, 부산, 세종시 등) 주택을 양도하는 경우 20% 가산된 양도소득세율 26~65%를 적용한다.

2021. 6. 1. 이후 양도	1주택자 (일반세율)		2021. 6. 1. 이후 양도	2주택 중과세 (일반세율+20%)	
과세표준	세율	누진공제	과세표준	세율	누진공제
1,200만 원 이하	6%	-	1,200만 원 이하	26%	-
1,200만 원 초과~ 4,600만 원 이하	15%	1,080,000	1,200만 원 초과~ 4,600만 원 이하	35%	1,080,000
4,600만 원 초과~ 8,800만 원 이하	24%	5,220,000	4,600만 원 초과~ 8,800만 원 이하	44%	5,220,000
8,800만 원 초과~ 1억 5천만 원 이하	35%	14,900,000	8,800만 원 초과~ 1억 5천만 원 이하	55%	14,900,000
1억 5천만 원 초과~ 3억 원 이하	38%	19,400,000	1억 5천만 원 초과~ 3억 원 이하	58%	19,400,000
3억 원 초과~ 5억 원 이하	40%	25,400,000	3억 원 초과~ 5억 원 이하	60%	25,400,000
5억 원 초과~ 10억 원 이하	42%	35,400,000	5억 원 초과~ 10억 원 이하	62%	35,400,000
10억 원 초과	45%	65,400,000	10억 원 초과	65%	65,400,000

조정대상지역에서 1년 이상 보유한 경우에는 양도세 일반세율+20% 가산한 세율을 적용한다. 그리고 조정대상지역에서 1년 미만 보유한 주택을 양도하는 경우에는 MAX [1년 미만 단기보유 시 적용되는 70% 세율과 양도세 일반세율+20% 가산한 중과세율] 중 높은 세액을 적용한다.

03 장기보유특별공제 적용 배제

중과적용지역에서 1세대 2주택자로서 20%의 중과세율을 적용받는 경우에는 장기보유특별공제를 적용하지 아니한다.

(1) 장기보유특별공제란

부동산 중 3년 이상 보유한 토지나 건물을 양도할 때 양도차익의 일정 비율을 공제하는 제도를 말한다.

장기보유특별공제제도는 자산의 보유기간이 3년 이상인 자산에 대하여 그 양도소득금액을 계산할 때에 일정액을 공제하여 줌으로써 장기간 보유한 자산양도에 대해 건전한 부동산의 소유행태를 유도하는 방법으로 양도차익에서 공제한다.

따라서 장기보유특별공제는 양도소득세를 산정 시 세금에 미치는 영향이 크므로, 1세대 2주택자의 양도소득금액을 계산할 때 적용하지 않는 경우 상당한 세부담을 안게 된다.

(2) 장기보유특별공제율

3년 이상 보유한 부동산(건물, 토지, 조합원입주권)을 양도하는 경우(1세대 2주택자, 3주택자 적용 배제) 양도차익에서 장기보유특별공제액을 차감한다. 다만, 30%를 공제한도로 한다.

1세대 1주택에 대해서는 3년 이상 4년 미만의 경우 24%, 매년 8%p 이상, 10년 이상 80%까지 공제한다. 다만, 세법개정으로 2020년 양도분부터 조정대상지역 1세대 1주택자의 장기보유특별공제율을 적용받기 위해서는 2년 거주요건을 충족하여야 한다.

따라서 2년 미만 거주 시 일반 장기보유특별공제(15년, 최대 30%)를 적용하고, 2년 거주요건을 충족하는 경우에는 장기보유특별공제(10년, 최대 80%)를 적용한다.

2021. 1. 1. 이후 양도하는 고가주택의 1세대 1주택자는 9억 원을 초과하는 양도차익에 대한 장기보유특별공제를 적용할 때 보유기간과 거주기간을 각각 구분하여 보유기간별, 거주기간별 4%의 장기보유특별공제율을 계산한다.

1세대 1주택자(실거래가 9억 원을 초과)에 대한 장기보유특별공제율을 최대 80%(10년)를 유지하되, 거주기간 요건을 추가하여 보유기간별 장기보유특별공제율(연 4%)과 거주기간별 장기보유특별공제율(연 4%)을 구분하여 장기보유특별공제율을 적용한다.

일반장기보유 특별공제		1세대 1주택 장기보유특별공제		조세특례제한법 제97조의3(장기일반민간임대주택) 장기보유특별공제		조세특례제한법 제97조의4 (장기임대주택등) 장기보유특별공제 추가공제율 과세특례	
보유기간	공제율(2%)	거주기간(4%)	보유기간(4%)	보유기간	공제율	보유기간	추가공제율
3년 이상 4년 미만	6%	3년 이상 4년 미만: 12%	3년 이상 4년 미만: 12%	3년 이상 4년 미만		3년 이상 4년 미만	
4년 이상 5년 미만	8%	4년 이상 5년 미만: 16%	4년 이상 5년 미만: 16%	4년 이상 5년 미만		4년 이상 5년 미만	
5년 이상 6년 미만	10%	5년 이상 6년 미만: 20%	5년 이상 6년 미만: 20%	5년 이상 6년 미만		5년 이상 6년 미만	
6년 이상 7년 미만	12%	6년 이상 7년 미만: 24%	6년 이상 7년 미만: 24%	6년 이상 7년 미만		6년 이상 7년 미만	2% 가산
7년 이상 8년 미만	14%	7년 이상 8년 미만: 28%	7년 이상 8년 미만: 28%	7년 이상 8년 미만		7년 이상 8년 미만	4% 가산
8년 이상 9년 미만	16%	8년 이상 9년 미만: 32%	8년 이상 9년 미만: 32%	8년 이상 9년 미만	50%	8년 이상 9년 미만	6% 가산
9년 이상 10년 미만	18%	9년 이상 10년 미만: 36%	9년 이상 10년 미만: 36%	9년 이상 10년 미만	50%	9년 이상 10년 미만	8% 가산
10년 이상 11년 미만	20%	10년 이상: 40%	10년 이상: 40%	10년 이상 11년 미만	70%	10년 이상 11년 미만	10% 가산
11년 이상 12년 미만	22%			11년 이상 12년 미만		11년 이상 12년 미만	
12년 이상 13년 미만	24%			12년 이상 13년 미만		12년 이상 13년 미만	
13년 이상 14년 미만	26%			13년 이상 14년 미만		13년 이상 14년 미만	
14년 이상 15년 미만	28%			14년 이상 15년 미만		14년 이상 15년 미만	
15년 이상	30%			15년 이상		15년 이상	

04 조정대상지역에 관계없이 2021. 6. 1. 분양권을 1년 이내 양도 시 70%, 1년 경과 후 양도 시 60% 적용

2021. 6. 1. 이후 조정대상지역에 관계없이 분양권(조합원입주권 제외)을 1년 이내 양도 시 70%, 1년 경과 후 양도 시 60% 적용한다.

분양권과 조합원입주권의 구별

비슷하게 보이는 용어이지만, 다양하고 복잡한 양도소득세 규정을 적용하려면 용어에 대한 정의를 명확하게 알고 있어야 한다. 자의적인 해석이나 추정을 하다보면 오류를 범하거나 많은 혼란에 빠지게 된다.

그 대표적인 것이 바로 분양권과 조합원입주권이다. 용어만 보면 분양권이나 조합원입주권 모두 부동산을 취득할 수 있는 권리이므로 성격이 비슷하게 보이지만, 이를 제정한 법규도 다르고 양도소득세에서 적용하고 있는 과세방식도 다르다.

분양권과 조합원입주권

분양권은 「주택법」에 따른 재개발·재건축의 사업계획 승인을 받아 주택을 취득할 수 있는 권리를 말하고, 조합원입주권은 「도시 및 주거환경정비법」에 따라 관리처분계획인가로 취득하는 입주자의 권리이다.

이러한 조합원입주권은 관리처분계획인가 전 주택 보유자가 관리처분계획인가로 받은 입주권을 의미하는 원조합원입주권과 원조합원으로부터 입주권의 대금을 지급하고 취득한 승계입주권으로 나누어진다.

관리처분계획인가란 종전의 토지 또는 건물에 대한 권리를 새로 건설하는 대지와 건축물에 대한 권리로 변환시키는 계획으로서, 주택 등의 분양과 주민의 비용부담을 확정하는 절차를 말한다. 그리고 사업시행자가 관리처분계획에 대한 시장·군수인가를 받아야만 기존 건축물의 철거를 할 수 있다.

분양권은 분양계약 체결일(계약금 지급일)에 권리를 취득한 것으로 보며, 조합원입주권은 관리처분계획인가일 후 입주권으로 전환된다. 조정대상지역 내의 주택 수를 산정할 때 분양권은 주택 수에 포함시키지 않지만, 조합원입주권은 주택 수 계산에 포함하여 계산한다.

다만, 세법개정으로 2021. 1. 1. 이후부터 조정대상지역 내의 다주택자 중과여부를 판단하는 때에는 분양권을 주택 수에 포함하여 계산한다.

또한 분양권은 장기보유특별공제가 적용되지 아니하나, 원조합원(관리처분계획인가 전 주택 보유자가 관리처분계획인가로 받은 입주권)은 구주택 취득일부터 관리처분계획인가일까지의 기간을 산정하여 장기보유특별공제를 적용한다.

그러나 승계입주권을 취득한 자는 주택을 취득한 것이 아니고 조합원의 입주권, 즉 권리를 취득한 것이므로 장기보유특별공제가 적용되지 아니한다.

그리고 2021. 6. 1. 이후 조정대상지역에 관계없이 분양권(조합원입주권 제외)을 1년 이내 양도 시 70%, 1년 경과 후 양도 시 60% 적용한다. 주택과 조합원입주권을 단기양도하는 경우 1년 이내 양도 시 70%, 2년 이내 양도 시 60%의 중과세율을 적용한다.

Chapter 04

1세대 3주택자 세금폭탄 그것이 알고 싶다!

Kim Yeon Ju & Lim Jun Chan

1세대 3주택자의 부동산 보유로 인한 스트레스가 만만치 않다.

3주택자에 해당되는 순간, 조정대상지역의 주택을 양도하는 일은 남의 나라 이야기처럼 되어버린다.

3주택자의 가슴을 답답하게 하는 부동산 중과세금에는 어떤 것들이 있을까?

1세대 3주택자는 앞에서 살펴본 조정대상지역의 1세대 2주택자가 적용받는 중과세금은 모두 해당되며, 양도소득세율에 30%가 가중된 세율을 적용받는다.

- 조정대상지역 내의 1세대 1주택 비과세 요건 강화(2년 거주 요건 추가)
- 장기보유특별공제율 적용 배제
- 1세대 3주택자가 조정대상지역 주택 양도 시 30% 가산

2021. 6. 1. 이후 1세대 3주택 이상 다주택자(조합원입주권 포함)가 조정대상지역(서울시 전 지역 25개구, 경기, 부산, 세종시 등)에서 주택을 양도하는 경우 30%가 가산된 양도소득세 세율 36~75%를 적용한다.

2021. 6. 1. 이후 양도	1주택자 (일반세율)		2021. 6. 1. 이후 양도	3주택 중과세 (일반세율+30%)	
과세표준	세율	누진공제	과세표준	세율	누진공제
1,200만 원 이하	6%	-	1,200만 원 이하	36%	-
1,200만 원 초과~ 4,600만 원 이하	15%	1,080,000	1,200만 원 초과~ 4,600만 원 이하	45%	1,080,000
4,600만 원 초과~ 8,800만 원 이하	24%	5,220,000	4,600만 원 초과~ 8,800만 원 이하	54%	5,220,000
8,800만 원 초과~ 1억 5천만 원 이하	35%	14,900,000	8,800만 원 초과~ 1억 5천만 원 이하	65%	14,900,000
1억 5천만 원 초과~ 3억 원 이하	38%	19,400,000	1억 5천만 원 초과~ 3억 원 이하	68%	19,400,000
3억 원 초과~ 5억 원 이하	40%	25,400,000	3억 원 초과~ 5억 원 이하	70%	25,400,000
5억 원 초과~ 10억 원 이하	42%	35,400,000	5억 원 초과~ 10억 원 이하	72%	35,400,000
10억 원 초과	45%	65,400,000	10억 원 초과	75%	65,400,000

즉, 조정대상지역에서 1년 이상 보유한 경우에는 양도세 일반세율 +30% 가산한 세율을 적용한다.

그리고 조정대상지역에서 1년 미만 보유한 주택을 양도하는 경우에는 MAX [1년 미만 단기보유 시 적용되는 70% 세율과 양도세 일반세율+30% 가산한 중과세율] 중 높은 세액을 적용한다.

Chapter

05 부동산 세금 왜 이리 복잡해?

Kim Yeon Ju & Lim Jun Chan

주택과 관련된 세금은 왜 이리도 복잡한 것일까? 장님이 코끼리를 만지듯 이쪽 측면에서 보면 긴 코만 보이고 저쪽 측면에서 보면 두꺼운 다리만 만져지는 것처럼, 1세대 2주택·3주택자의 세금관련 내용을 보면 방향잡기가 쉽지 않다.

먼저, 암호처럼 난해한 다주택자 세금과 관련된 법규부터 알아보자.

이러한 복잡한 원인을 들여다보면, 주택은 전 국민의 주거안정을 위한 가장 중요한 수단임과 동시에, 전 국민의 자산증식의 재테크로 이어진다.

이 흐름은 투기바람까지 일으키게 되어, 집값 상승을 동반하고 경제전반을 혼란시키게 된다. 이에 정부는 주택가격 안정과 주거안정을 위하여 주택과 주택 양도와 관련된 다양한 법규에 추가사항을 더하고 삭제하며, 특별법까지 만들어 적용하고 있다.

그런데 납세자 입장에서는 결과적으로 주택을 양도했을 때 얼마의 세금을 중과받는지 혹은 감면받는지만 궁금할 뿐이며, 주택을 팔았을 때 적용되는 규정은 양도소득세만 있다고 생각하는 경우가 많다. 그러나 이러한 양도소득세 세금을 알기 위해서는 소득세법의 하나인 양도소득세뿐 아니라, 주택과 얽혀있는 다른 법 규정도 해석해야 하는 일이 발생하게 된다.

따라서 양도소득세 하나만 알고 접근하기에는 1세대 2주택자, 3주택자, 다주택자의 현실은 복잡다단하며, 주택과 관련된 규정들은 생각보다 넓다.

주택과 관련된 다양한 개념을 이해하고 주택 양도 시 적용되는 세법 규정을 알기 위해서, 관련 법규에는 어떤 것들이 있는지 살펴보자.

01 민간임대주택특별법과 양도소득세 그리고 조세특례제한법의 관계

민간임대주택특별법은 민간임대주택의 건설·공급 및 관리와 민간주택임대사업자 육성 등에 관한 사항을 정함으로써 민간임대주택의 공급을 촉진하고 국민의 주거생활을 안정시키는 것을 목적으로 한다.

주의할 사항은 민간임대주택특별법(이하 민간임대주택법)은 세법상 각종 감면·공제를 위한 요건이나 규정이 아니라, 지방자치단체에 등록하게 되는 임대주택의 종류와 임대등록요건, 임대등록절차 및 임대사업의 의무규정과 이를 위반한 경우 과태료 등에 대한 사항을 규정하고 있다는 것이다.

그리고 임대사업을 통한 각종 세액공제 및 감면, 종합소득세 감면 등과 관련된 사항은 소득세법, 소득세법 시행령, 조세특례제한법에 따른 세법상의 임대사업자 요건을 충족할 때 적용되는 것이다.

따라서 민간임대주택법상의 시·군·구청에 임대사업을 등록했다는 이유만으로 세법상의 각종 세액공제와 감면을 적용받는 것이 아니라, 소득세법과 조세특례제한법상의 세법상 요건, 임대사업자 요건 등에 부합될 때 양도소득세의 장기보유특별공제, 양도소득세 감면, 종합소득세 감면 등을 적용받는 것이므로 반드시 주의하여야 한다.

02 민간임대주택특별법

민간임대주택의 공급을 촉진하고 국민의 주거생활을 안정시키는 것을 목적으로 민간임대주택의 건설·공급·관리, 민간주택 임대사업자의 육성 등에 관한 사항을 정한 법(국토교통부)이다.

2015년 8월 28일 공포되고, 2015년 12월 29일부터 시행되었다. 1984년 제정된 '임대주택건설촉진법'이 전부 개정되어 1993년 '임대주택법'으로 법률명이 변경되었고, 2015년 다시 내용을 개정하여 '민간임대주택에 관한 특별법'이 되었다.

'민간임대주택'이란 임대 목적으로 제공하는 주택으로, 임대사업자가 「민간임대주택에 관한 특별법」(이하 민간임대주택법) 제5조에 따라 등록한 주택을 말한다.

이때 주택에는 토지를 임차하여 건설된 주택 및 전용면적이 85㎡ 이하이고 상하수도 시설이 갖추어진 전용입식 부엌, 전용 수세식 화장실 및 목욕시설(전용 수세식 화장실에 목욕시설을 갖춘 경우를 포함한다)을 갖춘 오피스텔 등의 준주택을 포함한다.

또한 민간임대주택으로 등록한 준주택은 주거용이 아닌 용도로 사용할 수 없다.

'임대사업자'란 「공공주택 특별법」 제4조 제1항에 따른 공공주택사업자(이하 "공공주택사업자"라 한다)가 아닌 자로서 1호 이상의 민간임대주택을 취득하여 임대하는 사업을 할 목적으로 「민간임대주택법」 제5조에 따라 등록한 자를 말한다.

민간임대주택법상의 임대주택의 구분은 취득세 및 재산세 등의 지방세 감면을 적용할 때 중요한 의미를 가진다. 그리고 민간임대주택법상 임대사업으로 등록한 임대주택의 연간 임대료는 연 5% 증액을 제한하고 있는바, 만약 임대료 상한선을 지키지 못한 경우에는 과태료가 부과되고 있다.

지방세 감면요건과 과태료 적용여부를 판단할 때 민간임대주택법상의 임대주택은 중요한 의미를 가지게 된다.

2020년 7·10 대책으로 단기임대주택 등록이 불가능하며, 단기임대주택의 장기일반민간임대주택으로의 전환이 되지 않는다. 그리고 아파트는 장기일반민간임대주택 등록을 할 수 없으며, 아파트를 제외한 주택(다세대, 다가구, 단독주택, 오피스텔 등)의 장기일반민간임대주택의 등록은 가능하다. 장기임대주택의 경우 최소 의무기간이 8년에서 10년으로 임대의무기간이 연장된다. 단기 및 장기일반민간임대주택으로 등록된 임대주택의 임대의무기간 경과 후에는 임대등록이 자동 말소된다. 이는 장기임대등록을 통한 세입자의 주거안정과 아파트의 투기과열을 방지하기 위해 임대주택에 대한 세제혜택은 거의 사라지고 있음을 알 수 있다.

03 양도소득세

양도소득세는 주택 등을 유상으로 매매하여 얻은 양도 차익에 대하여 부과하는 세금이다. 기획재정부가 세율을 조정한다.

즉, 양도소득세는 주택 등을 양도하여 발생하는 양도소득을 과세대상으로 한다. 양도소득이란, 주택 등의 보유이익이 양도라는 과정을 거쳐 매매가 실현됨으로써 발생된 소득이다.

이러한 주택 등의 매매가 계속적이거나 반복적으로 발생하는 경우에는 주택 매매 등을 주된 사업으로 보아 종합소득(사업소득)으로 과세하고, 일시적이거나 우발적으로 매매가 일어나는 경우에는 양도소득으로 구분하여 과세하고 있다. 이러한 양도소득세는 소득세의 하나이며 국세에 해당된다.

주택은 주거목적의 가장 기본적인 기능과 동시에 보유기간 동안의 지가 상승을 통한 자산증식의 수단으로 이용되고 있는 것이 현실이다.

이에 정부는 양도소득세의 세율인상이나 공제배제 등의 다양한 수단을 통해 투기세력을 억제하거나 경기침체를 극복하고 경기부양 목적을 달성하기 위하여 양도세 감면과 비과세 등을 정책적으로 활용하고 있다. 따라서 양도소득세는 정부의 조세정책과 경기전반의 상황을 잘 반영하는 가장 탄력적인 조세법이라 할 수 있다.

한마디로 양도소득세는 생물이라 해도 과언이 아니다.

소득세법의 하나인 양도소득세에는 양도소득에 대한 비과세 및 감면, 양도소득 과세표준과 세액의 계산, 양도소득금액의 계산, 양도소득 기본공제, 양도소득에 대한 세액의 계산, 양도소득 과세표준의 예정신고와 자진납부, 양도소득 과세표준의 확정신고와 자진납부, 양도소득에 대한 결정·경정과 징수 및 환급, 국외자산양도에 대한 양도소득세 등에 대해 규정하고 있다.

04 조세특례제한법

이 법은 조세의 감면 또는 중과 등의 조세특례와 제한에 관한 사항을 규정하여 과세의 공평을 기하고 조세정책을 효율적으로 수행함으로써 국민경제의 건전한 발전에 이바지함을 목적으로 한다.

일정한 요건에 해당하는 경우 특례세율의 적용, 세액감면, 세액공제, 소득공제, 준비금의 손금산입 등의 조세감면과 특정목적을 위한 익금산입, 손금불산입 등의 중과세를 적용하는 것을 말한다.

특히 국민주거생활의 안정을 위한 조세특례 규정에는 경기활성화와 주거안정을 위한 임대주택에 대한 다양한 세제혜택을 주고 있다. 장기임대주택, 신축임대주택, 미분양주택, 신축주택 등의 양도소득세 감면과 주택 수를 산정할 때 소유주택으로 보지 않는 등의 세제혜택을 지원하고 있다. 기획재정부가 세율을 조정한다.

2020. 12. 31. 일몰규정

조세특례제한법상 제97조의3 장기일반민간임대주택 양도소득세 과세특례
거주자가 「민간임대주택법」에 따른 공공지원민간임대주택 또는 장기일반민간임대주택을 등록하고 다음의 요건을 충족하는 경우(이하 장기일반민간임대주택등), 그 주택을 양도함으로써 발생하는 소득에 대한 장기보유특별공제율을 50% 적용한다. 다만, 장기일반민간임대주택등을 10년 이상 계속하여 임대한 경우에는 70%의 장기보유특별공제율을 적용한다.

- 2020. 12. 31까지 「민간임대주택법」에 따른 민간임대주택으로 등록
- 전용면적 85㎡ 이하
- 임대 개시 당시 기준시가 6억 원 이하(수도권 외 지역 3억 원)
- 8년 이상 임대한 후 양도
- 연간 임대료 5% 증액 제한
- 과세특례 적용신청

조세특례제한법 제97조의3 규정은 2020. 12. 31. 일몰규정으로 2020. 12. 31.까지 해당 주택을 장기일반임대주택으로 등록한 경우

에 한하여 장기보유특별공제를 적용한다. 2021년 이후부터는 이 규정은 삭제되는바, 이를 일몰규정이라 한다.

2018. 12. 31. 일몰규정

<u>조세특례제한법상 제97조의5 장기일반민간임대주택 양도소득세 감면</u>

거주자가 「민간임대주택법」에 따른 공공지원민간임대주택 또는 장기일반민간임대주택을 등록하고 다음의 요건을 충족하는 경우(이하 장기일반민간임대주택등), 그 주택을 양도함으로써 발생하는 소득의 100%를 감면한다. 단, 제97조의3 장기보유특별공제 혜택과 중복적용하지 아니한다.

- 2018년 12월 31일까지 「민간임대주택법」에 따른 민간매입임대주택 및 「공공주택특별법」에 따른 공공매입임대주택을 취득(2018년 12월 31일까지 매매계약을 체결하고 계약금을 납부한 경우도 포함)하고 취득일부터 3개월 이내에 「민간임대주택법」에 따라 장기일반민간임대주택등으로 등록할 것
- 장기일반민간임대주택등으로 등록 후 10년 이상 계속 임대하고 양도할 것
- 연간 임대료 5% 증액 제한
- 과세특례 적용신청

조세특례제한법 제97조의5는 2018. 12. 31. 일몰규정으로 2018. 12. 31.까지 해당 주택을 장기일반임대주택으로 등록한 경우에 한하여 양도세 감면을 적용한다. 2019년 이후부터는 이 규정은 삭제되었는바, 이를 일몰규정이라 한다.

▶▶ 조세특례제한법상 준공공임대주택의 세제혜택

구분	2020. 12. 31. 일몰규정 조세특례제한법 제97조의3 (8년 임대 시 장기보유특별공제 50%, 10년 이상 장기보유특별공제 70%)	2018. 12. 31. 일몰규정 조세특례제한법 제97조의5 (양도소득세 100% 감면)
가액요건	주택 임대 개시 당시 기준시가 6억 원 (수도권 외 지역 3억 원) 이하	주택 임대 개시 당시 기준시가 6억 원 (수도권 외 지역 3억 원) 이하
적용요건	① 국민주택규모(85㎡) 이하 ② 8년(10년) 이상 임대 ③ 임대료 인상률 제한(연간 5%)	① 국민주택규모(85㎡) 이하 ② 8년(10년) 이상 임대 ③ 임대료 인상률 제한(연간 5%)
등록시기	제한 없음.	취득일로부터 3개월 이내 등록
특례내용	8년 임대 시 장기보유특별공제 50%, 10년 이상 장기보유특별공제 70%	양도세 100% 감면
임대조건	8년(10년) 이상 계속하여 임대	8년(10년) 이상 계속하여 임대
임대기간 기산	「민간임대주택법」상 임대사업자 등록과 「소득세법」상 사업자등록을 한 이후부터 계산	「민간임대주택법」상 임대사업자 등록과 「소득세법」상 사업자등록을 한 이후부터 계산
농어촌 특별세	부과하지 않음.	감면세액의 20% 부과
특례신청	신청	신청
중복적용	중복적용 배제하고 둘 중 선택	중복적용 배제하고 둘 중 선택

Chapter

06 조정대상지역의 세금분석

Kim Yeon Ju & Lim Jun Chan

8·2 대책의 핵심은 주택의 실수요자를 보호하고, 단기투기억제를 통한 주택시장 안정화이다.

그중에서 주택투기의 바람이 일고 있는 조정대상지역을 선정하여, 이러한 조정대상지역에서 주택매매가 이루어지는 경우 양도소득세의 일반세율에 20% 가산(1세대 2주택자)하거나 30% 가산(1세대 3주택자)하고 장기보유특별공제를 배제한다.

또한 1세대 1주택 비과세 요건을 강화하여 2년 이상 거주하여야 하는 의무규정을 도입하였다.

정부에서 선정하고 있는 지역은 조정대상지역뿐만 아니라 투기과열지구와 투기지역이 추가로 있다. 양도소득세를 통한 규제의 강도를 살펴보면 투기지역이 가장 강하고 투기과열지구, 조정대상지역 순서임을 알 수 있다.

또한 이러한 지역을 선정하는 주체, 즉 관할하는 법규도 서로 다르므로, 지역선정을 하게 되는 기준과 그 본질에 대해 먼저 알아볼 필요가 있다.

조정대상지역의 지정 및 해제는 주택법에 근거가 있다. 주택법에서 지정하고 있는 조정대상지역은 무엇이며, 도대체 왜 이런 지역을 선정하는 것일까? 이 지역에 걸려들면 어떤 세금폭탄이 날아드는 것일까?

01 조정대상지역 선정

주택법은 국민의 쾌적하고 살기 좋은 주거환경 조성에 필요한 주택의 건설·공급 및 주택시장의 관리 등에 관한 사항을 정함으로써 국민의 주거안정과 주거수준의 향상에 이바지함을 목적으로 하며, 국토교통부가 관할하는 법규이다.

국토교통부 장관은 다음에 해당하는 지역으로서, 국토교통부령으로 정하는 기준을 충족하는 지역을 주거정책심의위원회의 심의를 거쳐 조정대상지역(이하 "조정대상지역"이라 한다)으로 지정할 수 있다.

이 경우 제1호에 해당하는 조정대상지역의 지정은 그 지정 목적을 달성할 수 있는 최소한의 범위로 한다.

- 주택가격, 청약경쟁률, 분양권 전매량 및 주택보급률 등을 고려하였을 때 주택 분양 등이 과열되어 있거나 과열될 우려가 있는 지역
- 주택가격, 주택거래량, 미분양주택의 수 및 주택보급률 등을 고려하여 주택의 분양·매매 등 거래가 위축되어 있거나 위축될 우려가 있는 지역

02 조정대상지역

2021. 6. 1. 현재 조정대상지역은 다음과 같다.

구분	조정대상지역
서울	서울시 전 지역 25개구 강남, 서초, 송파, 강동, 용산, 성동, 노원, 마포, 양천, 영등포, 강서, 구로, 금천, 동작, 관악, 은평, 서대문, 종로, 중구, 성북, 강북, 도봉, 중랑, 동대문, 광진
경기도	과천시, 성남시, 하남시, 화성시 동탄, 광명시, 구리시, 안양시 동안·만안, 광교지구, 수원시 팔달·장안·영통·권선, 용인시 기흥·수지, 의왕시, 고양시, 남양주시, 화성시, 군포시, 안성시, 부천시, 안산시, 시흥시, 용인시 처인, 오산시, 평택시, 광주시, 양주시, 의정부시, 김포시, 파주시
인천	중, 동, 미추홀, 연수, 남동, 부평, 계양, 서
대전	동, 중, 서, 유성, 대덕
대구	수성, 중, 동, 서, 남, 북, 달서, 달성군
세종특별시	세종특별자치시
충북	청주
부산	해운대, 수영, 동래, 남, 연제, 서, 동, 영도, 부산진, 금정, 북, 강서, 사상, 사하
광주	동, 서, 남, 북, 광산
울산	중, 남

구분	조정대상지역
충남	천안시 동남, 서북, 논산시, 공주시
전북	전주시 완산, 덕진
전남	여수시, 순천시, 광양시
경북	포항시 남, 경산시
경남	창원시 성산

03 조정대상지역에서의 중과세

(1) 양도소득세 기본세율에 20%·30% 가산 및 장기보유 특별공제 배제

1세대 2주택자가 조정대상지역에서 주택을 매매하는 경우 2021년 6월 1일 이후부터 양도소득세 일반세율 20%를 가산하여 적용한다. 그리고 1세대 3주택자가 조정대상지역에서 주택을 양도하는 경우 2021년 6월 1일 이후부터 양도소득세 일반세율에 30%를 가산한다.

현재 일반적인 양도소득세율이 6~45%이므로 여기에 20%가 가산되면 26~65%가 적용되고, 3주택자가 되어 30%가 가산되면 36~75%까지 중과세를 부담하게 된다. 또한 장기간에 걸쳐서 형성된 매매차익에 대해 일정률을 공제해주는 장기보유특별공제를 적용하지 아니한다.

2021. 6. 1. 이후 양도	2주택 중과세 (일반세율+20%)		2021. 6. 1. 이후 양도	3주택 중과세 (일반세율+30%)	
과세표준	세율	누진공제	과세표준	세율	누진공제
1,200만 원 이하	26%	-	1,200만 원 이하	36%	-
1,200만 원 초과~ 4,600만 원 이하	35%	1,080,000	1,200만 원 초과~ 4,600만 원 이하	45%	1,080,000
4,600만 원 초과~ 8,800만 원 이하	44%	5,220,000	4,600만 원 초과~ 8,800만 원 이하	54%	5,220,000
8,800만 원 초과~ 1억 5천만 원 이하	55%	14,900,000	8,800만 원 초과~ 1억 5천만 원 이하	65%	14,900,000
1억 5천만 원 초과~ 3억 원 이하	58%	19,400,000	1억 5천만 원 초과~ 3억 원 이하	68%	19,400,000
3억 원 초과~ 5억 원 이하	60%	25,400,000	3억 원 초과~ 5억 원 이하	70%	25,400,000
5억 원 초과~ 10억 원 이하	62%	35,400,000	5억 원 초과~ 10억 원 이하	72%	35,400,000
10억 원 초과	65%	65,400,000	10억 원 초과	75%	65,400,000

(2) 1세대 1주택 비과세를 판정할 때 2년의 거주기간 추가 적용

2017년 8월 3일 이후 조정대상지역에 있는 주택을 취득하고 1세대 1주택 비과세 여부를 판정하는 경우, 조정지역 내의 주택에 대해 2년의 보유기간 외에도 2년의 거주기간을 추가하여 비과세를 판정한다.

(3) 2021. 6. 1. 이후 조정대상지역에 관계없이 분양권을 1년 이내 양도 시 70%, 1년 경과 후 양도 시 60% 적용

2021년 6월 1일 이후부터 조정대상지역에 관계없이 분양권은 1년 이내 양도하는 경우 70%, 1년 경과 후 양도하는 때에는 60% 세율을 적용한다.

(4) 기타의 제재 강화

청약 1순위 자격요건이 강화되었다. 즉, 청약통장에 가입한 후 2년이 경과되고 월 1회 납입하여 24회 이상이거나 납입금이 청약예치금의 기준금액 이상이 되어야 한다.

또한 청약가점제 적용비율이 확대되어 주택청약 1순위로 당첨될 확률이 상당히 줄어들었다. 조정대상지역에서의 오피스텔 전매행위는 소유권이전등기 시까지 제한되고, 지역 거주자에 대해 우선 분양을 적용해야 한다.

Chapter

07 투기과열지구의 세금분석

Kim Yeon Ju & Lim Jun Chan

투기과열지역은 어디이며, 이런 지역을 선정하는 이유는 무엇일까? 이 지역에 해당되면 어떤 부동산 제재가 기다리고 있는 것일까?

01 투기과열지구 지정

주택법은 국민의 쾌적하고 살기 좋은 주거환경 조성에 필요한 주택의 건설·공급 및 주택시장의 관리 등에 관한 사항을 정함으로써 국민의 주거안정과 주거수준의 향상에 이바지함을 목적으로 하며, 국토교통부가 관할하는 법규이다.

국토교통부 장관 또는 시·도지사는 주택가격의 안정을 위하여 필요한 경우에는 주거정책심의위원회(시·도지사의 경우에는 「주거기본법」 제9조에 따른 시·도 주거정책심의위원회를 말한다. 이하 이 조에서 같다)의 심의를 거쳐 일정한 지역을 투기과열지구로 지정하거나 이를 해제할 수 있다.

이 경우 투기과열지구의 지정은 그 지정 목적을 달성할 수 있는 최소한의 범위로 한다.

해당 지역의 주택가격 상승률이 물가 상승률보다 현저히 높은 지역으로서 그 지역의 청약경쟁률·주택가격·주택보급률 및 주택공급계획 등과 지역 주택시장 여건 등을 고려하였을 때 주택에 대한 투기가 성행하고 있거나 성행할 우려가 있는 지역 중 국토교통부령으로 정하는 기준을 충족하는 곳이어야 한다.

02 투기과열지구

(2020. 12. 18. 현재)

구분	투기과열지구
서울	전 지역
경기도	과천시, 성남시 분당, 광명시, 하남시, 수원시, 성남시 수정, 안양시, 안산시 단원, 구리시, 군포시, 의왕시, 용인시 수지·기흥·동탄
인천	연수, 남동, 서
대전	동, 중, 서, 유성
대구	수성
세종특별시	세종시
경남	창원시 의창

03 투기과열지구의 중과세

조정대상지역과 투기과열지구가 중복되는 지역

- 조정대상지역에 해당되므로 다음의 양도소득세 관련 중과세금은 모두 적용된다.
- 투기과열지구에 해당되고 조정대상지역에 해당되지 아니하는 경우에는 조정대상지역에 적용되는 부동산 중과규정을 적용하지 아니한다.

(1) 양도소득세 기본세율에 20%·30% 가산 및 장기보유특별공제 배제

1세대 2주택자가 조정대상지역에서 주택을 매매하는 경우 2021년 6월 1일 이후부터 양도소득세 일반세율 20%를 가산하여 적용한다. 그리고 1세대 3주택자가 조정대상지역에서 주택을 양도하는 경우 2021년 6월 1일 이후부터 양도소득세 일반세율에 30%를 가산한다.

현재 일반적인 양도소득세율이 6~45%이므로 여기에 20%가 가산되면 26~65%가 적용되고, 3주택자가 되어 30%가 가산되면 36~75%까지 중과세를 부담하게 된다. 또한 장기간에 걸쳐서 형성된 매매차익에 대해 일정률을 공제해주는 장기보유특별공제를 적용하지 아니한다.

2021. 6. 1. 이후 양도	2주택 중과세 (일반세율+20%)		2021. 6. 1. 이후 양도	3주택 중과세 (일반세율+30%)	
과세표준	세율	누진공제	과세표준	세율	누진공제
1,200만 원 이하	26%	-	1,200만 원 이하	36%	-
1,200만 원 초과~ 4,600만 원 이하	35%	1,080,000	1,200만 원 초과~ 4,600만 원 이하	45%	1,080,000
4,600만 원 초과~ 8,800만 원 이하	44%	5,220,000	4,600만 원 초과~ 8,800만 원 이하	54%	5,220,000
8,800만 원 초과~ 1억 5천만 원 이하	55%	14,900,000	8,800만 원 초과~ 1억 5천만 원 이하	65%	14,900,000
1억 5천만 원 초과~ 3억 원 이하	58%	19,400,000	1억 5천만 원 초과~ 3억 원 이하	68%	19,400,000
3억 원 초과~ 5억 원 이하	60%	25,400,000	3억 원 초과~ 5억 원 이하	70%	25,400,000
5억 원 초과~ 10억 원 이하	62%	35,400,000	5억 원 초과~ 10억 원 이하	72%	35,400,000
10억 원 초과	65%	65,400,000	10억 원 초과	75%	65,400,000

(2) 1세대 1주택 비과세를 판정할 때 2년의 거주기간 추가 적용

2017년 8월 3일 이후 조정대상지역에 있는 주택을 취득하고 1세대 1주택 비과세 여부를 판정하는 경우, 조정지역 내의 주택에 대해 2년의 보유기간 외에도 2년의 거주기간을 추가하여 비과세를 판정한다.

(3) 2021. 6. 1. 이후 조정대상지역에 관계없이 분양권을 1년 이내 양도 시 70%, 1년 경과 후 양도 시 60% 적용

2021년 6월 1일 이후부터 조정대상지역에 관계없이 분양권을 1년 이내 양도하는 경우 70%, 1년 경과 후 양도하는 때에는 60% 세율을 적용한다.

(4) 투기과열지구 내의 주택 취득 시 주택자금조달계획 신고

2017년 9월 26일부터 투기과열지구 내에 3억 원 이상인 주택을 체결한 매수자는 계약체결일부터 30일 이내에 거래신고 시 자금조달 및 입주계획서를 제출해야 한다.

- 주택취득 자금조달 및 입주계획서

(5) 기타의 제재 강화

청약 1순위 자격요건이 강화되어 청약통장 가입 후 2년이 경과하고, 월 1회 납입하여 24회 이상이거나 납입금이 청약예치금의 기준금액 이상이 되어야 한다.

또한 청약가점제 적용비율이 확대되어 주택청약 1순위로 당첨될 확률이 상당히 줄어들었으며, 총부채상환비율(LTV)·담보대출인정비율(DTI) 등이 강화된다.

조정대상지역에서의 오피스텔 전매행위가 소유권이전등기 시까지 제한되고, 지역 거주자에 대해 분양을 우선 적용해야 한다.

그리고 재개발 등 조합원분양권의 소유권이전등기 시까지 전매제한이 적용되며, 정비사업 분양재당첨이 5년간 제한된다.

투기과열지구에만 해당되는 경우

- 투기과열지구에만 지정된 때에는 조정대상지역에 적용되는 부동산 중과규정은 적용하지 아니하고, 주택 취득 시 주택자금조달계획 신고서 제출 등과 여타의 다른 규제들은 적용받게 된다.
- 2017년 9월 26일부터 투기과열지구 내에 3억 원 이상인 주택을 체결한 매수자는 계약체결일부터 30일 이내에 거래신고 시 자금조달 및 입주계획서를 제출해야 한다.

■ 부동산 거래신고 등에 관한 법률 시행규칙 [별지 제1호의2 서식]

부동산거래관리시스템(rtms.molit.go.kr)에서도 신청할 수 있습니다.

주택취득 자금조달 및 입주 계획서 (해당자만 기재)

<table>
<tr><td rowspan="2">제출인
(매수인)</td><td colspan="2">성명(법인명)</td><td colspan="2">주민등록번호(법인 · 외국인등록번호)</td></tr>
<tr><td colspan="2">주소(법인소재지)</td><td colspan="2">(휴대)전화번호</td></tr>
<tr><td rowspan="6">① 자금
조달계획</td><td rowspan="3">자기
자금</td><td colspan="2">② 금융기관 예금액
원</td><td>③ 부동산매도액 등
원</td></tr>
<tr><td colspan="2">④ 주식·채권 매각대금
원</td><td>⑤ 보증금 등 승계
원</td></tr>
<tr><td colspan="2">⑥ 현금 등 기타
원</td><td>⑦ 소계
원</td></tr>
<tr><td rowspan="2">차입금등</td><td colspan="2">⑧ 금융기관 대출액
원</td><td>⑨ 사채
원</td></tr>
<tr><td colspan="2">⑩ 기타
원</td><td>⑪ 소계
원</td></tr>
<tr><td>⑫ 합계</td><td colspan="3">원</td></tr>
<tr><td colspan="2">⑬ 입주 계획</td><td colspan="2">[ ]본인 입주 [ ]본인 외 가족 입주
(입주 예정 시기 : 년 월)</td><td>[ ]임대(전·월세)</td></tr>
</table>

「부동산 거래신고 등에 관한 법률」시행령 제3조제1항, 같은 법 시행규칙 제2조 제5항부터 제7항까지의 규정에 따라 위와 같이 주택취득자금 조달 및 입주 계획을 신고합니다.

년 월 일

제출인 (서명 또는 인)

시장·군수·구청장 귀하

유의사항

1. 제출하신 자금조달 및 입주 계획서는 국세청 등에 관계기관에 통보되어, 신고내역 조사 및 관련 세법에 따른 조사 시 참고자료로 활용됩니다.
2. 자금조달 및 입주 계획서를 계약체결일로부터 60일 이내에 제출하지 않거나, 거짓으로 작성하는 경우 법 제28조제2항 또는 제3항에 따라 과태료가 부과되오니 이점 유의하시기 바랍니다.
3. 본 서식은 부동산거래계약 신고서 접수 전에는 제출이 불가하오니 별도 제출하는 경우에는 미리 부동산거래계약 신고서의 제출여부를 해당 신고서 제출자 또는 신고관청에 확인하시기 바랍니다.

작성방법

1. ① 자금조달계획란에는 해당 주택의 취득에 소요되는 자금의 조달계획에 대하여 기재하고, 매수인이 다수인 경우에는 각 매수인별로 작성하며, 각 매수인별 금액을 합산한 총 금액과 거래신고 된 실제 거래금액이 일치하여야 합니다.
2. ②~⑥에는 자기자금을 종류별로 구분하여 중복되지 아니하게 기재합니다.
3. ② 금융기관 예금액란에는 금융기관에 예치되어 있는 본인명의의 예금(적금 등)을 통해 조달하고자 하는 자금을 기재합니다.
4. ③ 부동산매도액 등란에는 본인 소유 부동산의 매도를 통해 조달하고자 하는 자금 또는 재건축, 재개발시 발생한 종전부동산 권리가액 등을 기재합니다.
5. ④ 주식·채권 매각대금란에는 본인명의 주식·채권 및 각종 유가증권 매각 등을 통해 조달하고자 하는 자금을 기재합니다.
6. ⑤ 보증금 등 승계란에는 임차인의 보증금 등 승계하는 자금을 기재합니다. (대출금 승계는 제외)
7. ⑥ 현금 등 기타란에는 현금으로 보유하고 있는 자금 및 ②~⑤에 포함되지 않는 기타 본인의 자산을 통해 조달하고자 하는 자금(금융기관 예금액 이외의 각종 금융상품 및 간접투자상품을 통해 조달하고자 하는 자금 포함)을 기재합니다.
8. ⑧~⑩에는 자기자금을 제외한 외부 차입금 등을 종류별로 구분하여 중복되지 아니하게 기재합니다.
9. ⑧ 금융기관 대출액란에는 금융기관으로부터의 각종 대출을 통해 조달하고자 하는 자금 또는 매도인의 대출금 승계 자금을 기재합니다.
10. ⑨ 사채란에는 금융기관 이외의 법인 또는 개인사업자 등으로부터 차입을 통해 조달하고자 하는 자금을 기재합니다.
11. ⑩ 기타란에는 ⑧~⑨에 포함되지 않는 그 밖의 차입금 등을 기재합니다.
12. ⑦에는 ②~⑥의 합계액을, ⑪에는 ⑧~⑩의 합계액을, ⑫에는 ⑦과 ⑪의 합계액을 기재하며, 부동산거래계약 신고서의 실제 거래금액과 일치하여야 합니다.
13. ⑬ 입주계획란에는 해당 주택의 거래계약을 체결한 이후 첫 번째 입주자 기준으로 기재하며, 본인입주란 매수인 및 주민등록상 동일세대원이 함께 입주하는 경우, 본인 외 가족입주란 매수인과 주민등록상 세대가 분리된 가족이 입주하는 경우를 말하며, 이 경우에는 입주 예정 시기를 기재합니다. 또한 첫 번째 입주자가 다세대, 다가구 등 2세대 이상인 경우에는 해당 항목별로 중복하여 기재합니다.

210mm×297mm[백상지(80g/㎡) 또는 중질지(80g/㎡)]

Chapter

08 투기지역의 세금분석

Kim Yeon Ju & Lim Jun Chan

투기지역의 지정 및 해제는 소득세법의 양도소득세에 근거하고 있다. 소득세법에서 지정하고 있는 투기지역은 무엇이며, 왜 이런 지역을 선정하는 것일까? 부동산 규제가 제일 강한 투기지역은 어떤 세금으로 밤잠을 설치게 되는 것일까?

01 투기지역 지정

주택은 주거목적의 가장 기본적인 역할과 동시에 보유기간 동안의 지가 상승을 통한 재테크의 수단으로 적극 이용되고 있는 것이 현실이다.

이에 정부는 양도소득세의 세율인상이나 장기보유특별공제 배제 등의 다양한 수단을 통해 투기세력을 억제하고 있다.

기획재정부 장관은 해당 지역의 부동산 가격 상승률이 전국 소비자물가 상승률보다 높은 지역으로서 전국 부동산 가격 상승률 등을 고려할 때, 그 지역의 부동산 가격이 급등하였거나 급등할 우려가 있는 경우에는 대통령령으로 정하는 기준 및 방법에 따라 그 지역을 투기지정지역으로 지정할 수 있다.

02 투기지역

투기지역은 2012년 5월 15일 강남 3구(강남, 서초, 송파)를 마지막으로, 전국의 투기지역 지정지역이 전부 해제되면서 사문화된 조항으로 남아 있었다. 그러나 이번 8·2 부동산 대책을 통해 다시금 부활하였다.

여기에 강동·용산·성동·노원·마포·양천·영등포·강서구가 지정되고 추가로 동대문구, 종로구, 중구, 동작구가 2018년에 투기지역으로 편입되었다. 이와 함께 청약경쟁 과열 양상을 보였던 세종시도 포함되었다.

이들 지역은 투기지역은 물론, 투기과열지구, 조정대상지역에 해당되어, 각종의 양도소득세 중과와 다양한 부동산 제제 등을 받게 된다.

구분	지역
서울	강남·서초·송파·강동·용산·성동·노원·마포·양천·영등포·강서·동대문·종로·동작·중구
세종특별자치시	세종특별자치시(신행정수도 후속대책을 위한 연기·공주지역 행정중심복합도시 건설을 위한 특별법 제2조 제2호에 따른 예정 지역으로 고시된 지역에 한정)

구분	지역
	행정중심복합도시 예정 지역(건설교통부) • 연기군 - 금남면 반곡리·봉기리·석교리·석삼리 전 지역 / 대평리·부용리·성덕리·신촌리·영곡리·용포리·장재리·호탄리·황용리 일부 지역 - 남면 갈운리·고정리·나성리·방축리·송담리·송원리·양화리·월산리·종촌리·진의리 전 지역 / 보통리·연기리 일부 지역 - 동면 용호리 전 지역 / 문주리·합강리 일부 지역 • 공주시 - 장기면 당암리 전 지역 / 금암리·산학리·합강리 일부 지역 - 반포면 원봉리 일부 지역

03 투기지역에서의 중과세금

(1) 양도소득세 기본세율에 20%·30% 가산 및 장기보유 특별공제 배제

1세대 2주택자가 조정대상지역에서 주택을 매매하는 경우 2021년 6월 1일 이후부터 양도소득세 일반세율 20%를 가산하여 적용한다. 그리고 1세대 3주택자가 조정대상지역에서 주택을 양도하는 경우 2021년 6월 1일 이후부터 양도소득세 일반세율에 30%를 가산한다.

현재 일반적인 양도소득세율이 6~45%이므로 여기에 20%가 가산되면 26~65%가 적용되고, 3주택자가 되어 30%가 가산되면 36~75%까지 중과세를 부담하게 된다. 또한 장기간에 걸쳐서 형성된 매매차익에 대해 일정률을 공제해주는 장기보유특별공제를 적용하지 아니한다.

2021. 6. 1. 이후 양도	2주택 중과세 (일반세율+20%)		2021. 6. 1. 이후 양도	3주택 중과세 (일반세율+30%)	
과세표준	세율	누진공제	과세표준	세율	누진공제
1,200만 원 이하	26%	-	1,200만 원 이하	36%	-
1,200만 원 초과~ 4,600만 원 이하	35%	1,080,000	1,200만 원 초과~ 4,600만 원 이하	45%	1,080,000
4,600만 원 초과~ 8,800만 원 이하	44%	5,220,000	4,600만 원 초과~ 8,800만 원 이하	54%	5,220,000
8,800만 원 초과~ 1억 5천만 원 이하	55%	14,900,000	8,800만 원 초과~ 1억 5천만 원 이하	65%	14,900,000
1억 5천만 원 초과~ 3억 원 이하	58%	19,400,000	1억 5천만 원 초과~ 3억 원 이하	68%	19,400,000
3억 원 초과~ 5억 원 이하	60%	25,400,000	3억 원 초과~ 5억 원 이하	70%	25,400,000
5억 원 초과~ 10억 원 이하	62%	35,400,000	5억 원 초과~ 10억 원 이하	72%	35,400,000
10억 원 초과	65%	65,400,000	10억 원 초과	75%	65,400,000

(2) 1세대 1주택 비과세를 판정할 때 2년의 거주기간 추가 적용

2017년 8월 3일 이후 조정대상지역에 있는 주택을 취득하고 1세대 1주택 비과세 여부를 판정하는 경우, 조정지역 내의 주택에 대해 2년의 보유기간 외에도 2년의 거주기간을 추가하여 비과세를 판정한다.

(3) 2021. 6. 1. 이후 조정대상지역에 관계없이 분양권을 1년 이내 양도 시 70%, 1년 경과 후 양도 시 60% 적용

2021년 6월 1일 이후부터 조정대상지역에 관계없이 분양권을 1년 이내 양도하는 경우 70%, 1년 경과 후 양도하는 때에는 60% 세율을 적용한다.

(4) 투기지역 내의 주택 취득 시 주택자금조달계획 신고

2017년 9월 26일부터 투기지역 내에 3억 원 이상인 주택을 체결한 매수자는 계약체결일부터 30일 이내에 거래신고 시 자금조달 및 입주계획서를 제출해야 한다.

(5) 기타의 제재 강화

청약 1순위 자격요건이 강화되어 청약통장 가입 후 2년이 경과하고, 월 1회 납입하여 24회 이상이거나 납입금이 청약예치금의 기준금액 이상이 되어야 한다.

또한 청약가점제 적용비율이 확대되어 주택청약 1순위로 당첨될 확률이 상당히 줄어들었으며, 주택담보대출건수가 제한되고 LTV, DTI 등이 강화된다.

조정대상지역에서의 오피스텔 전매행위가 소유권이전등기 시까지 제한되고, 지역 거주자에 대해 우선 분양을 적용해야 한다.

그리고 재개발 등 조합원분양권의 소유권 이전 등기 시까지 전매제한이 적용되며, 정비사업 분양재당첨이 5년간 제한된다.

■ 부동산 거래신고 등에 관한 법률 시행규칙 [별지 제1호의2 서식]

부동산거래관리시스템(rtms.molit.go.kr)
에서도 신청할 수 있습니다.

주택취득 자금조달 및 입주 계획서 (해당자만 기재)

<table>
<tr><td rowspan="2">제출인
(매수인)</td><td colspan="2">성명(법인명)</td><td colspan="2">주민등록번호(법인· 외국인등록번호)</td></tr>
<tr><td colspan="2">주소(법인소재지)</td><td colspan="2">(휴대)전화번호</td></tr>
<tr><td rowspan="6">① 자금
조달계획</td><td rowspan="3">자기
자금</td><td>② 금융기관 예금액
원</td><td colspan="2">③ 부동산매도액 등
원</td></tr>
<tr><td>④ 주식·채권 매각대금
원</td><td colspan="2">⑤ 보증금 등 승계
원</td></tr>
<tr><td>⑥ 현금 등 기타
원</td><td colspan="2">⑦ 소계
원</td></tr>
<tr><td rowspan="2">차입금등</td><td>⑧ 금융기관 대출액
원</td><td colspan="2">⑨ 사채
원</td></tr>
<tr><td>⑩ 기타
원</td><td colspan="2">⑪ 소계
원</td></tr>
<tr><td>⑫ 합계</td><td colspan="3">원</td></tr>
<tr><td colspan="2">⑬ 입주 계획</td><td colspan="2">[ ]본인 입주 [ ]본인 외 가족 입주
(입주 예정 시기 : 년 월)</td><td>[ ]임대(전·월세)</td></tr>
</table>

「부동산 거래신고 등에 관한 법률」시행령 제3조제1항, 같은 법 시행규칙 제2조 제5항부터 제7항까지의 규정에 따라 위와 같이 주택취득자금 조달 및 입주 계획을 신고합니다.

년 월 일

제출인 (서명 또는 인)

시장·군수·구청장 귀하

유의사항

1. 제출하신 자금조달 및 입주 계획서는 국세청 등에 관계기관에 통보되어, 신고내역 조사 및 관련 세법에 따른 조사 시 참고자료로 활용됩니다.
2. 자금조달 및 입주 계획서를 계약체결일로부터 60일 이내에 제출하지 않거나, 거짓으로 작성하는 경우 법 제28조제2항 또는 제3항에 따라 과태료가 부과되오니 이점 유의하시기 바랍니다.
3. 본 서식은 부동산거래계약 신고서 접수 전에는 제출이 불가하오니 별도 제출하는 경우에는 미리 부동산거래계약 신고서의 제출여부를 해당 신고서 제출자 또는 신고관청에 확인하시기 바랍니다.

작성방법

1. ① 자금조달계획란에는 해당 주택의 취득에 소요되는 자금의 조달계획에 대하여 기재하고, 매수인이 다수인 경우에는 각 매수인별로 작성하며, 각 매수인별 금액을 합산한 총 금액과 거래신고 된 실제 거래금액이 일치하여야 합니다.
2. ②~⑥에는 자기자금을 종류별로 구분하여 중복되지 아니하게 기재합니다.
3. ② 금융기관 예금액란에는 금융기관에 예치되어 있는 본인명의의 예금(적금 등)을 통해 조달하고자 하는 자금을 기재합니다.
4. ③ 부동산매도액 등란에는 본인 소유 부동산의 매도를 통해 조달하고자 하는 자금 또는 재건축, 재개발시 발생한 종전부동산 권리가액 등을 기재합니다.
5. ④ 주식·채권 매각대금란에는 본인명의 주식·채권 및 각종 유가증권 매각 등을 통해 조달하고자 하는 자금을 기재합니다.
6. ⑤ 보증금 등 승계란에는 임차인의 보증금 등 승계하는 자금을 기재합니다. (대출금 승계는 제외)
7. ⑥ 현금 등 기타란에는 현금으로 보유하고 있는 자금 및 ②~⑤에 포함되지 않는 기타 본인의 자산을 통해 조달하고자 하는 자금(금융기관 예금액 이외의 각종 금융상품 및 간접투자상품을 통해 조달하고자 하는 자금 포함)을 기재합니다.
8. ⑧~⑩에는 자기자금을 제외한 외부 차입금 등을 종류별로 구분하여 중복되지 아니하게 기재합니다.
9. ⑧ 금융기관 대출액란에는 금융기관으로부터의 각종 대출을 통해 조달하고자 하는 자금 또는 매도인의 대출금 승계 자금을 기재합니다.
10. ⑨ 사채란에는 금융기관 이외의 법인 또는 개인사업자 등으로부터 차입을 통해 조달하고자 하는 자금을 기재합니다.
11. ⑩ 기타란에는 ⑧~⑨에 포함되지 않는 그 밖의 차입금 등을 기재합니다.
12. ⑦에는 ②~⑥의 합계액을, ⑪에는 ⑧~⑩의 합계액을, ⑫에는 ⑦과 ⑪의 합계액을 기재하며, 부동산거래계약 신고서의 실제 거래금액과 일치하여야 합니다.
13. ⑬ 입주계획란에는 해당 주택의 거래계약을 체결한 이후 첫 번째 입주자 기준으로 기재하며, 본인입주란 매수인 및 주민등록상 동일세대원이 함께 입주하는 경우, 본인 외 가족입주란 매수인과 주민등록상 세대가 분리된 가족이 입주하는 경우를 말하며, 이 경우에는 입주 예정 시기를 기재합니다. 또한 첫 번째 입주자가 다세대, 다가구 등 2세대 이상인 경우에는 해당 항목별로 중복하여 기재합니다.

210mm×297mm[백상지(80g/㎡) 또는 중질지(80g/㎡)]

Chapter

09 어쩌다가 종부세 폭탄!

Kim Yeon Ju & Lim Jun Chan

종합부동산세는 매년 4월경 정부가 발표하는 공동주택 공시가격을 기준으로 6월 1일 주택 및 토지분 재산세제로서 공시가격이 6억 원을 초과하면 종부세 과세대상이 된다. 인별 과세되는 세금으로 1인당 6억 원을 공제한다. 다만, 1가구 1주택자인 거주자로서 세대원 중 1명만이 재산세 과세대상인 1주택을 단독으로 소유한 경우에는 11억 원까지 공제된다.

부동산을 보유하는 경우 1차로 시·군·구에서 부동산을 과세유형별로 구분하여 재산세를 부과하고, 2차로 각 유형별로 공제금액을 초과하는 부분에 대해 주소지 관할 세무서에서 종합부동산세를 부과징수한다. 12월 15일까지 납부해야 하며, 납부세액이 250만 원을 초과하면 6개월까지 분납할 수 있다.

2019년부터 과세형평을 고려하여 주택 공시가격을 실질적인 시세를 반영하고자 하여 2020년 90%, 2021년 95%, 2022년 100%까지 인상을 추진하고 있다. 더 이상 종부세는 고액재산가만이 부담하는 세금이 아니라, 급격히 상승한 집값이 반영되어 집 한 채만 보유하고 있어도 고민하게 되는 무거운 세금으로 자리 잡았다.

▶▶ 종합부동산세 계산구조

<table>
<tr><th>구분</th><th>별도합산토지분</th><th>종합합산토지분</th><th colspan="2">주택분</th></tr>
<tr><td>Σ 공시가격</td><td>Σ 별도합산토지
공시가격</td><td>Σ 종합합산토지
공시가격</td><td colspan="2">Σ 주택공시가격</td></tr>
<tr><td>- 공제액</td><td>80억 원</td><td>5억 원</td><td colspan="2">6억 원(1세대 1주택 11억 원)</td></tr>
<tr><td>× 공정시장가액비율</td><td colspan="4">21년 95%, 22년 100%</td></tr>
<tr><td>= 종부세 과세표준</td><td>별도합산토지분
과세표준</td><td>종합합산토지분
과세표준</td><td colspan="2">주택분 과세표준</td></tr>
<tr><td rowspan="2">× 세율</td><td rowspan="2">200억 원 이하: 0.5%
400억 원 이하: 0.6%
400억 원 초과: 0.7%</td><td rowspan="2">15억 원 이하: 1.0%
45억 원 이하: 2.0%
45억 원 초과: 3.0%</td><td>일반</td><td>조정대상지역
2주택 이상 또는
3주택자</td></tr>
<tr><td>0.6~3.0%</td><td>1.2~6.0%</td></tr>
<tr><td>= 종합부동산세액</td><td>별도합산토지분
종부세액</td><td>종합합산토지
종부세액</td><td colspan="2">주택분 종부세액</td></tr>
<tr><td>- 차감할 재산세액</td><td colspan="4">재산세로 부과된 세액 중 종합부동산세 과세표준금액에 부과된 재산세 상당액
*과세대상 유형별(별도합산토지, 종합합산토지, 주택) 구분하여 계산</td></tr>
<tr><td>= 산출세액</td><td>별도합산토지
산출세액</td><td>종합합산토지
산출세액</td><td colspan="2">주택분 산출세액</td></tr>
<tr><td>- 세액공제
(1주택자 한정)</td><td>해당 없음</td><td>해당 없음</td><td colspan="2">〈1세대 1주택〉
보유: 5년(20%), 10년(40%), 15년(50%)
연령: 60세(20%), 65세(30%), 70세(40%)
*중복적용 가능(한도 80%)</td></tr>
<tr><td>= 세부담 상한전 종부세</td><td colspan="4">세부담 상한전 종부세액 = 산출세액 - 세액공제</td></tr>
<tr><td>- 세부담 상한 초과세액</td><td colspan="4">(전년 재산세+종부세)×150%
(조정지역 2주택은 300%, 3주택 이상은 300%)</td></tr>
<tr><td>= 부과 징수세액</td><td colspan="4">부과·징수(자진납부)할 세액(분납 및 물납 가능)
부과 과세유형별 세액의 합계액[250만 원 초과 시 분납 가능(6개월)]</td></tr>
</table>

2주택 이하이거나 조정대상지역에 1주택 소유자는 0.6~3.0%의 종합부동산세율을 부담하고, 3주택 이상 또는 조정대상지역의 2주택자는 1.2~6.0% 종합부동산세율을 적용받는다.

법인은 종전에는 법인이 보유한 주택 수에 따라 0.6~4.0%의 단계별 종합부동산세를 과세하였으나 2021년부터 2주택자(조정대상지역 1주택자 포함)는 3%, 3주택자(조정대상지역 2주택자 포함)는 4%의 단일 비례세율을 부담한다.

2021년 법인의 종합부동산세 과세표준을 계산할 때 보유주택에 대한 6억 원 공제를 폐지하고 종합부동산세 상한선을 폐지한다.

▶▶ 종합부동산세 세율

시가 (다주택자 기준)	과표	2주택 이하 or 조정대상지역 1주택(%)		3주택 이상 or 조정대상지역 2주택(%)		
		종전	12·16	종전	12·16	7·10
8~12.2억 원	3억 원 이하	0.5	0.6	0.6	0.8	1.2
12.2~15.4억 원	3~6억 원	0.7	0.8	0.9	1.2	1.6
15.4~23.3억 원	6~12억 원	1.0	1.2	1.3	1.6	2.2
23.3~69억 원	12~50억 원	1.4	1.6	1.8	2.0	3.6
69~123.5억 원	50~94억 원	2.0	2.2	2.5	3.0	5.0
123.5억 원 초과	94억 원 초과	2.7	3.0	3.2	4.0	6.0

01 고령자 세액공제 및 장기보유세액공제

종합부동산세를 계산할 때 1세대 1주택을 보유한 고령자에 대한 고령자 세액공제 한도가 증가하고 고령자 세액공제와 장기보유에 따른 세액공제 비율이 상향되었다.

고령자 공제를 받을 수 있는 기준은 만 60세(2022년 기준 1962년생)이다. 2021년부터 만 60세부터 64세까지는 종부세액의 20%, 만 65세부터 69세까지는 30%, 만 70세 이상부터는 40%를 공제받는다.

장기보유에 따른 공제율은 종전과 동일한 공제율이 적용된다. 5~9년 보유 시 20%, 10~14년 보유 시 40%, 15년 이상 보유하는 경우에는 50%의 공제율을 적용받는다.

고령자 공제와 장기보유 공제의 중복 적용이 가능하며, 고령자 공제율과 장기보유 공제율을 합쳐서 80%까지 적용받을 수 있다.

▶▶ 1주택자 고령자 공제율 및 장기보유 공제율

고령자 공제율			장기보유 공제율		
연령	종전	2021년	보유기간	종전	동일
60~64세	10%	20%	5~9년	20%	20%
65~69세	20%	30%	10~14년	40%	40%
70세 이상	30%	40%	15년 이상	50%	50%

▶▶ 고령자 공제율과 장기보유 공제율

공제한도 상향	종전	2021년
고령자 공제율 + 장기보유 공제율	70%	80%

02 부부공동소유 1세대1주택 과세특례

2021년부터 부부가 공동으로 1주택만을 소유한 경우 납세자의 신청에 따라 1세대1주택자 계산방식을 적용받을 수 있는 특례가 신설되었다.

다만 과세기준일인 2021년 6월 1일 현재 거주자인 부부가 1주택만을 공동으로 소유하여야 하며 다른 세대원은 주택을 소유하지 않아야 한다.

공동소유 주택을 부부중 1인이 소유한 것으로 보아 단독으로 신고하여야 하며 과세표준을 계산할 때 11억 원을 공제하고 고령자 및 장기보유 공제율을 적용 받을 수 있다.

Kim Yeon Ju & Lim Jun Chan

양도소득세 과세구조가 궁금하다!

Chapter 01

양도 개념과 양도소득

Kim Yeon Ju & Lim Jun Chan

01 양도의 개념

양도란 자산에 대한 등기 또는 등록과 관계없이 매도, 교환, 법인에 대한 현물출자 등을 통하여 그 자산을 유상(有償)으로 사실상 이전하는 것을 말한다.

자산이전에 있어 형식이 아닌 실질거래가액이 형성되어 이루어지는 경우, 유상이전의 형식이나 형태에 불문하고 양도로 본다.

즉, 매도뿐 아니라 교환, 법인에 대한 현물출자, 대물변제, 공매, 경매 등도 양도로 본다. 그리고 증여자의 부동산에 설정된 채무를 부담하면서 증여가 이루어지는 부담부증여에 있어서 수증자가 인수하는 채무상당액은 그 자산이 사실상 유상양도되는 결과와 같으므로 양도로 본다.

또한 이혼위자료 지급을 부동산으로 대신한 경우에도 대물변제의 성격으로 보아 양도로 본다.

실지거래가액이란, 자산의 양도 또는 취득 당시에 양도자와 양수자가 실제로 거래한 가액으로서, 해당 자산의 양도 또는 취득과 대가관계에 있는 금전과 그 밖의 재산가액을 말한다.

02 양도로 보지 않는 경우

다음의 경우는 자산이 유상으로 이전되었다 하더라도, 양도로 보지 아니한다.

- 신탁해지를 원인으로 소유권이 원상회복되는 경우
- 공동소유 토지를 소유자별로 단순 분할 등기하는 경우
- 도시개발법에 의한 환지처분으로 지목 또는 지번이 변경되는 경우
- 채무자가 채무변제를 담보하기 위해 자산을 양도하는 계약의 양도담보
- 매매원인무효소송에 의해 매매사실이 환원되는 경우
- 이혼 시 재산분할청구권에 의한 소유권이 이전되는 경우

03 양도소득세의 성격

양도소득은 자산보유의 가치상승에 따라 얻게 되는 실현된 보유이익으로 자본이득에 속한다.

그리고 부동산등을 계속적·주기적·반복적으로 매매하는 사업성을 지닌 부동산매매업(사업소득)과는 달리, 양도소득은 일시적·우발적으로

부동산등의 자산이 매매됨으로써 얻게 되는 소득이므로 사업소득과 그 성격을 달리한다.

따라서 양도소득세란 개인이 토지, 건물등 부동산이나 주식의 양도 또는 분양권과 같은 부동산에 관한 권리를 양도함으로 인하여 발생하는 소득을 과세대상으로 하여 부과하는 세금이다.

그리고 과세대상 부동산등의 취득일부터 양도일까지 보유기간 동안 발생된 소득에 대하여 매매하는 시점에 과세하며, 부동산 양도로 인하여 소득이 발생하지 않았거나 오히려 손해를 본 경우에는 양도소득세가 과세되지 아니한다.

Chapter

02 양도소득 과세대상자산 & 양도차손익의 통산

Kim Yeon Ju & Lim Jun Chan

01 양도소득세 과세대상자산

양도소득세가 과세되는 자산은 다음과 같다.

- 토지란, 「공간정보의 구축 및 관리 등에 관한 법률」에 따라 지적공부(地籍公簿)에 등록하여야 할 지목에 해당하는 것을 말한다.
- 건물은 건물에 부속된 시설물과 구축물을 포함하며, 등기에 불문하고 미등기의 건물도 과세대상이 된다. 또한 허가를 받지 아니하고 무허가 상태로 사용하다가 양도하는 경우에도 해당된다.
- 부동산을 취득할 수 있는 권리로서 건물이 완성되는 때에 그 건물과 이에 부속되는 토지를 취득할 수 있는 권리를 포함한다(아파트 분양권).
- 주식등이란 주식 또는 출자지분을 말하며, 신주인수권과 대통령령으로 정하는 증권예탁증권을 포함한다.

건물 중에서 주택의 경우, 허가 여부나 공부(公簿)상의 용도구분에 관계없이 사실상 주거용으로 사용하는 건물을 말한다. 이 경우 그 용도가 분명하지 아니하면 공부상의 용도에 따른다.

즉, 등기부상 등기나 건축물관리대장의 등재 여부에 관계없이 실질적인 주택으로 사용하고 있는 경우에는 무허가주택도 주택 수에 포함된다.

등기가 가능한 주택임에도 불구하고 미등기 상태로 양도하는 경우에는 장기보유특별공제가 배제되는 것은 물론이고, 250만 원의 양도소득기본공제도 적용하지 아니하며 70%의 세율로 과세한다.

또한 조세특례제한법상의 각종 양도세 감면을 받는 것이 불가능하며, 1세대 1주택 비과세 혜택은 적용받을 수 없다.

그러나 무허가주택이 해당 법령에 따라 등기 자체가 불가능한 경우에는 일반세율을 적용하며, 미등기양도에 따른 불이익을 받지 아니한다.

따라서 등기등록 여부에 관계없이 실질적으로 어떻게 사용되었느냐가 중요하며, 등기가 가능한 자산임에도 미등기 상태에서 거래가 이루어지는 경우에는 양도소득세의 상당한 제제가 예상됨을 반드시 확인하여야 한다.

종류	양도소득대상자산
부동산	토지, 건물(무허가, 미등기 건물도 과세대상 포함)
부동산에 관한 권리	부동산을 취득할 수 있는 권리, 지상권, 전세권, 등기된 부동산임차권
기타자산	사업용 고정자산과 함께 양도하는 영업권, 특정시설물 이용권·회원권, 특정주식, 부동산과다보유법인 주식 등
주식 등	상장법인의 주식 등으로서 당해법인의 대주주 양도분과 장외시장 양도주식, 비상장주식
파생상품	「자본시장과 금융투자업에 관한 법률」 제5조 제2항 제1호 및 제3호에 따른 장내파생상품 중 코스피200 선물·옵션, 미니코스피200 선물·옵션

02 양도차익과 양도손실의 통산

같은 해에 부동산 등을 2회 이상 양도하고, 한쪽은 양도차익이 발생하고 다른 한쪽은 양도차손이 생겼다면 양도한 자산별로 양도차손익을 합산하여 신고해야 한다.

위의 대상자산 중 1) 토지, 건물, 부동산에 대한 권리, 기타자산의 양도소득, 2) 주권상장·코스닥상장·코넥스상장·비상장주식 양도소득, 3) 파생상품 등의 거래로 발생한 양도소득의 3가지 소득으로 구분된다.

이렇게 구분된 그룹별로 각각 양도차익을 계산하여 신고해야 한다. 해당 그룹 간에는 양도차손익의 통산이 가능하나, 서로 다른 그룹 간에는 양도차손을 서로 통산할 수 없다.

그리고 양도하는 자산 중 국내의 자산에 대해서만 양도차손을 인정하며, 1세대 1주택 비과세 소득의 양도차손은 통산하지 아니한다.

그룹 내의 양도차손익을 통산하는 경우에도 양도차손이 발생한 자산과 동일 세율이 적용된 양도자산의 차익과 먼저 통산하고, 통산 후에도 남은 차손이 있다면 다른 세율을 적용받은 양도자산의 소득금액에서 공제할 수 있다.

이때 다른 세율을 적용받는 자산이 2 이상인 경우에는 자산별로 안분계산하여 남아있는 차손을 안분한 비율로 공제한다.

이렇게 양도차손을 공제한 후에도 여전히 양도차손이 남아있다 하더라도, 그 차손은 다음 연도로 이월되지 아니한다.

세법개정으로 국내주식과 해외주식의 양도차익과 양도차손을 통산한다. 종전에는 국내주식은 국내주식끼리, 해외주식은 해외주식끼리 구분하여 양도차손익의 통산이 가능하였으나, 2020년 1월 1일 이후 국내주식과 해외주식을 합산하여 양도차손익을 계산하도록 하였다.

따라서 양도소득 기본공제를 적용할 때에도 국내주식에서 250만 원, 해외주식에서 250만 원 각각 기본공제를 적용하였으나 개정을 통하여 국내주식과 해외주식을 합산하여 기본공제금액 250만 원을 기본공제한다.

국내주식을 양도하는 경우 상장주식은 대주주 양도분만, 비상장주식은 소액주주도 과세된다. 해외주식은 상장여부에 관계없이 과세된다.

Chapter

03 장기보유특별공제

Kim Yeon Ju & Lim Jun Chan

01 장기보유특별공제란

부동산 중 3년 이상 보유한 토지나 건물을 양도할 때 양도차익의 일정 비율을 공제하는 제도이다.

장기보유특별공제 제도는 자산의 보유기간이 3년 이상인 자산에 대하여 그 양도소득금액을 계산할 때에 일정액을 공제하여 줌으로써 장기간 보유한 자산양도에 대한 건전한 부동산의 투자행태 내지 소유행태를 유도하는 양도차익의 공제방법이다.

장기보유특별공제는 양도소득세를 산출할 때 세금에 미치는 영향이 크다. 따라서 미등기자산, 조정대상지역의 1세대 2주택자, 3주택자의 양도소득금액을 계산할 때 장기보유특별공제를 적용하지 않을 경우에는 상당한 세부담을 안게 된다.

그리고 미등기 자산은 70%의 세율이 적용되며 1세대 2주택자, 1세대 3주택자가 조정대상지역에 있는 주택을 양도하는 경우에는 장기보유특별공제 배제는 물론이고 2021. 6. 1. 이후 양도분부터 양도소득 기본세율에 20%(2주택자), 30%(3주택자)를 가산한다.

02 장기보유특별공제 대상 자산

공제대상 자산에는 보유기간이 3년 이상인 것으로서 등기된 토지, 건물, 조합원입주권(조합원으로부터 취득한 승계조합원은 제외)이 있으며, 미등기된 자산은 제외된다.

따라서 보유기간, 즉 취득시점부터 양도시점까지의 기간 산정이 매우 중요하며, 해당 자산의 취득시기와 양도시기의 판정 시 주의하여야 한다.

(1) 장기보유특별공제 적용 대상

3년 이상 보유하고 양도하는 토지 및 건물에 대하여 적용하며, 조합원입주권(조합원으로부터 취득한 것은 제외하며, 조합원입주권을 양도하는 경우에는 「도시 및 주거환경정비법」 제48조에 따른 관리처분계획인가 전 토지분 또는 건물분의 양도차익으로 한정)도 공제대상이 된다.

그리고 비과세 여부와 상관없이 양도 당시 1주택이면 공제를 적용한다. 따라서 비과세 요건을 갖춘 고가주택으로 9억 원 초과 과세되는 주택과 일시적 2주택 등과 거주요건 미충족으로 비과세되지 않는 1주택자도 공제대상이 된다.

다만, 세법개정으로 2020년 양도분부터 조정대상지역 1세대 1주택자의 장기보유특별공제율을 적용받기 위해서는 2년 거주 요건을 충족하여야 한다. 따라서 2년 미만 거주 시 일반 장기보유특별공제(15년, 최대 30%)를 적용하고, 2년 거주 요건을 충족하는 경우에는 장기보유특별공제(10년, 최대 80%)를 적용한다.

2021. 1. 1. 이후 양도하는 고가주택의 1세대 1주택자는 9억 원을 초과하는 양도차익에 대한 장기보유특별공제를 적용할 때 보유기간과 거주기간을 각각 구분하여 보유기간별, 거주기간별 4%의 장기보유특별공제율을 계산한다. 1세대 1주택자(실거래가 9억 원을 초과)에 대한 장기보유특별공제율을 최대 80%(10년)를 유지하되, 거주기간 요건을 추가하여 보유기간별 장기보유특별공제율(연 4%)과 거주기간별 장기보유특별공제율(연 4%)을 구분하여 장기보유특별공제율을 적용한다.

(2) 장기보유특별공제 제외 대상

- 8·2 대책의 조정대상지역 내 2주택자, 3주택자 등 다주택자
- 토지 및 건물이 아닌 자산
- 보유기간 3년 미만의 부동산
- 미등기 양도자산

(3) 보유기간의 계산방법

- 보유기간은 양도자산의 취득일로부터 양도일까지로 계산한다.
- 상속받은 자산을 양도하는 경우에는 상속개시일부터 기산한다. 그러나 세율적용을 위한 보유기간 계산 시는 피상속인의 취득일부터 기산한다.

- 배우자 등 이월과세에는 증여자가 당해 자산을 취득한 날로부터 기산한다.

(4) 장기보유특별공제율

장기보유특별공제액

(실지양도가액 - 실지취득가액 - 기타 필요경비)×보유기간에 따른 공제율

일반장기보유 특별공제		1세대 1주택 장기보유특별공제		조세특례제한법 제97조의3(장기일반민간임대주택) 장기보유특별공제		조세특례제한법 제97조의4 (장기임대주택등) 장기보유특별공제 추가공제율 과세특례	
보유기간	공제율(2%)	거주기간(4%)	보유기간(4%)	보유기간	공제율	보유기간	추가공제율
3년 이상 4년 미만	6%	3년 이상 4년 미만: 12%	3년 이상 4년 미만: 12%	3년 이상 4년 미만		3년 이상 4년 미만	
4년 이상 5년 미만	8%	4년 이상 5년 미만: 16%	4년 이상 5년 미만: 16%	4년 이상 5년 미만		4년 이상 5년 미만	
5년 이상 6년 미만	10%	5년 이상 6년 미만: 20%	5년 이상 6년 미만: 20%	5년 이상 6년 미만		5년 이상 6년 미만	
6년 이상 7년 미만	12%	6년 이상 7년 미만: 24%	6년 이상 7년 미만: 24%	6년 이상 7년 미만		6년 이상 7년 미만	2% 가산
7년 이상 8년 미만	14%	7년 이상 8년 미만: 28%	7년 이상 8년 미만: 28%	7년 이상 8년 미만		7년 이상 8년 미만	4% 가산
8년 이상 9년 미만	16%	8년 이상 9년 미만: 32%	8년 이상 9년 미만: 32%	8년 이상 9년 미만	50%	8년 이상 9년 미만	6% 가산
9년 이상 10년 미만	18%	9년 이상 10년 미만: 36%	9년 이상 10년 미만: 36%	9년 이상 10년 미만	50%	9년 이상 10년 미만	8% 가산

<table>
<tr><th colspan="2">일반장기보유
특별공제</th><th colspan="2">1세대 1주택
장기보유특별공제</th><th colspan="2">조세특례제한법
제97조의3(장기
일반민간임대주택)
장기보유특별공제</th><th colspan="2">조세특례제한법
제97조의4
(장기임대주택등)
장기보유특별공제
추가공제율 과세특례</th></tr>
<tr><th>보유기간</th><th>공제율(2%)</th><th>거주기간(4%)</th><th>보유기간(4%)</th><th>보유기간</th><th>공제율</th><th>보유기간</th><th>추가공제율</th></tr>
<tr><td>10년 이상
11년 미만</td><td>20%</td><td rowspan="6">10년 이상:
40%</td><td rowspan="6">10년 이상:
40%</td><td>10년 이상
11년 미만</td><td rowspan="6">70%</td><td>10년 이상
11년 미만</td><td rowspan="6">10% 가산</td></tr>
<tr><td>11년 이상
12년 미만</td><td>22%</td><td>11년 이상
12년 미만</td><td>11년 이상
12년 미만</td></tr>
<tr><td>12년 이상
13년 미만</td><td>24%</td><td>12년 이상
13년 미만</td><td>12년 이상
13년 미만</td></tr>
<tr><td>13년 이상
14년 미만</td><td>26%</td><td>13년 이상
14년 미만</td><td>13년 이상
14년 미만</td></tr>
<tr><td>14년 이상
15년 미만</td><td>28%</td><td>14년 이상
15년 미만</td><td>14년 이상
15년 미만</td></tr>
<tr><td>15년 이상</td><td>30%</td><td>15년 이상</td><td>15년 이상</td></tr>
</table>

Chapter

04 취득시기와 양도시기 그리고 보유시기의 중요성

Kim Yeon Ju & Lim Jun Chan

양도소득세 계산구조를 보면, 양도자산의 취득시점과 양도시점은 자산의 보유기간을 결정한다.

이러한 보유기간은 양도소득세 계산 시 세액결정에 영향을 줌으로써 중요한 역할을 하고 있다.

01 보유기간의 중요성

- 조정대상지역 내의 1세대 1주택자는 2년 이상 보유하고 2년 거주기간을 충족해야 한다.
- 양도하는 토지, 건물을 3년 이상 보유했는지가 장기보유특별공제 여부를 결정하게 된다.
- 매각하는 양도자산의 보유기간에 따라 적용되는 양도소득세율이 급격하게 달라진다.

- 자산을 양도하고 난 후 양도시점을 잘못 판단하면, 양도세 신고기간을 경과하게 되어 가산세가 부과된다.

만약 국세청에서 판단하는 양도시점과 납세자가 생각하는 양도시점이 상이하여 양도세 전반에 대한 흐름이 잘못 이루어진 경우에는 엄청난 가산세가 발생하고, 양도소득세로 인해 잠 못 이루는 밤을 맞이할 수 있다.

원칙적으로 대금 청산한 날을 자산의 양도·취득시기로 본다. 그러나 자산을 이전하는 다양한 형태에 따라 자산의 양도시점과 취득시점이 달라진다.

소득세법 제98조【양도 또는 취득의 시기】

자산의 양도차익을 계산할 때 그 취득시기 및 양도시기는 해당 자산의 대금을 청산한 날로 한다. 이 경우 자산의 대금에는 해당 자산의 양도에 대한 양도소득세 및 양도소득세의 부가세액을 양수자가 부담하기로 약정한 경우에는 해당 양도소득세 및 양도소득세의 부가세액은 제외한다.

소득세법 시행령 제162조【양도 또는 취득의 시기】

1. 대금을 청산한 날이 분명하지 아니한 경우에는 등기부·등록부 또는 명부 등에 기재된 등기·등록접수일 또는 명의개서일
2. 대금을 청산하기 전에 소유권이전등기(등록 및 명의의 개서를 포함한다)를 한 경우에는 등기부·등록부 또는 명부 등에 기재된 등기접수일
3. 장기할부조건의 경우에는 소유권이전등기(등록 및 명의개서를 포함한다) 접수일·인도일 또는 사용수익일 중 빠른 날
4. 자기가 건설한 건축물은 사용승인서 교부일. 다만, 사용승인서 교부일 전에 사실상 사용하거나 임시사용승인을 받은 경우에는 그 사실상의 사용일 또는 임시사용승인을 받은 날 중 빠른 날로 하고 건축허가를 받지 아니하고 건축하는 건축물에 있어서는 그 사실상의 사용일

5. 상속 또는 증여로 취득한 자산에 대하여는 그 상속이 개시된 날 또는 증여를 받은 날
6. 「민법」상 부동산의 소유권을 취득하는 경우에는 당해 부동산의 점유를 개시한 날
7. 공익사업을 위하여 수용되는 경우에는 대금을 청산한 날, 수용의 개시일 또는 소유권이전등기접수일 중 빠른 날. 다만, 소유권에 관한 소송으로 보상금이 공탁된 경우에는 소유권 관련 소송 판결 확정일
8. 완성 또는 확정되지 아니한 자산을 양도 또는 취득한 경우로서 해당 자산의 대금을 청산한 날까지 그 목적물이 완성 또는 확정되지 아니한 경우에는 그 목적물이 완성 또는 확정된 날. 건설 중인 건물은 사용승인서 교부일
9. 「도시개발법」 또는 그 밖의 법률에 따른 환지처분으로 인하여 취득한 토지의 취득시기는 환지 전의 토지의 취득일. 다만, 교부받은 토지의 면적이 환지처분에 의한 권리면적보다 증가 또는 감소된 경우에는 그 증가 또는 감소된 면적의 토지에 대한 취득시기 또는 양도시기는 환지처분의 공고가 있은 날의 다음 날
10. 주주 1인과 기타주주가 주식등을 양도함으로써 해당 법인의 주식등의 합계액의 100분의 50 이상이 양도되는 날. 이 경우 양도가액은 그들이 사실상 주식등을 양도한 날의 양도가액
11. 양도한 자산의 취득시기가 분명하지 아니한 경우에는 먼저 취득한 자산을 먼저 양도한 것으로 본다.

보유시기

보유시기는 일반적인 경우 취득일부터 양도일까지로 한다. 이때 취득일 및 양도일의 판정은 다음과 같다.

1) 취득·양도시점은 원칙적으로 당해 주택의 대금을 청산한 날이다.
다만, 대금을 청산하기 전에 소유권 이전등기를 한 경우에는 등기접수일을 취득·양도시점으로 보고 대금을 청산한 날이 분명하지 아니한 경우에는 등기접수일로 본다.
2) 본등기를 하기 전 가등기한 기간이 있는 경우 가등기한 기간은 보유기간으로 보지 않는다.
3) 주택을 배우자에게 증여한 후 배우자가 양도하는 경우 증여자의 보유기간과 수증자의 보유기간을 합하여 계산한다.
4) 이혼위자료로 주택을 받은 배우자가 그 주택을 양도하는 경우 배우자의 보유기간만 가지고 판단한다.

5) 재산분할청구권으로 취득한 주택의 보유기간은 소유권을 이전해 준 다른 이혼자의 당초 부동산 취득일부터 양도일까지의 기간을 합하여 계산한다.
6) 증여받은 1주택을 이혼 후 양도하는 경우 증여를 받은 날(증여등기 접수일)부터 보유기간을 계산한다.
7) 주택을 상속받은 경우 피상속인의 사망일부터 계산한다.
다만, 동일 세대원이던 피상속인으로부터 상속받은 주택은 피상속인의 취득일부터 계산한다.
8) 거주 또는 보유 중에 소실·도괴·노후 등으로 인해 멸실되어 재건축한 경우 멸실된 주택과 재건축한 주택의 보유기간을 통산한다(20세대 미만의 임의재건축 공사기간은 불포함).
   • 주택면적이 증가한 경우에는 보유기간 계산과는 무관하다.
   • 부수토지 면적이 증가한 경우에는 종전주택의 부수토지 면적을 초과하는 부분은 신축일로부터 2년이 경과해야 비과세 받을 수 있다.
9) 보유하던 주택이 「도시 및 주거환경정비법」에 의한 재개발·재건축으로 완공된 경우 종전주택의 보유기간, 공사기간, 재개발·재건축 후의 보유기간을 통산한다(재개발·재건축 공사기간을 포함).

배우자 이월과세 적용대상 자산범위 확대

거주자가 토지, 건물, 특정시설물 이용권을 배우자 또는 직계존비속에게 증여하고 증여한 날부터 5년 이내에 그 자산을 타인에게 양도하는 경우, 증여재산가액을 취득가액으로 보지 않고 증여한 자의 당초 취득가액을 양도한 자산의 취득가액으로 본다. 이러한 과세제도를 "배우자 이월과세"라 한다.

그동안 이 규정은 과세대상 자산에 분양권과 조합원입주권이 포함되지 않아, 6억 원까지 공제되는 배우자증여공제를 이용하여 분양권을 증여한 후 양도하는 형식을 통해 증여세는 물론이고 양도세까지 내지 않는 방법으로 적극 활용되었다.

이번 개정을 통해 분양권과 조합원입주권을 배우자 등에게 증여하고 증여한 날부터 5년 이내에 수증자가 증여받은 분양권을 양도하면 취득가액을 증여한 자의 당초 취득가액으로 보게 된다. 이를 통해 증여를 통한 절세효과는 사라지게 된다.

Chapter

05 미등기 양도자산의 위험성

Kim Yeon Ju & Lim Jun Chan

"미등기양도자산"이란 토지, 건물, 부동산에 관한 권리를 취득함에 있어 등기를 하지 아니하고 양도하는 것을 말한다.

등기를 할 수 있는 자산임에도 불구하고 등기를 하지 아니한 상태에서 보유하다가 양도하는 경우, 미등기 양도자산에 대해 상상초월의 제재를 적용받게 된다.

01 미등기 양도를 하는 경우의 불이익

- 3년 이상 보유하는 부동산(토지, 건물)의 양도차익을 공제해주는 장기보유특별공제를 적용하지 아니한다.
- 연 250만 원의 양도소득 기본공제가 배제된다.
- 양도소득세율을 적용함에 있어 미등기 양도자산은 70%의 최고세율을 적용한다.

- 미등기 상태에서 양도되는 1세대 1주택은 비과세 혜택을 받지 못한다.
- 조세특례제한법상 각종의 세액공제 및 감면이 배제된다.
- 양도소득세 신고를 한 후, 세무서에서는 양도소득세 신고기한의 다음 날부터 통상적으로 5년 동안 양도소득세를 부과할 수 있으나, 미등기 양도 등의 경우에는 양도소득세를 부과할 수 있는 기간이 10년으로 길어진다.

그러나 다음의 경우에는 미등기 양도로 보지 아니하므로, 미등기 양도자산에 대한 제재를 받지 아니한다.

소득세법 시행령 제168조【미등기양도제외 자산의 범위 등】

① 법 제104조 제3항 단서에서 "대통령령으로 정하는 자산"이란 다음 각 호의 것을 말한다.

1. 장기할부조건으로 취득한 자산으로서 그 계약조건에 의하여 양도 당시 그 자산의 취득에 관한 등기가 불가능한 자산
2. 법률의 규정 또는 법원의 결정에 의하여 양도 당시 그 자산의 취득에 관한 등기가 불가능한 자산
3. 법 제89조 제1항 제2호, 「조세특례제한법」 제69조 제1항 및 제70조 제1항에 규정하는 토지
4. 법 제89조 제1항 제3호 각 목의 어느 하나에 해당하는 주택으로서 「건축법」에 따른 건축허가를 받지 아니하여 등기가 불가능한 자산
5. 삭제 〈2018. 2. 13.〉
6. 「도시개발법」에 따른 도시개발사업이 종료되지 아니하여 토지 취득등기를 하지 아니하고 양도하는 토지
7. 건설업자가 「도시개발법」에 따라 공사용역 대가로 취득한 체비지를 토지구획환지 처분공고 전에 양도하는 토지

② 법 제104조 제1항 제1호를 적용할 때 법 제94조 제1항 제4호 다목에 따른 주식등의 양도소득 산출세액에 대주주로서 납부하였거나 납부할 세액이 포함되어 있는 경우에는 이를 차감하여 계산한 금액을 양도소득 산출세액으로 한다. 〈신설 2000. 12. 29., 2017. 2. 3.〉

Chapter

06 양도소득세 세액계산

● *Kim Yeon Ju & Lim Jun Chan* ●

양도가액	… 부동산등의 양도 당시 실지거래가액
−	
취득가액	… 부동산등의 취득 당시 실지거래가액 실제거래가격을 확인할 수 없는 경우 매매사례가액, 감정가액, 환산취득가액 적용 가능
−	
필요경비	… 실가: 설비비·개량비, 자본적지출액, 양도비 등 필요경비 개산공제: 매매사례가액, 감정가액, 환산취득가액은 기준시가의 3% 적용
=	
양도차익	… 양도가액 − 취득가액 − 필요경비
−	

장기보유특별공제 … (토지·건물의 양도차익) × 공제율

* 연 8%의 공제율을 보유기간 4% + 거주기간 4%로 구분하여 계산
* 다주택자의 경우에는 15년 이상 보유 시 최대 30% 장기보유특별공제가 가능

보유기간		3~4년	4~5년	5~6년	6~7년	7~8년	8~9년	9~10년	10년 이상
1주택	합계	24%	32%	40%	48%	56%	64%	72%	80%
	보유	12%	16%	20%	24%	28%	32%	36%	40%
	거주	12%	16%	20%	24%	28%	32%	36%	40%
다주택		6%	8%	10%	12%	14%	16%	18%	20~30%

=

양도소득금액 … 양도차익 - 장기보유특별공제

−

양도소득기본공제 … 250만 원(미등기 양도자산은 적용 배제)

=

양도소득과세표준 … 양도소득금액 - 양도소득기본공제

×

세 율 … 양도소득세율 참조

=

산출세액 … 양도소득과세표준 × 세율

−

세액공제 + 감면세액 … 외국납부세액공제와 조세특례제한법상 감면세액

↓

자진납부할 세액 … 산출세액 - (세액공제 + 감면세액)

■ 소득세법 시행규칙 [별지 제84호 서식] <개정 2018. 3. 21.>

※ 2010. 1. 1. 이후 양도분부터는 양도소득세 예정신고를 하지 않으면 가산세가 부과됩니다. (1쪽)

관리번호	-

(　　년 귀속) 양도소득과세표준 신고 및 납부계산서

([ ]예정신고, [ ]확정신고, [ ]수정신고, [ ]기한 후 신고)

①신 고 인 (양도인)	성 명		주민등록번호		내·외국인	[ ]내국인, [ ]외국인	
	전자우편주소		전 화 번 호		거주구분	[ ]거주자, [ ]비거주자	
	주 소				거주지국		거주지국코드
②양 수 인	성 명	주민등록번호	양도자산 소재지		지 분	양도인과의 관계	
③ 세율구분	코 드	양도소득세 합 계	국내분 소계	-	-	국외분 소계	지방소득세
④ 양 도 소 득 금 액							
⑤ 기신고·결정·경정된 양도소득금액 합계							
⑥ 소득감면대상 소득금액							
⑦ 양도소득기본공제							
⑧ 과 세 표 준 (④+⑤-⑥-⑦)							
⑨ 세 율							
⑩ 산 출 세 액							
⑪ 감 면 세 액							
⑫ 외국납부세액공제							
⑬ 예정신고납부세액공제							
⑭ 원천징수세액공제							
⑮ 가산세	무(과소)신고						
	납부불성실						
	기장불성실 등						
	계						
⑯ 기신고·결정·경정세액, 조정공제							
⑰ 납 부 할 세 액 (⑩-⑪-⑫-⑬-⑭+⑮-⑯)							
⑱ 분납(물납)할 세액							
⑲ 납 부 세 액							
⑳ 환 급 세 액							

농어촌특별세 납부계산서		
㉑ 소득세 감면세액		신고인은 「소득세법」 제105조(예정신고)·제110조(확정신고), 「국세기본법」 제45조(수정신고)·제45조의3(기한 후 신고), 「농어촌특별세법」 제7조 및 「지방세법」 제103조의5·제103조의7에 따라 신고하며, 위 내용을 충분히 검토하였고 신고인이 알고 있는 사실 그대로를 정확하게 적었음을 확인합니다. 년 월 일 신고인 (서명 또는 인)
㉒ 세 율		
㉓ 산 출 세 액		
㉔ 수정신고가산세등		
㉕ 기신고·결정·경정세액		
㉖ 납 부 할 세 액		**환급금 계좌신고 (환급세액 2천만 원 미만인 경우)** / 세무대리인은 조세전문자격자로서 위 신고서를 성실하고 공정하게 작성하였음을 확인합니다.
㉗ 분 납 할 세 액		세무대리인 (서명 또는 인)
㉘ 납 부 세 액		㉚ 금융기관명
㉙ 환 급 세 액		㉛ 계좌번호 / **세무서장** 귀하

첨부서류	1. 양도소득금액계산명세서(부표 1, 부표 2, 부표 2의2, 부표 2의3 중 해당하는 것) 1부 2. 매매계약서(또는 증여계약서) 1부 3. 필요경비에 관한 증빙서류 1부 4. 감면신청서 및 수용확인서 등 1부 5. 그 밖에 양도소득세 계산에 필요한 서류 1부	접수일 인
담당공무원 확인사항	1. 토지 및 건물등기사항증명서 2. 토지 및 건축물대장 등본	
세무대리인	성명(상호) / 사업자번호 / 전화번호	

210mm×297mm[백상지 80g/㎡(재활용품)]

관리번호	-

※ 관리번호는 적지 마십시오.

양도소득금액 계산명세서

☐ **양도자산 및 거래일**

① 세 율 구 분 (코드)			합 계	(-)	(-)	(-)
② 소재지국	소 재 지					
③ 자 산 종 류 (코드)				( )	( )	( )
거래일 (거래원인)	④ 양도일(원인)			( )	( )	( )
	⑤ 취득일(원인)			( )	( )	( )
거래자산 면적(㎡)	⑥ 총면적 (양도지분)	토지		(/)	(/)	(/)
		건물		(/)	(/)	(/)
	⑦ 양도면적	토지				
		건물				
	⑧ 취득면적	토지				
		건물				

☐ **양도소득금액 계산**

거래금액	⑨ 양 도 가 액				
	⑩ 취 득 가 액				
	취득가액 종류				
⑪ 기납부 토지초과이득세					
⑫ 기타 필 요 경 비					
양도차익	전체 양도차익				
	비과세 양도차익				
	⑬ 과세대상양도차익				
⑭ 장기보유특별공제					
⑮ 양 도 소 득 금 액					
감면소득금액	⑯ 세액감면대상				
	⑰ 소득금액감면대상				
⑱ 감면종류	감면율				

☐ **기준시가 (기준시가 신고 또는 취득가액을 환산가로 신고하는 경우에만 적습니다)**

양도시 기준 시가	⑲ 건물	일반건물				
		오피스텔·상업용				
		개별·공동주택				
	⑳ 토 지					
	합 계					
취득 시 기준 시가	㉑ 건물	일반건물				
		오피스텔·상업용				
		개별·공동주택				
	㉒ 토 지					
	합 계					

210mm×297mm[백상지 80g/㎡(재활용품)]

취득가액 및 필요경비계산 상세 명세서(1)

구분					구분코드	거래상대방 상호	거래상대방 사업자등록번호	지급일	지급금액	증빙종류(코드)
취득가액		① 타인으로부터 매입한 자산	매입가액		111					
			취득세		112					
			등록세		113					
			기타부대비용	법무사비용	114					
				취득중개수수료	115					
				기타	116					
			소계							
		② 자기가 제조·생산·건설한 자산			120					
					120					
		③ 가산항목	취득시 쟁송비	변호사비용	131					
				기타비용	132					
			매수자부담 양도소득세		133					
			기타		134					
			소계							
		④ 차감항목	감가상각비		141					
		⑤ 계 (①+③-④ 또는 ②+③-④)								
기타필요경비	자본적 지출액 등	⑥ 자본적 지출액	용도변경·개량·이용편의를 위한 지출		260					
			엘리베이터, 냉난방설치		260					
			피난시설등설치		260					
			재해 등으로 인한 자산의 원상복구		260					
			개발부담금 재건축부담금		261					
			자산가치증가등 수선비		260					
			기타		260					
			소계							
		⑦ 취득 후 쟁송비용	변호사비용		271					
			기타소송, 화해비용		272					
		⑧ 기타비용	수익자부담금		281					
			토지 장애 철거비		280					
			도로시설비 등		280					
			사방사업소요비용		280					
			기타		280					
			소계							
		⑨ 계 (⑥+⑦+⑧)								
	양도비 등	⑩ 양도 시 중개수수료 등 직접 지출비용			290					
		⑪ 국민주택채권 및 토지개발채권 매각차손 등 기타경비			291					
		⑫ 계 (⑩+⑪)								
	⑬ 기타 필요경비 계 (⑨+⑫)									

210mm×297mm[백상지 80g/㎡(재활용품)]

Chapter

07 양도소득세 계산구조

Kim Yeon Ju & Lim Jun Chan

너무나도 전문적이고 복잡하기만 한 양도소득세…

기본적인 흐름을 안다면 최소한의 경비로 처리할 수 있는 서류를 분실하거나 수취하지 못하여 비용처리를 하지 못하는 일은 없을 것이다. 또한 보유기간이 미달하여 장기보유특별공제를 비롯한 각종의 세액공제·감면에서 배제되는 상황을 만들어서는 안 된다.

이처럼 경비처리를 제대로 하지 않거나 장기보유특별공제 또는 공제·감면 등을 받지 못하면 그만큼 양도소득세를 납부하게 된다.

따라서 양도소득세의 계산구조를 알고 그 흐름을 파악하여, 내지 않아도 되는 세금을 부담하는 일은 없어야 한다.

2007년부터 양도소득세 실거래가 과세제도가 시행됨에 따라 부동산을 매매하면서 얻게 된 실지거래가액으로 양도소득세를 계산한다. 따라서 세무서에 실제 증빙에 의한 실거래가로 신고·납부해야 한다.

세부담을 줄이기 위하여 허위의 계약서나 증빙을 비용처리하거나 오래전 구매한 부동산의 취득가액을 알고 있음에도 환산가액으로 조세 면탈 등을 하는 경우에는 양도소득세 비과세 및 감면 배제는 물론이고, 부당신고분에 대해 40% 가산세와 함께 조세범처벌법에 따라 처벌을 받을 수 있다.

01 실지거래가액에 의한 세액계산

(1) 실지 양도가액

양도자와 양수자 간에 실제로 거래한 가액을 말한다.

(2) 실지 취득가액

양도자산의 취득에 소요된 실지거래가액을 말한다.

1) 취득에 소요된 실지거래가액이란

소득세법 시행령 제89조 제1항의 규정을 준용하여 계산한 취득원가에 상당하는 가액을 말한다.

취득원가 상당액이란?

- 타인에게서 매입한 자산은 매입가액에 취득세·등록세 기타 부대비용을 가산한 금액이다.

- 자가제조하거나 생산 또는 건설 등에 의하여 취득한 자산: 원재료비·노무비·운임·하역비·보험료·수수료·공과금(취득세, 등록세 포함)·설치비 기타 부대비용의 합계액이다.

2) 취득가액 계산 시 포함되는 것

자산을 장기할부조건으로 매입하는 경우에 발생한 채무를 기업회계기준에 따라 현재가치로 평가하여 현재가치할인차금으로 계상한 경우 당해 현재가치할인차금을 포함한다.

단, 양도자산의 보유기간 중에 동 현재가치할인차금의 상각액을 각 연도의 부동산임대소득금액 또는 사업소득금액 계산 시 필요경비로 산입하였거나 산입할 금액이 있는 때에는 당해 금액을 공제한다.

당사자 약정에 의한 대금지급방법에 따라 취득원가에 이자상당액을 가산하여 거래가액을 확정하는 경우, 당해 이자상당액은 취득가액에 포함한다.

3) 기타 필요경비

양도자산의 취득가액 이외에도 자본적지출액, 양도비 등 실제 증빙에 의하여 계산한 가액의 합계액을 공제한다.

또한 자본적지출액에 대해 비용처리하고자 하는 경우에는 현금영수증, 세금계산서, 계산서를 제출하여야 한다.

자본적지출이란

소득세법 시행령 제67조 제2항 규정의 자본적지출이란, 사업자가 소유하는 감가상각자산의 내용연수를 연장시키거나 당해 자산의 가치를 현실적으로 증가시키기 위하여 지출한 수선비이다.

다음에 해당하는 지출을 포함한다.
- 본래의 용도를 변경하기 위한 개조
- 엘리베이터 또는 냉난방장치의 설치
- 빌딩 등의 피난시설 등의 설치
- 재해 등으로 인하여 건물, 기계, 설비 등이 멸실 또는 훼손되어 당해 자산의 본래 용도로의 이용가치가 없는 것의 복구
- 기타 개량, 확장, 증설 등

- 건물 노후화로 인해 건물을 재건축할 때 투입되는 철거비용
  세법개정으로 재해나 건물 노후화 등으로 부득이한 사유가 발생하여 건물을 재건축하는 경우 발생하는 철거비용을 양도소득의 필요경비에 산입한다.

- 양도자산을 취득한 후 쟁송이 있는 경우
  그 소유권을 확보하기 위하여 직접 소요된 소송비용, 화해비용 등의 금액으로서 그 지출한 연도의 각 소득금액의 계산에 있어서 필요경비에 산입된 것을 제외한 금액을 말한다.

- 양도자산의 용도변경, 개량 또는 이용편의를 위하여 지출한 비용

- 양도비용, 예컨대 증권거래세, 양도소득세 신고서 작성비용, 소개비 등을 공제하나 부동산등을 취득하기 위한 대출금의 이자는 공제하지 아니한다.

4) 취득가액 및 필요경비로 제출하는 서류

- 취득 및 양도 시의 매매계약서
- 대금수수 영수증 또는 무통장으로 거래한 경우 무통장입금 영수증
- 부동산 거래대금의 흐름이 나타나는 금융기관 거래통장
- 거래상대방의 거래사실확인서
- 건물을 신축한 경우 도급계약서, 대금지급영수증, 세금계산서 등
- 기타 대금지급 사실을 입증할 수 있는 서류 등

02 장기보유특별공제액의 계산

장기보유특별공제액

(실지양도가액 - 실지취득가액 - 기타 필요경비) × 보유기간에 따른 공제율

(1) 장기보유특별공제율

일반장기보유 특별공제		1세대 1주택 장기보유특별공제		조세특례제한법 제97조의3(장기일반민간임대주택) 장기보유특별공제		조세특례제한법 제97조의4 (장기임대주택등) 장기보유특별공제 추가공제율 과세특례	
보유기간	공제율(2%)	거주기간(4%)	보유기간(4%)	보유기간	공제율	보유기간	추가공제율
3년 이상 4년 미만	6%	3년 이상 4년 미만: 12%	3년 이상 4년 미만: 12%	3년 이상 4년 미만		3년 이상 4년 미만	
4년 이상 5년 미만	8%	4년 이상 5년 미만: 16%	4년 이상 5년 미만: 16%	4년 이상 5년 미만		4년 이상 5년 미만	
5년 이상 6년 미만	10%	5년 이상 6년 미만: 20%	5년 이상 6년 미만: 20%	5년 이상 6년 미만		5년 이상 6년 미만	
6년 이상 7년 미만	12%	6년 이상 7년 미만: 24%	6년 이상 7년 미만: 24%	6년 이상 7년 미만		6년 이상 7년 미만	2% 가산
7년 이상 8년 미만	14%	7년 이상 8년 미만: 28%	7년 이상 8년 미만: 28%	7년 이상 8년 미만		7년 이상 8년 미만	4% 가산
8년 이상 9년 미만	16%	8년 이상 9년 미만: 32%	8년 이상 9년 미만: 32%	8년 이상 9년 미만	50%	8년 이상 9년 미만	6% 가산
9년 이상 10년 미만	18%	9년 이상 10년 미만: 36%	9년 이상 10년 미만: 36%	9년 이상 10년 미만	50%	9년 이상 10년 미만	8% 가산
10년 이상 11년 미만	20%	10년 이상: 40%	10년 이상: 40%	10년 이상 11년 미만	70%	10년 이상 11년 미만	10% 가산
11년 이상 12년 미만	22%			11년 이상 12년 미만		11년 이상 12년 미만	
12년 이상 13년 미만	24%			12년 이상 13년 미만		12년 이상 13년 미만	
13년 이상 14년 미만	26%			13년 이상 14년 미만		13년 이상 14년 미만	
14년 이상 15년 미만	28%			14년 이상 15년 미만		14년 이상 15년 미만	
15년 이상	30%			15년 이상		15년 이상	

(2) 장기보유특별공제 적용 대상

3년 이상 보유하고 양도하는 토지 및 건물에 대하여 적용하며 미등기자산, 조정대상지역 내의 2주택 이상의 다주택자 등은 제외한다.

그리고 비과세 여부와 상관없이 양도 당시 1주택이면 공제를 적용한다. 따라서 비과세 요건을 갖춘 고가주택으로 9억 원 초과 과세되는 주택과 일시적 2주택 등과 거주 요건 미충족으로 비과세되지 않는 1주택자도 공제대상이 된다.

다만, 세법개정으로 2020년 양도분부터 조정대상지역 1세대 1주택자의 장기보유특별공제율을 적용받기 위해서는 2년 거주 요건을 충족하여야 한다. 따라서 2년 미만 거주 시 일반 장기보유특별공제(15년, 최대 30%)를 적용하고, 2년 거주 요건을 충족하는 경우에는 장기보유특별공제(10년, 최대 80%)를 적용한다.

2021. 1. 1. 이후 양도하는 고가주택의 1세대 1주택자는 9억 원을 초과하는 양도차익에 대한 장기보유특별공제를 적용할 때 보유기간과 거주기간을 각각 구분하여 보유기간별, 거주기간별 4%의 장기보유특별공제율을 계산한다.

1세대 1주택자(실거래가 9억 원을 초과)에 대한 장기보유특별공제율을 최대 80%(10년)를 유지하되, 거주기간 요건을 추가하여 보유기간별 장기보유특별공제율(연 4%)과 거주기간별 장기보유특별공제율(연 4%)을 구분하여 장기보유특별공제율을 적용한다.

(3) 장기보유특별공제 제외 대상

- 8·2 대책의 조정대상지역 내 2주택자, 3주택자 등 다주택자
- 토지 및 건물이 아닌 자산
- 보유기간 3년 미만의 부동산
- 미등기 양도자산

(4) 보유기간의 계산방법

- 보유기간은 양도자산의 취득일로부터 양도일까지로 계산한다.
- 상속받은 자산을 양도하는 경우에는 상속개시일부터 기산한다. 그러나 세율적용을 위한 보유기간 계산 시는 피상속인의 취득일부터 기산한다.
- 배우자 등 이월과세에는 증여자가 당해 자산을 취득한 날부터 기산한다.

03 양도소득 기본공제

양도자 1인당 연간 250만 원을 공제한다.

04 부동산 양도소득세 산출세액

- 양도차익 = 실지양도가액 − 실지취득가액 − 기타필요경비
- 양도소득금액 = 양도차익 − 장기보유특별공제액
- 양도소득 과세표준 = 양도소득금액 − 양도소득 기본공제
- 양도소득 산출세액 = 양도소득 과세표준 × 양도소득세율

Chapter

08 양도소득세율 알아두기

● *Kim Yeon Ju & Lim Jun Chan* ●

양도소득세율은 기본적으로 누진과세되는 종합소득세율을 바탕으로 하고 있다. 그러나 미등기 양도자산의 제재와 단기보유 자산 그리고 부동산투기억제를 위한 중과 등의 목적으로 종합소득의 누진세율에 할증률이 가산되거나 70%, 50% 등의 중과율이 적용된다.

양도소득세는 산출세액을 비교하여 많은 세액을 납부하도록 하는 비교과세를 적용하고 있다.

동일한 과세기간 중에 둘 이상의 자산을 양도하는 경우, 둘 중 큰 금액을 산출세액으로 본다.

MAX(①, ②)
① 과세표준 합계액에 일반세율 적용한 산출세액
② 자산별로 세율을 적용한 산출세액의 합계액

- 하나의 자산에 둘 이상의 세율이 적용되는 경우, 각각의 세율을 적용한 산출세액 중 큰 세액을 납부한다.
- 비사업용토지와 비사업용토지 과다보유법인* 주식 등의 양도소득금액을 합산하여 세율을 적용한다.

  * 자산총액 중 비사업용토지의 가액이 차지하는 비율이 50% 이상인 법인
- 1필지의 토지가 비사업용토지와 사업용토지로 구분될 경우, 각각 다른 자산으로 보아 세율을 적용한다.
- 2주택자가 조정대상지역에서 1년 미만 보유한 주택을 양도하는 경우에는 MAX [1년 미만 단기보유 시 적용되는 70% 세율과 양도세 일반세율+20% 가산한 중과세율] 중 높은 세액을 적용한다.
- 3주택자가 조정대상지역에서 1년 미만 보유한 주택을 양도하는 경우에는 MAX [1년 미만 단기보유 시 적용되는 70% 세율과 양도세 일반세율+30% 가산한 중과세율] 중 높은 세액을 적용한다.
- 2021. 6. 1. 이후 조정대상지역에 관계없이 분양권(조합원입주권 제외)을 1년 이내 양도 시 70%, 1년 경과 후 양도 시 60% 적용한다.
- 2021. 6. 1. 이후 주택과 조합원입주권을 단기양도하는 경우 1년 이내 양도 시 70%, 2년 이내 양도 시 60%의 중과세율을 적용한다.
- 중소기업주식은 할증평가하지 아니하며, 일반기업의 최대주주 지분의 할증률은 20% 적용한다.

종전에는 최대주주 주식을 상속·증여받는 경우 지분율이 50% 초과하는 경우는 30% 할증하고, 50% 이하인 경우 20%의 할증을 적용하고, 중소기업의 경우에는 50% 초과 시는 15%, 50% 이하인 경우에는 10%의 할증률로 계산하였다. 다만, 중소기업의 경우 2020년 말까지는 할증평가 적용을 배제한다고 조특법에 규정하였다.

그러나 세법개정을 통하여 2020년 1월 1일 이후 상속·증여를 받는 일반기업의 경우 최대주주 지분율에 관계없이 일반기업의 주식을 상속·증여받는 경우 20%의 할증률을 적용하는 것으로 개정되어, 중소기업의 경우에는 할증평가를 배제한다.

▶▶ 양도소득세율

<table>
<tr><th colspan="2">구분</th><th>항목</th><th>종전</th><th>2021년</th><th>시행시기</th></tr>
<tr><td rowspan="8">부동산 및
부동산에
관한 권리</td><td rowspan="2">다주택자
중과세율</td><td>1세대
2주택 이상</td><td>기본세율+10%</td><td>기본세율+20%</td><td rowspan="2">2021년 6월 1일
이후 양도분부터
적용</td></tr>
<tr><td>1세대
3주택 이상</td><td>기본세율+20%</td><td>기본세율+30%</td></tr>
<tr><td rowspan="2">단기
양도세율</td><td>1년 미만 보유</td><td>40%(상가 50%)</td><td>70%</td><td rowspan="2">2021년 6월 1일
이후 양도분부터
적용</td></tr>
<tr><td>1년 이상~
2년 미만 보유</td><td>기본세율
(상가 40%)</td><td>60%</td></tr>
<tr><td rowspan="4">분양권
양도세율</td><td>조정대상지역 내</td><td>기간 무관 50%</td><td rowspan="4">지역불문
1년 미만 70%
1년 이상 60%</td><td rowspan="4">2021년 6월 1일
이후 양도분부터
적용</td></tr>
<tr><td rowspan="3">조정대상지역 외</td><td>1년 미만 50%</td></tr>
<tr><td>1년~2년 미만 40%</td></tr>
<tr><td>2년 이상 기본세율</td></tr>
</table>

<table>
<tr><th>구분</th><th>항목</th><th>세율</th><th>시행시기</th></tr>
<tr><td rowspan="2">기타자산</td><td>일반</td><td>누진세율</td><td rowspan="7">2021. 1 .1.</td></tr>
<tr><td>비사업용토지
부동산 과다보유 법인주식</td><td>누진세율+10%</td></tr>
<tr><td rowspan="5">주식</td><td>일반주식</td><td>20%</td></tr>
<tr><td>중소기업주식</td><td>10%</td></tr>
<tr><td>대주주 1년 미만 중소기업 외</td><td>30%</td></tr>
<tr><td>대주주중소기업</td><td>20%</td></tr>
<tr><td>대주주중소기업 외</td><td>3억 원 이하 20%
3억 원 초과 25%</td></tr>
</table>

▶▶ 조정대상지역 내의 1세대 2주택자, 3주택자 양도소득세 세율구조

2021. 6. 1. 이후 양도	1주택자 (일반세율)		2주택 중과세 (일반세율+20%)		3주택 중과세 (일반세율+30%)	
과세표준	세율	누진공제	세율	누진공제	세율	누진공제
1,200만 원 이하	6%	-	26%	-	36%	-
1,200만 원 초과~ 4,600만 원 이하	15%	1,080,000	35%	1,080,000	45%	1,080,000
4,600만 원 초과~ 8,800만 원 이하	24%	5,220,000	44%	5,220,000	54%	5,220,000
8,800만 원 초과~ 1억 5천만 원 이하	35%	14,900,000	55%	14,900,000	65%	14,900,000
1억 5천만 원 초과~ 3억 원 이하	38%	19,400,000	58%	19,400,000	68%	19,400,000
3억 원 초과~ 5억 원 이하	40%	25,400,000	60%	25,400,000	70%	25,400,000
5억 원 초과~ 10억 원 이하	42%	35,400,000	62%	35,400,000	72%	35,400,000
10억 원 초과	45%	65,400,000	65%	65,400,000	75%	65,400,000

Chapter

09 양도소득세 가산세 주의!

● *Kim Yeon Ju & Lim Jun Chan* ●

부동산을 양도하고 양도일이 속하는 달의 말일부터 2개월 이내에 주소지 관할 세무서에 예정신고·납부를 해야 한다.

이러한 예정신고를 하지 않으면 납부할 세액의 20%인 무신고가산세와 1일 0.025%의 납부지연가산세가 부과된다.

부당한 방법으로 양도소득세를 포탈하려는 경우에는 무신고하거나 과소신고된 금액의 40%를 가산세로 부과한다.

이때 부당한 방법이란 다음과 같다.

- 이중장부의 작성 등 장부의 거짓 기장
- 거짓증빙 또는 거짓문서의 작성 및 수취
- 장부와 기록의 파기
- 재산을 은닉하거나 소득, 수익, 행위, 거래의 조작 또는 은폐
- 그 밖에 국세를 포탈하거나 환급·공제받기 위한 사기, 그 밖의 부정한 행위

그리고 신고불성실가산세와 기장불성실가산세가 동시에 적용되는 경우에는 그중 큰 금액에 해당하는 가산세만 적용하고, 위 가산세의 금액이 같을 경우에는 신고불성실가산세액만을 적용한다.

▶▶ 가산세 도표

종류	부과 사유	가산세액
신고불성실 가산세	일반과소신고 초과환급신고	과소(초과)신고 납부(환급)세액×10%
	단순무신고	무신고 납부세액×20%
	부당무신고 부당과소신고	무(과소)신고 납부세액×40%
납부지연 가산세	미납·미달 납부	미납·미달 납부세액×미납기간×25/100,000 (미납기간: 납부기한 다음 날~자진납부일 또는 고지일)
기장불성실 가산세	대주주 등의 주식 또는 출자지분 양도	1. 일반적인 경우: 산출세액×무기장 또는 탈루한 소득금액 / 양도소득금액×10% 2. 산출세액이 없는 경우: 무기장 또는 탈루한 거래 금액×7/10,000
환산취득가액 가산세	건물신축취득 후 5년 이내 양도	환산취득가액(건물분)×5%

Chapter

10 거짓 계약서 작성 시 양도소득세 비과세·감면배제

Kim Yeon Ju & Lim Jun Chan

아주 오래전에 취득한 부동산이거나 매매가액 자체가 급등한 지역에서 양도가 이루어지는 경우에는 납부해야 하는 양도소득세가 상당히 큰 경우가 많다. 그러다 보니 매매가액을 실제 이루어진 금액보다 낮게 신고하여 양도소득세를 낮추어보려는 시도가 생겨난다.

양도자가 상대편에 있는 취득자에게 다운계약서를 작성해주면 매도가액을 할인해주겠다고 제안하거나, 부동산 취득과 관련된 각종 지방세를 적게 낼 수 있다고 얘기하면서 다운계약서 작성을 유도할 수 있다. 그러나 결론부터 얘기하면 이러한 시도는 무모하다.

국세청은 투명한 부동산 거래를 위하여 많은 제도정비와 제재를 마련해 놓고 있다.

2006년부터 부동산실거래가 신고제도를 도입하고, 2007년에는 양도소득세실거래가 제도를 시행하고 있다.

또한 허위계약서 작성이 적발되면 양도소득세 감면 및 비과세배제는 물론이고, 각종의 과태료와 조세범처벌법에 따라 엄격하게 규제하고 있다.

부동산 또는 분양권을 양도하고 거짓계약서(다운계약서, 업계약서)를 작성하면, 양도자와 양수자 모두 양도소득세의 비과세·감면 규정을 적용받을 수 없다.

01 부동산 분양권 거짓계약서 작성 시 불이익

- 다운계약서: 실제 매매가격보다 낮은 가격으로 작성한 계약서
- 업계약서: 실제 매매가격보다 높은 가격으로 작성한 계약서

(1) 양도소득세 비과세·감면적용이 배제되고 양도소득세 부과

- 양도자: 1세대 1주택 비과세·8년 자경농지에 대한 감면 요건을 충족하더라도 비과세·감면배제 후 양도소득세를 추징한다.
- 양수자: 양수한 부동산을 향후 양도 시에도 비과세·감면 규정 적용배제를 동일하게 적용하여 양도소득세를 추징한다.

또한 양수자가 양도자 대신 부담한 양도소득세는 애초 양도한 부동산의 양도가액에 포함되므로, 이를 신고하지 않을 경우 추후 양도자에게 추가로 양도소득세와 가산세가 부과된다.

그리고 토지 또는 건물 등을 매매하는 거래 당사자가 매매계약서

의 거래가액을 실지거래가액과 다르게 적은 경우에는, 해당 자산에 대하여 양도소득세의 비과세 또는 감면에 관한 규정을 적용할 때 비과세 또는 감면을 받았거나 받을 세액에서 다음의 구분에 따른 금액을 뺀 세액만 비과세 또는 감면한다.

1) 비과세 또는 감면에 관한 규정을 적용받을 경우: Min(①, ②)

① 비과세 감면에 관한 규정을 적용하지 아니하였을 경우의 양도소득 산출세액

② 매매계약서의 거래가액과 실지거래가액과의 차액

2) 조세회피로 보는 환산취득가액

양도소득세 계산 시 환산취득가액을 다음과 같이 적용한 경우에는 조세회피로 보아 추징한다.

취득 당시 실제거래가액이 있음에도 불구하고 환산취득가액을 적용하여 부당하게 신고한 경우에도 양도소득세 비과세·감면배제는 물론이고, 양도소득세와 가산세가 추징된다.

이는 취득 당시 매매계약서를 분실하거나 취득가액과 관련된 서류 등을 찾을 수 없는 경우에는 매매사례가액 → 감정평균가액 → 환산가액 순으로 취득가액을 정한다는 규정을 이용한 세부담회피로 보기 때문이다.

3) 가산세

- 무(과소)신고가산세: 무(과소)신고한 납부세액의 최고 40%의 가산세
- 납부지연가산세: 무(과소)신고한 납부세액의 무(미달)납부일수* × 일당 0.025%의 가산세

  * 무(미달)납부일수: 납부기한의 다음 날~자진납부일 또는 고지일까지의 기간

4) 과태료

- 「부동산거래신고 등에 관한 법률」에 따라 지방자치단체가 부동산등 취득가액 × 5% 이하의 과태료를 부과 처분한다.

02 공인중개사의 불이익

(1) 중개사무소 개설등록이 취소되는 등 영업제한

거짓으로 거래내용 작성·이중계약서 작성·전매 등이 제한된 부동산 매매 중개 시 중개사무소의 개설등록 취소 또는 6개월 이내의 업무정지 처분을 받을 수 있다.

(2) 현금영수증 발급의무 위반 시 가산세 부과

현금영수증 발급의무를 위반한 자에 대해서 발급하지 아니한 거래대금의 20%에 상당하는 가산세가 부과된다.

Chapter

11 양도소득세 신고·납부 및 제출서류

Kim Yeon Ju & Lim Jun Chan

양도소득세는 양도자가 양도한 내역을 세무서에 신고·납부함으로써 납세의무가 확정되는 세목이다.

따라서 법정신고기한까지 필요한 서류를 갖추어 신고·납부해야 하며, 신고·납부를 하지 아니하는 경우에는 무신고 등에 따른 가산세가 부과된다.

01 양도소득세 신고 시 준비서류

(1) 신고서 및 납부서

- 양도소득과세표준 신고 및 자진납부계산서
- 양도소득금액계산명세서
- 취득가액 및 필요경비계산 상세 명세서
- 양도소득세 및 지방소득세 납부서

(2) 신고 시 세무서에 제출하는 부속서류

- 당해 자산의 매도·매입에 관한 계약서 사본
- 환지확정 전 취득한 토지는 환지예정지증명원, 잠정등급확인원 등
- 중개수수료 지급액, 신고서작성비용, 법무사수수료 지급액 등의 증빙자료, 감가상각비명세 등이며, 자본적지출로 경비처리를 하고자 하는 경우에는 현금영수증, 세금계산서, 계산서를 제출하여야 한다.

(3) 신고 시 생략 가능한 서류

- 토지·건물 등기부등본, 토지·건축물대장 등본, 개별공시지가 확인원. 단, 양도소득세 계산 시 폐쇄등기부 등본이 필요한 경우 납세자가 제출

02 신고·납부기한

(1) 양도소득세 예정신고

1) 부동산 양도

부동산을 양도한 경우에는 양도일이 속하는 달의 말일부터 2개월 이내에 주소지 관할 세무서에 예정신고·납부를 해야 한다.

만약 2월 3일이 대금을 청산한 양도일이라면 4월 30일까지 양도소득세를 예정신고·납부해야 한다.

예정신고를 하지 않으면 납부할 세액의 20%인 무신고가산세와 1일 0.025%의 납부지연가산세가 부과된다.

- 토지 또는 건물, 부동산에 관한 권리, 기타자산(특정주식 등)을 양도한 경우
  - 양도일이 속하는 달의 말일부터 2개월 이내
- 부담부증여(2017년 1월 1일 이후 부담부증여하는 분부터)
  - 증여일이 속하는 달의 말일부터 3개월 이내
- 토지거래계약 허가구역 안에 있는 토지로서 허가를 받기 전에 대금을 청산한 경우
  - 토지거래허가(해제)일이 속하는 달의 말일부터 2개월 이내

2) 주식등 양도

주식등을 양도일이 속하는 반기의 말일부터 2개월 이내에 예정신고·납부를 해야 한다. 만약 주식 양도일이 2월 27일인 경우 8월 31일까지 양도소득세를 예정신고·납부를 해야 한다.

예정신고를 하지 않으면 납부할 세액의 20%인 무신고가산세와 1일 0.03%의 납부불성실가산세가 부과된다.

파생상품의 경우에는 예정신고의무가 없다.

(2) 양도소득세 확정신고

당해연도에 부동산등을 여러 건 양도한 경우에는 그다음 해 5월 1일부터 5월 31일까지 주소지 관할 세무서에 확정신고를 해야 한다.

다만, 1건의 양도소득만 있는 자가 예정신고를 신고·납부한 경우에는 확정신고를 하지 않아도 된다.

예정신고나 확정신고를 하지 않은 때에는 정부에서 결정·고지하게 되며, 신고·납부를 하지 않은 경우 무신고가산세 20%(또는 40%), 납부지연가산세 1일 0.025%를 추가 부담해야 한다.

(3) 양도소득세 세금납부

1) 양도소득세

양도자의 주소지를 관할하는 세무서에 신고하고 납부서를 작성하여 은행 또는 우체국에 직접 납부하거나, 세무서에서 신용카드 납부도 가능하다. 홈택스 등을 이용한 국세 전자납부도 할 수 있다.

2) 지방소득세

지방소득세는 주민등록상의 주소지를 관할하는 시·군·구에 납부하는 지방세로서, 주소지 시·군·구에서 계약한 수납대행은행 및 우체국에 납부한다.

(4) 양도소득세 무신고 시 불이익

- 신고의무 불이행에 따른 무신고와 무납부에 따른 가산세가 발생한다.
- 납부할 양도소득세액이 1,000만 원을 초과하는 경우에는 세액의 일부를 2개월 이내에 분납이 가능하나 무신고 시 분납신청을 할 수 없다.
- 양도소득세는 신고확정세목으로 신고를 반드시 해야 하며, 이를 이행하지 않을 경우 추후 수정신고 또는 경정청구를 할 수 없다.
- 양도소득세 감면은 양도세 신고 시 감면신청을 함께 해야 하나 무신

고로 인해 감면신청을 하지 않았으므로 감면이 배제되는 경우가 발생할 수 있다.

03 양도소득세 분할납부

부동산의 매매로 납부하게 되는 양도소득세 상당액이 큰 경우, 납세자의 세금 마련을 위한 자금압박이 심하게 되어 세부담의 이중고가 될 수 있음을 감안하여 세액이 1,000만 원을 초과하는 경우 분납신청을 통해 분할납부할 수 있다.

납부할 세액이 1,000만 원을 초과하는 경우, 납부할 세액의 일부를 납부기한 경과 후 2개월 이내에 나누어 낼 수 있다.

구분	분납할 수 있는 세액
납부할 세액이 2,000만 원 이하일 경우	1,000만 원을 초과하는 세액
납부할 세액이 2,000만 원 초과할 경우	납부할 세액의 1/2 이하의 금액

Part 2

조세전문가가 알려주는 증여세 절세 컨설팅

Kim Yeon Ju & Lim Jun Chan

사전증여!

절세의 첫 시작!!

증여로 돈의 흐름에

꼬리표를 달자!!!

Chapter 01

증여세 구조

Kim Yeon Ju & Lim Jun Chan

증여재산가액 + **10년 내 증여재산** − **담보된 채무**

- 증여재산가액
  - 증여 당시 시가
- 10년 내 증여재산
  - 10년 내 동일인으로부터 증여받은 재산가액
  - 증여자가 직계존속인 경우에는 그 배우자 포함
- 담보된 채무
  - 증여재산에 담보된 채무

= **증여세 과세가액** − **증여재산공제** = **증여세 과세표준** × **세율**

- 증여재산공제
  - [증여자 기준]
  - 배우자: 6억 원
  - 직계존속: 5천만 원 (미성년자: 2천만 원)
  - 직계비속: 5천만 원
  - 기타 친족: 1천만 원
  - 창업자금 등: 5억 원
- 세율
  - 10~50%
  - 창업자금 10%
  - 가업승계 10% (20%)

= **증여세 산출가액** + **세대를 건너뛴 증여에 대한 할증과세** − **세액공제 등**

- 세대를 건너뛴 증여에 대한 할증과세
  - 산출세액의 30%(40%) 할증
- 세액공제 등
  - 신고세액공제
  - 외국납부세액공제
  - 영농자녀 증여세 감면
  - 문화재 자료 등 징수유예

\+ **가산세** = **납부할 세액**

- 가산세
  - 무신고 과소신고가산세: 10~40%
  - 납부지연가산세: 1일 0.025%

Chapter

02 증여 의미와 증여취소 시점의 중요성

Kim Yeon Ju & Lim Jun Chan

01 증여

증여란 재산을 무상으로 친족이나 타인에게 수여하는 의사를 표시하고, 상대방이 이를 승낙함으로써 성립하는 계약을 말한다. 증여세는 수증자가 거주자인 경우 국내외의 모든 증여재산에 대해 부과되며, 비거주자가 수증하는 경우 국내에 있는 모든 재산에 대해서만 증여세를 부과한다.

증여세는 원칙적으로 수증자가 납부하지만, 수증자가 납부할 능력이 없거나 주소 등의 불명으로 조세채권 확보가 어렵다고 판단되는 경우 등에는 증여자에게 해당 증여세에 대하여 연대납세의무가 주어진다. 연대납세의무자로서 수증자의 증여세를 대신 납부하는 경우에는 재차증여에 해당되지 아니하므로 증여세가 과세되지 아니한다.

그러나 수증자가 납부하지 못하는 증여세를 증여자가 대신 납부하는 경우에는 재차증여에 해당되어 해당 납부할 증여세 상당액을 과세가액 합산하여 납부세액을 산정한다.

증여재산공제는 수증자를 기준으로 증여자 그룹별로 계산한다. 거주자는 직계존속으로부터 10년간 5천만 원, 미성년자는 2천만 원을 공제받는다. 예컨대 직계존속으로부터 증여받는 경우로서 부모, 조부모, 외조부모로부터 증여를 받는 경우 즉 여러 명의 직계존속으로부터 증여를 받는 경우, 직계존속의 범주로 보아 최초의 과세가액에서 10년간 5천만 원을 순차적으로 공제한다. 또한 재혼 가정이 증가하는 추세를 반영하여 직계존속의 범위에 계부, 계모를 포함시켜 해당 계부, 계모로부터 증여를 받는 경우에도 직계존속 증여재산 공제를 적용한다.

수증자가 증여자의 자녀가 아닌 직계비속인 경우 증여세 산출세액의 30%(수증자가 미성년자이며 증여재산가액이 20억 원을 초과하는 경우 40%)에 상당하는 증여세가 할증과세된다. 예컨대 할아버지의 재산을 아버지를 거치지 않고 손자녀에게 직접 증여하는 경우, 세대를 건너뛴 증여로 세금회피를 방지하기 위해 할증과세를 적용하는 것이다. 다만, 대습상속의 경우는 그러하지 아니한다. 대습상속이란 상속인이 될 직계비속이 사망 또는 상속결격으로 인해 그의 직계비속에게 상속되는 것을 말한다.

02 증여취소 시점의 중요성

증여는 재산을 무상으로 준다는 의사를 표시하고, 이를 상대방이 승낙함으로써 발생하는 계약이다. 이러한 증여계약은 계약 당사자 상호 간에 자유롭게 합의 및 해제를 할 수 있는 계약으로서, 시기에 관계없이 증여재산의 반환이나 취소가 가능하다.

다만, 증여세 신고기한 내에 반환하는 경우에만 당초증여와 반환증여에 대해 증여세를 과세하지 아니한다(현금증여는 과세). 즉, 반환하는 시점에 따라 증여세 과세여부가 달라지므로 증여여부를 결정할 때 주의하여야 한다.

증여세 신고기한은 증여일이 속하는 달의 말일부터 3개월 이내를 말한다.

증여반환 시기		증여세신고 기한 내	신고기한 경과 후 3개월 내	신고기한으로부터 3개월 경과 후
현금	당초증여	과세	과세	과세
	반환	과세	과세	과세
비현금	당초증여	과세 제외	과세	과세
	반환	과세 제외	과세 제외	과세

Chapter

03 증여 & 상속재산가액 평가! 정말 중요합니다!

Kim Yeon Ju & Lim Jun Chan

재산을 상속받거나 증여하는 경우, 과세되는 기초금액은 해당 자산의 가치가 얼마냐에 달려있다. 납세자가 납부해야 할 세금은 재산평가액을 근거로 이루어지므로, 재산을 얼마로 측정하느냐에 따라 세부담이 달라진다.

01 상속세 및 증여세법상 재산평가

상증법상 재산가액은 상속개시일 또는 증여일의 시가를 원칙으로 한다.

시가란, 불특정 다수인 사이에서 자유롭게 거래가 이루어지는 경우 통상적으로 성립된다고 인정되는 가액을 말한다. 상증법은 상속세 또는 증여세가 부과되는 재산의 가액은 상속개시일 또는 증여일 현재의 시가를 적용한다.

시가의 확인이 어려운 경우에 해당 재산의 종류, 규모, 거래 상황 등을 고려하여 상증법 제61조부터 제65조까지 규정된 방법(보충적 평가방법)으로 평가한다.

02 재산평가

상증법은 재산평가를 상속개시일 또는 증여일로 본다.

상속재산은 상속개시일 전·후 6개월 사이에 확인되는 매매가액, 감정가액의 평균액, 수용보상가액, 공매, 경매가액이 있는 경우 그 가액을 시가로 본다. 증여재산은 증여일 전 6개월부터 증여일 후 3개월 이내의 매매 등 가액이 있는 경우 시가로 본다.

해당 재산의 매매 등 가액을 우선 적용하고, 해당 가액이 없는 경우에 한정하여 유사재산의 매매 등 가액을 적용한다. 평가기간 내 신고일까지의 매매 등의 가액만 적용한다.

평가기준일 전 2년 이내의 기간과 상속개시일부터 15개월 이내에 그리고 증여일로부터 9개월 이내의 기간 중에 매매 등이 있거나 평가기간이 경과한 후부터 상속증여세 법정결정기간의 기간 중에 매매 등이 있는 경우에도 국세청 평가심의위원회의 자문을 거쳐 당해 매매 등의 가액을 시가에 포함시킬 수 있다.

건물, 상업용 건물 등의 꼬마빌딩에 대해 감정평가사 등으로 구성된 평가심의위원회의 심의를 거쳐 기준시가를 고시할 수 있도록 하여 부동산 가치 평가의 적정성을 보완하였다.

다만, 상속세 또는 증여세 과세표준을 법정신고 기한 이내에 신고한 경우에는 평가기준일 전 6개월부터 평가기간 이내의 신고일까지의 가액을 시가로 적용한다.

감정가액은 2 이상의 감정기관이 평가한 평균액을 시가로 본다. 다만, 기준시가 10억 원 이하의 부동산(토지, 건물, 오피스텔 및 상업용 건물, 주택)은 하나의 감정기관의 평가액도 시가로 인정한다.

부동산 평가방법

원칙: 시가	불특정다수인 사이에 자유로이 거래가 이루어지는 경우에 성립된다고 인정되는 가액
[1순위] 시가	당해 자산의 매매가액 등(매매·감정·수용·경매·공매)
[2순위] 시가	유사매매사례가액(상속-증여 전 6(3)개월부터 신고일까지, 기준: 계약일)

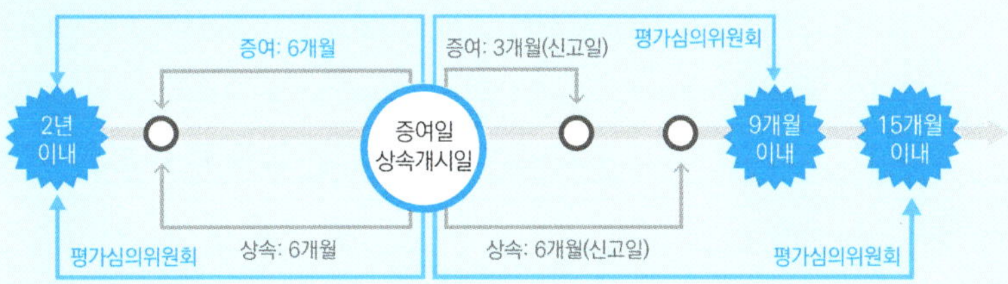

[3순위] 보충적 평가	당해 재산의 공시가격 등(ex. 토지: 개별공시지가, 건물: 기준시가)
기 타	임대보증금 + 1년간 임대료/12%, 당해 자산이 담보하는 채권액

03 유사매매사례가액 적용기준

시가로 인정되는 유사매매사례가액의 재산은 다음과 같다.

해당 재산과 면적, 위치, 용도, 종목 및 기준시가가 동일하거나 유사한 다른 재산의 유사매매사례가액이란, 다음의 구분에 따른 재산을 말한다.

(1) 부동산 가격공시에 관한 법률에 따른 공동주택가격이 있는 경우

다음의 요건을 모두 충족하는 주택을 말한다.

- 평가대상 주택과 동일한 공동주택단지 내에 있을 것
- 평가대상 주택과 주거전용면적의 차이가 평가대상 주택의 주거전용면적의 5% 이내일 것
- 평가대상 주택과 공동주택가격의 차이가 평가대상 주택의 공동주택가격의 5% 이내일 것

2019. 3. 20. 이후 상속·증여분을 평가하는 경우부터는 해당 주택이 둘 이상인 경우, 평가대상 주택과 공동주택가격 가치가 가장 적은 주택을 말한다.

(2) (1) 외의 재산의 경우

평가대상 재산과 면적, 위치, 용도, 종목 및 기준시가가 동일하거나 유사한 다른 재산을 말한다.

04 신고일 이후의 유사매매사례가액은 시가로 보지 아니한다

평가대상 재산과 면적, 위치, 용도, 종목 및 기준시가가 동일하거나 유사한 다른 재산에 대한 매매가액, 감정가액의 평균액, 수용보상가액, 공매, 경매가액이 있는 경우에는 유사매매사례가액을 평가대상 재산의 시가로 평가한다.

다만, 유사매매사례가액의 시가 적용은 증여·상속세 법정신고기한 내에 신고하였다면, 신고일 이후의 유사매매사례가액은 시가로 적용하지 아니한다.

예컨대 단독주택 등의 증여계획을 하는 경우에는 증여 전에 반드시 서울부동산정보광장(land.seoul.go.kr), 국토교통부 실거래가 공개시스템(rt.molit.go.kr)을 통해 유사매매사례가액이 존재하는지 여부를 확인하고, 유사매매사례가액이 없는 경우에 증여함과 동시에 기준시가로 증여세를 신고·납부하면 된다.

증여세 신고 후에 신고일 전에 유사매매사례가액이 다시 확인된다면, 법정신고기한 내에 수정신고하고 증여세신고세액공제를 적용하면 된다.

신고 전에 유사매매사례가액이 없는 경우에는, 기준시가로 신고한 증여세는 적법한 신고이다.

05 상속·증여재산 스스로 평가하기 시스템

납세자 스스로 상속·증여재산을 평가해 볼 수 있도록 국세청 홈택스에서 '상속·증여재산 스스로 평가하기' 시스템을 지원하고 있다.

국세청은 납세자가 상속·증여받은 재산에 관한 유사재산 매매사례가액이나 보충적 평가액을 쉽게 확인할 수 없었던 문제점을 해소하기 위해 재산 평가에 필요한 정보를 최대한 제공한다.

공동주택 및 오피스텔의 유사재산 매매사례가액 등과 토지·개별주택·일반건물·상장주식별로 시가와 보충적 평가액을 납세자가 확인할 수 있다.

'상속·증여재산 평가정보 조회' 항목에서는 상속·증여재산의 대부분을 차지하는 토지·주택·일반건물·상장주식별로 평가정보 제공시스템을 구축하고, 당해 재산의 매매가액과 유사재산의 매매사례가액, 기준시가 등 보충적 평가액 등의 조회가 가능하다.

특히, 국세청이 보유하고 있는 전국의 공동주택과 수도권 및 지방 5대 광역시에 소재하는 오피스텔의 유사재산 매매사례가액을 제공하여 납세자가 손쉽게 상속·증여재산의 시가를 열람할 수 있다.

또한, 평가기간 밖의 유사재산 매매사례가액이 확인되는 경우 재산평가심의위원회에 시가인정 심의를 신청할 수 있는 서비스도 함께 제공하고 있어 납세자의 불필요한 조세쟁송을 방지하고 성실신고를 최대한 지원하는 서비스를 제공한다.

06 시가산정이 어려운 경우 보충적 평가방법

(1) 토지

- 개별공시지가 평가 www.realtyprice.kr

(2) 주택

- 개별주택가격, 공동주택가격 평가 www.realtyprice.kr

(3) 오피스텔 및 상업용 건물

- 상가용 건물, 오피스텔 기준시가 www.hometax.go.kr
  다만, 고시된 기준시가가 없는 경우 일반건물평가방법산정

(4) 주택: 개별주택가격 및 공동주택가격

- 국세청장이 결정고시하는 공동주택가격 www.hometax.go.kr

(5) 임대차계약이 체결된 부동산 등

사실상 임대차계약이 체결되거나 임차원이 등기된 부동산의 경우 토지의 개별공시지가 및 건물의 기준시가와 1년간 임대료를 환산율(12%)로 나눈 금액에 임대보증금을 합계한 금액을 토지와 건물별로 비교하여 큰 금액

Chapter 04

비상장주식평가 그 중요성에 대하여

Kim Yeon Ju & Lim Jun Chan

01 비상장주식평가의 중요성

비상장기업의 상속이 일어나는 경우 재산가액을 평가할 때 가장 많은 관심을 가져야 하는 분야가 바로 기업 가치를 결정하는 주식의 평가이다. 주식이 얼마에 평가되느냐에 따라 상속재산의 규모가 드러나고 상속세가 산정된다. 비상장주식의 평가가 왜곡되는 경우 내지 않아도 되는 상속세를 과다하게 납부하거나 세무당국의 상속세 신고 조사를 통해 추가적인 상속세가 추징되는 일은 상속인에게 상당한 부담으로 다가온다.

합리적인 비상장주식 산정은 상속세 신고의 중요한 핵심요소이다. 더불어 비상장주식평가는 실제 상속이 발생할 때 실시하는 것이 아니라, 평소 주기적인 점검을 통해 기업 가치를 예측하고 기업승계를 대비한 전략적 절세방안을 모색해야 한다.

02 비상장주식 평가방법

(1) 상속개시일의 시가

상속세 및 증여세법에서 상속세가 부과되는 재산가액은 상속개시일 현재의 시가를 기준으로 한다.

시가는 불특정 다수인 사이에 자유롭게 거래가 이루어지는 경우 통상적으로 성립된다고 인정되는 가액을 말한다.

비상장주식의 경우 개별적인 자산에 대한 객관적인 교환가치를 적정하게 반영한 시가를 산정하는 것이 어렵다. 가액 산정이 모호한 경우에는 상속개시일을 기준일로 하여 상속개시일 전후로 6개월 이내 매매가액, 감정가액, 수용, 공매 등이 있는 경우에는 그 금액을 시가로 본다.

시가 산정이 어려운 경우에는 보충적 평가방법을 적용하도록 하고 있다.

(2) 비상장주식의 보충적 평가방법

비상장주식평가 시 시가가 없는 경우에는 1주당 순손익가치와 1주당 순자산가치를 각각 3과 2의 비율로 가중평균한 가액으로 평가한다.

부동산과다보유법인은 1주당 순손익가치와 1주당 순자산가치를 각각 2와 3의 비율로 가중평균한 가액으로 평가한다.

다만, 그 가중평균한 가액이 1주당 순자산가치에 80%를 곱한 금액보다 낮은 경우에는 1주당 순자산가치의 80%를 곱한 금액을 비상장주식 등의 가액으로 한다.

03 비상장주식 1주당 평가액

1주당 평가액은 1주당 가중평균액과 1주당 순자산가치 평가액 중 큰 금액을 비상장주식가액으로 한다.

MAX [1주당 가중평균액 vs 1주당 순자산가치×80%]

$$1주당\ 가중평균액 = \frac{1주당\ 순손익가치 \times 3 + 1주당\ 순자산가치 \times 2}{5}$$

$$1주당\ 순손익가치 = \frac{1주당\ 최근\ 3년간의\ 순손익액의\ 가중평균액}{순손익가치\ 환원율(10\%)}$$

$$1주당\ 순자산가치 = \frac{해당\ 법인의\ 순자산가액}{발행주식총수}$$

(1) 1주당 추정이익 평균가액으로 평가하는 경우

최근 3년간의 순손익액이 비정상적으로 증가하거나 1년 이상 휴업한 법인, 합병 등 조직변경, 주요 업종변경 등의 상증법 시행규칙 제17조의3항에 해당되어 1주당 최근 3년간의 순손익액의 가중평균액으로 순손익가치를 산정하기 어려운 경우에는 1주당 추정이익 평균가액을 적용할 수 있다.

1주당 추정이익은 둘 이상의 신용평가전문기관 또는 회계법인, 세무법인이 산출한 1주당 추정이익의 평균가액이다.

[1주당 최근 3년간 순손익액의 가중평균액 or 1주당 추정이익의 평균가액] 중 선택하여 신고할 수 있다.

$$1주당\ 순손익가치 = \frac{1주당\ 최근\ 3년간의\ 순손익액의\ 가중평균액}{순손익가치\ 환원율(10\%)}$$

$$1주당\ 순자산가치 = \frac{1주당\ 추정이익의\ 평균가액}{순손익가치\ 환원율(10\%)}$$

요건에 해당되어 1주당 추정이익을 적용하는 경우에는 반드시 상속세 신고기한 내에 추정이익 평균가액을 신고하여야 한다.

만약 상속세 신고기한이 경과하고 상속세 조사를 하는 시점에 상속인이 주식가치 평가의 문제점을 발견하고 1주당 추정이익을 적용하여 주식가치 평가를 요청하여도 세무당국은 이를 수용하지 아니한다.

1주당 추정이익의 요건에 해당되는 법인은 반드시 적극적으로 이 규정을 활용하고 비상장주식가치가 왜곡되지 않도록 주의하여야 한다.

(2) 순자산가치로만 평가하는 경우

청산이나 휴·폐업 등으로 정상적인 영업활동이 이루어지지 않는 기업의 경우에는 순손익가치평가에 대한 의미가 없으므로, 순자산가치로만 비상장주식을 평가한다.

청산절차가 진행 중이거나 사업자의 사망 등으로 사업이 계속되기가 곤란하다고 인정되는 법인의 주식, 사업개시 전의 법인, 사업개시 후 3년 미만의 법인 또는 휴·폐업 중인 법인의 주식, 법인자산 중 부동산 등의 비율이 80% 이상인 법인의 주식, 법인 자산총액 중 보유주식 등의 합계액이 80% 이상인 주식, 정관에 존속기한이 확정된 법인으로 평가기준일 현재 잔여 존속기한이 3년 이내인 법인 주식 등의 경우에는 1주당 순자산가치만 적용하여 비상장주식을 평가한다.

04 부동산과다법인 비상장주식가액

(1) 부동산 보유비율이 50% 이상인 부동산과다보유법인

평가대상법인이 자산총액 중 부동산 및 부동산에 관한 권리, 다른 부동산과다보유법인 주식가액의 비율이 50% 이상인 부동산과다보유법인의 주식평가액

1주당 평가액: MAX [1주당 가중평균액 vs 1주당 순자산가치×80%]

$$1주당\ 가중평균액 = \frac{1주당\ 순손익가치 \times 2 + 1주당\ 순자산가치 \times 3}{5}$$

$$1주당\ 순손익가치 = \frac{1주당\ 최근\ 3년간의\ 순손익액의\ 가중평균액}{순손익가치\ 환원율(10\%)}$$

$$1주당\ 순자산가치 = \frac{해당\ 법인의\ 순자산가액}{발행주식총수}$$

(2) 부동산과다보유법인이란?

법인자산총액 중 토지, 건물, 부동산에 관한 권리, 다른 부동산과다보유법인의 주식가액의 합계액이 50% 이상인 법인을 말한다. 해당 주식의 평가기준일 현재의 법인 자산총액을 기준으로 판정한다.

토지, 건물 등은 장부가액과 기준시가 중 큰 금액으로 평가하고, 건설중인 자산은 자산에 포함시키지 아니한다. 그리고 개발비, 사용수익기부자산, 평가기준일부터 소급하여 1년이 되는 날부터 평가기준일까지의 기간 중에 차입금 또는 증자 등에 의하여 증가한 현금, 금융재산, 대여금의 합계액은 자산총액에서 제외된다.

부동산보유비율을 조정하기 위해서는 현금 등의 보유기간이 1년 이상으로서 충분한 시간을 가져야 자산가액에 합산될 수 있다.

영업권의 경우 3년간 계속하여 결손금이 있는 법인 등은 자산가액에 합산하지 아니한다.

(3) 부동산보유비율이 80% 이상인 경우는 1주당 순자산가치로 평가

법인자산총액 중 토지, 건물, 부동산에 관한 권리, 다른 부동산과다보유법인의 주식가액의 비율이 80% 이상인 법인의 경우에는 1주당 순자산가치로만 주식가치를 평가한다.

Chapter

05 비상장주식 평가심의위원회 적극 활용하기

Kim Yeon Ju & Lim Jun Chan

01 비상장주식 보충적 평가방법의 한계점

상속재산을 평가할 때 원칙적으로 시가는 해당 재산에 대한 매매사례가액을 우선 적용한다. 매매사례가액이 없는 경우에는 상증법에서 정하는 보충적 평가방법에 의해 평가한다.

비상장주식의 보충적 평가방법의 적정성에 대한 논란이 계속되고 있는바, 보충적 방법의 한계점을 개선하고 적정한 평가가액의 시가적용을 위하여 비상장주식평가를 위한 평가심의위원회가 설치되었다. 중소기업뿐 아니라 일반기업도 활용할 수 있도록 범위를 확대하였다.

보충적 평가방법에 의한 1주당 평가액이 너무 낮거나 높은 경우로서 합리성이 떨어지는 경우에는 평가심의위원회가 심의, 제시하는 평가가액으로 평가할 수 있다. 이때 보충적 평가방법에 의한 평가액의 70%까지를 비상장주식 1주당 가액으로 할 수 있다.

02 비상장주식 평가가액 심의

납세자 신청에 따라 평가심의위원회의 심의를 거쳐 비상장주식 평가가액을 시가로 적용하기 위해서는, 다음의 평가방법을 적용하여 신청할 수 있다. 이때 납세자가 평가한 가액은 보충적 평가방법에 따른 주식평가액의 70%에서 130% 범위 안의 가액으로 한정한다.

(1) 유사상장법인 주가 비교평가방법

해당 법인의 자산, 매출액 규모 및 사업의 영위기간 등을 감안하여 같은 업종을 영위하고 있는 다른 법인(유가증권시장과 코스닥시장에 상장된 법인)의 주식가액을 이용하여 평가하는 방법이다.

(2) 현금흐름할인법

향후 기업에 유입될 것으로 예상되는 현금흐름에 일정한 할인율을 적용하여 평가하는 방법이다.

(3) 배당할인법

향후 주주가 받을 것으로 예상되는 배당수익에 일정한 할인율을 적용하여 평가하는 방법, 즉 배당흐름할인법이다.

(4) 그 밖의 이와 유사한 방법

위에 준하는 방법으로서 일반적으로 공정하고 타당한 것으로 인정되는 방법이다.

03 신청방법

납세자는 평가심의위원회의 심의가 필요한 경우에는 상속세 과세표준 신고기한 만료 4개월 전(증여의 경우 증여세 과세표준 신고기한 만료 70일 전)까지 다음의 자료를 첨부하여 평가심의위원회에 신청하여야 한다.

- 상증법 시행령 제54조 제1항, 제4항, 제55조 및 제56조에 따라 평가한 가액(보충적 평가방법에 따른 주식평가액) 및 그 평가 부속서류
- 보충적 평가방법에 따른 주식평가액이 불합리하다고 인정할 수 있는 근거자료와 해당 평가업무에 적용한 평가방법
- 상속세 및 증여세법 시행령 제54조 제6항 각호의 평가방법에 따라 평가한 비상장주식 등의 평가액 및 그 평가 부속서류

Kim Yeon Ju & Lim Jun Chan

국세청은 자금소명을 제대로 하지 못하면 증여로 과세한다?

Chapter

01 가족 간의 양도는 증여로 본다

Kim Yeon Ju & Lim Jun Chan

부모와 자식 간에도 실질적으로 돈을 주고 받으면서 부동산을 매매하는 경우가 과거와는 달리 많이 발생한다. 노후를 걱정하는 부모 세대들의 노후자금을 마련하기 위하여 실제 양도가 이루어진다. 그러나 국세청은 가족 간의 양도거래에 대해 양도로 보지 아니하고 증여한 것으로 추정한다.

01 배우자 또는 직계존비속 양도는 증여로 추정

양도의 형식을 이용한 조세회피로 보아 매매를 원인으로 배우자나 직계존비속에게 재산이 이전되는 경우, 상증법에서는 해당 자산의 재산가액을 증여받은 것으로 추정하여 배우자 또는 직계존비속에게 증여세를 과세한다.

증여로 추정되는 경우에는 납세자가 증여가 아니고 실제 양도하였음을 적극적으로 입증해야 한다. 해당하는 재산을 이미 과세 받았거나 권리의 이전이나 등기, 등록을 요하는 재산을 서로 맞교환하는 경우 그리고 해당 자산의 취득을 위해 소유재산을 매각하고 그 대금으로 취득하게 됨을 적극적으로 입증하여야만 증여로 보지 아니한다.

즉, 국세청에 자금출처가 명백하게 확인되는 자금을 통해 취득한 자료를 제출할 수 있어야 한다.

02 배우자 등에게 우회양도한 재산의 증여 추정

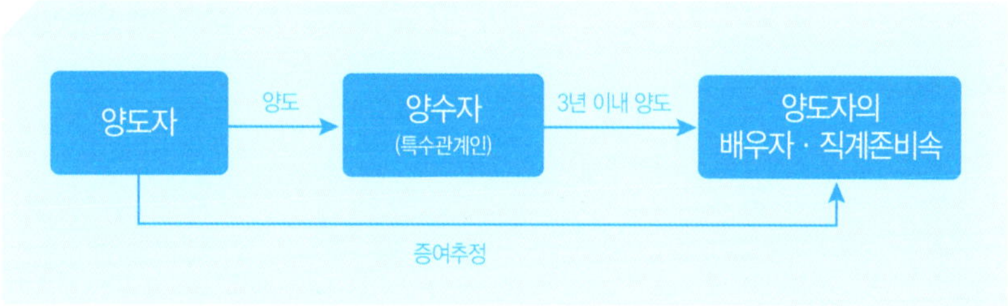

특수관계인에게 양도한 재산을 그 특수관계인(양수자)이 3년 이내에 당초 양도자의 배우자 또는 직계존비속에게 양도한 경우에는 양수자가 그 재산을 양도한 당시의 재산가액을 배우자 또는 직계존비속이 증여받은 것으로 추정한다.

이 경우 양도자 및 양수자가 부담한 소득세법에 따른 결정세액을 합친 금액이 그 배우자 등이 증여받은 것으로 추정할 경우의 증여세액보다 큰 경우에는 적용하지 않는다.

배우자 등에게 증여세가 부과되는 경우에는 당초 양도자 및 양수자에게 그 재산 양도에 따른 양도소득세를 부과하지 않는다.

03 매매대금의 입증이 끝이 아니다

매매거래를 입증하여도 시가보다 낮게 또는 높게 거래하고 그 차액이 (시가-대가)≥시가×30% 또는 3억 원인 경우는 그 차액에 대하여 증여받은 것으로 본다.

그리고 시가보다 적은 금액으로 양도하는 경우 (시가-대가)≥시가×5% 또는 3억 원 이상인 경우 세부담을 부당하게 감소시킨 것으로 보아 시가를 양도가액으로 산정하여 양도소득세 부당행위계산부인을 적용한다.

Chapter

02 입증하지 못한 재산취득자금과 채무상환자금은 증여로 본다

Kim Yeon Ju & Lim Jun Chan

01 재산취득자금과 채무상환자금의 증여추정

직업, 연령, 소득이나 재산상태 등에 비추어 자력으로 특정 재산을 취득하거나 채무를 상환했다고 보기 어려운 경우, 그 해당 자금의 출처를 입증하지 못하면 해당 금액에 대해 증여한 것으로 추정하여 증여세를 부과한다.

증여로 추정한다는 것은 국세청이 해당 금액을 당사자 간에 증여가 발생한 것으로 생각하지만, 납세자가 거래의 실질이 증여가 아님을 입증하는 근거를 제시하면 증여세를 부과하지 아니한다.

02 증여추정 제외 요건

입증하지 못한 금액 ≤ Min(취득재산가액 or 부채상환금액×20%, 2억 원)

부동산의 취득이나 부채상환에 대해 자금출처에 대한 소명을 요청받는 경우, 자금출처에 대해 충분히 소명하거나 소명하지 못한 금액이 취득재산가액 또는 부채상환금액의 20%와 2억 원 중 작은 금액에 미달하는 경우 과세에서 제외된다.

만약 입증하지 못한 금액이 증여추정 제외 금액보다 크다면 전체 금액에 대하여 증여세가 과세된다.

03 증여추정 배제 기준

재산취득일 또는 채무상환일 전 10년 이내 취득재산가액 및 채무상환금액이 아래의 기준금액에 미달하는 경우 증여추정을 적용하지 아니한다. 단, 실질적인 개별 증여금액을 파악하거나 증여받은 사실이 명백한 경우에는 증여세가 과세된다.

재산취득자금의 출처를 소명할 때 부채로 인정되는 금액이 있는 경우, 국세청은 해당 부채를 지속적으로 관리해 나간다. 매년 정기적으로 금융회사 등의 채무변제 여부를 확인하고 금융조회결과 부채를 상환하는 경우 해당 금액의 자금출처에 대해 소명을 요청하기도 한다.

PCI분석시스템(소득-지출분석시스템)을 근간으로 납자세가 신고한 소득 및 재산현황과 소비한 지출내역을 비교분석한 자료를 자금 분석에 반영하며, FIU(금융정보분석원)로부터 보고받은 내용도 함께 활용되고 있다.

구분	취득재산		채무상환	총액한도
	주택	기타재산		
30세 미만인 자	5천만 원	5천만 원	5천만 원	1억 원
30세 이상인 자	1억 5천만 원	5천만 원	5천만 원	2억 원
40세 이상인 자	3억 원	1억 원	5천만 원	4억 원

Chapter

03 재산취득자금의 자금출처 소명은 어떻게 하나?

Kim Yeon Ju & Lim Jun Chan

01 자금출처조사

자금출처조사란 그 사람의 직업, 나이, 신고된 소득, 소득세 납부실적, 재산상태 등에 비추어 자력으로 재산을 취득하거나 부채를 상환하였다고 보기 어려운 경우 그 자금원천에 대한 출처를 요청하고 합당한 근거자료를 제시하지 못하는 경우 이를 증여받은 것으로 보아 증여세를 징수하는 조사를 말한다.

소명자료내용에 탈루혐의가 없는 경우에는 소명조사가 종료될 수 있으나, 국세청의 요구에도 특별한 이유 없이 불응하거나 제출된 자료가 허위인 경우 세무조사로 파생될 수 있다.

국세청은 AI를 이용한 고도화된 빅데이터분석시스템, PCI분석시스템(소득-지출분석시스템), FIU(금융정보분석원) 등을 통해 철저하게 납세자의 자금흐름과 소득흐름을 분석하고 들여다보고 있다.

다음은 자금출처에 대해 근거자료로 인정받는 항목이다.

구분	자금출처로 인정되는 금액	증빙서류
근로소득	총급여액-원천징수세액	원천징수영수증
원천징수소득 (이자·배당·기타소득 포함)	총지급액-원천징수세액	원천징수영수증
사업소득	소득금액-소득세상당액	소득세신고서 사본
차입금	차입금액	부채증명서
임대보증금	보증금 또는 전세금	임대차계약서 사본
보유재산 처분액	처분가액-양도소득세 등	매매계약서 사본
현금·예금 수증	증여재산가액	통장사본

02 국세청 세원관리 시스템

1997년부터 시작된 국세행정의 전산화시스템에 의해 국세청 과세 인프라가 구축되고 총체적인 입장에서의 세원관리가 가능해졌다.

신고자료와 세원관리가 모두 전산화되어 세원 간의 연계가 가능해짐으로써 입체적인 관점에서 납세자의 신고내역과 각종 세무자료를 들여다 볼 수 있게 된 것이다.

따라서 국세행정 전산화 및 빅데이터분석을 통해 다각도의 세원자료 분석과 특이항목의 추출이 용이해졌다.

지금까지 신고한 추세를 분석하고 신고한 소득금액과 소비지출한 금액 및 증가한 부동산의 내역을 검토할 수 있다. 모든 자료를 전산화하여 관리하는 국세청 과세 인프라를 통해 종합적인 세원관리와 성실도 분석이 가능해진 것이다.

(1) 소득 - 지출분석시스템
(PCI분석시스템: Property, Consumption and Income Analysis System)

재산증가액 + 소비지출액 - 신고소득금액 = ?

신고한 소득금액을 초과하여 해외여행 등의 과도한 소비지출과 주식 및 부동산 그리고 골프회원권 등을 취득하는 경우 그 초과분에 대해 의구심을 가진다. 탈루한 소득이 결국에는 소비와 자산의 취득으로 이어진다는 점에 포인트를 두어 소득 - 지출분석시스템을 개발하여 획기적인 성과를 내고 있다.

또한 자력으로는 취득하기 어려운 부동산·주식 등이 자녀의 명의로 거래되는 경우, 자금출처에 대한 소명까지 이루어져 조사가 확대되고 있다. 국세청은 신고한 소득금액을 초과한 소비지출과 재산 증가가 있는 사업자를 우선적으로 주시하고 있다.

(2) 국세통합시스템(TIS: Tax Interrated System)

1997년에 개통된 TIS는 사업자등록번호나 개인의 주민등록번호만 조회하여도 기업과 개인의 모든 소득과 자산내역을 한눈에 알 수 있는 전산시스템이다.

행정력의 부족으로 누락되거나 찾아내지 못했던 과세자료가 전산시스템을 통해 자동집계됨으로써 보다 효율적이고 체계적인 세원관리가 가능해졌다.

(3) 과세정보관리체계(TIMS: Tax Information Management System)

2003년에 만들어진 TIMS는 TIS에서 축적된 세원정보를 이용하여 여러 가지 다양한 형태의 검색이 가능하다. 이를 토대로 정보 간의 유기적인 상호 연관성을 분석하여 보다 입체적인 측면에서 세금탈루자와 세무조사대상자의 선정이 가능해졌다. 가장 기본이 되는 세원정보의 자료가 축적되는 데이터베이스라 볼 수 있다.

(4) 신고성실도전산평가시스템(CAF: Compliance Analysis Function)

TIS에서 구축된 각종 세금신고 내용과 과세정보를 토대로 신고 성실도를 분석하는 시스템이다. TIS 분석결과 신고 성실도가 낮게 평가된 사업자를 조사대상으로 선정할 수 있으며, 정기 조사대상자를 선정할 때 많이 이용되고 있다. 특히 고소득 전문직을 조사대상자로 선정할 때 적극 활용되고 있다.

동종 업종의 매출내역과 신고 소득률 및 각종 비용계정과 매입자료 등에 대한 평균자료를 근간으로 신고 성실도를 파악하여 성실신고 안내문 등을 발송하는 데 큰 역할을 하고 있다.

(5) 금융정보분석원(FIU: Financial Intelligence Unit)

금융기관은 동일인 명의로 이루어지는 계좌이체 중에서 의심거래보고제도(STR: Suspicious Transaction Report)와 하루 동안 누적되는 거래금액이 1천만 원 이상의 고액현금거래에 대해 반드시 금융정보분석원에 보고하여야 한다.

이러한 보고를 받은 FIU는 금융정보의 흐름에 탈세 등의 비정상적인 징후가 감지되는 경우 검찰청과 국세청 등에 자료를 통보하고 있다.

이렇게 누적된 금융거래 내역 등의 자료들이 향후 세무조사가 이루어질 때 중요한 자료로 활용되고 있다.

Chapter

04 국세청은 보험계약자 변경을 어떻게 체크할까?

Kim Yeon Ju & Lim Jun Chan

해약환급금 및 중도인출금을 포함한 보험금을 지급하거나 계약자의 명의를 변경하는 경우, 보험회사는 지급명세서 또는 명의변경명세서를 분기마다 세무서장에게 제출하여야 한다. 다만, 보험금 수취인과 보험료 납입자가 같은 경우로서 보험금 지급합계액이 1천만 원 미만인 경우에는 명세서를 제출하지 아니한다.

보험금의 과세대상에는 생명보험과 손해보험이 있다. 생명보험은 사람의 신체에 대해 생긴 보험사고를 보상목적으로 하는 보험이고, 손해보험은 보험사고로 인해 재산에 생긴 손해를 보상하는 보험이다. 보험금이 상속세 과세대상인 경우에는 증여세를 과세하지 아니한다.

▶▶ 보험금에 대한 상속세 및 증여세 과세유형

보험계약자	피보험자	보험금 수익자	보험료 납입자	보험수령사유	과세
부	부	자녀	부	부 사망	상속세
부	모	자녀	부	모 사망	증여세
자녀	부	자녀	부	부 사망	상속세
자녀	부·모	자녀	자녀(부모에게서 증여받은 재산으로 보험료를 납입)	부·모 사망	상속세
자녀	부·모	자녀	자녀(자녀의 소득으로 보험료 납입)	부·모 사망	과세대상 아님

계약자 및 수익자를 자녀명의로 보험을 가입하고 부모가 보험료를 납입하는 경우에는 보험사고가 발생한 시점을 증여시기로 본다. 매월 보험료를 납입하는 경우에는 증여가 드러나지 않지만, 향후 보험금을 수령하는 시점에 자녀에게 증여한 것으로 보아 증여세가 발생한다.

이에 반해 계약자 및 수익자를 자녀명의로 하고 자녀의 실질적인 소득으로 보험료를 납입하는 경우에는 보험금을 수령하는 경우 상속세 과세대상이 되지 아니한다.

그러나 부모가 자녀에게 보험료 상당액을 현금으로 증여한 후 자녀가 증여받은 자금으로 보험료를 불입하는 경우, 현금을 증여하는 시점에 증여세가 발생하고 추후 보험금을 수령하는 시점에 보험차익이 발생하는 경우 추가적인 증여세 문제가 대두된다.

즉시연금의 경우 계약자가 변경된 시점에 자녀에게 증여된 것으로 보아 증여세를 과세한다.

국세청에서는 상속형 즉시연금 보험금의 증여재산가액을 연금개시 전에는 납입보험료 및 이자상당액 합계액으로 평가하고 연금개시 후에는 정기금 할인평가금액과 해약환급금 중 큰 금액으로 평가한다.

보험금의 증여재산가액

① 보험금 수령인과 보험료 납부자가 다른 경우

$$\text{보험금} \times \frac{\text{보험금 수령인 외의 자가 납부한 보험료}}{\text{납부한 보험료 합계액}}$$

② 보험금 수령인이 재산을 증여받아 보험료를 납부한 경우

$$\left(\text{보험금} \times \frac{\text{증여받은 재산으로 납부한 보험료}}{\text{납부한 보험료 총 합계액}}\right) - \text{증여받은 재산으로 납부한 보험료}$$

보험금의 상속재산가액

상속재산에 포함되는 보험가액은 다음과 같이 게시된다.

$$\text{보험금 수령액} \times \frac{\text{피상속인이 부담한 보험료 합계액}}{\text{피상속인 사망 시까지 불입한 보험료 합계액}}$$

상속재산에 포함되는 보험금은 사망을 사유로 수령한 보험금 중 피상속인이 실질적으로 부담한 비율로 계산한 보험금을 말한다. 즉시연금보험의 경우 연금지급이 개시되기 전 상속이 발생한 경우 납입보험료 및 이자상당액의 합계액이 상속재산이 되고, 연금지급 개시 이후 상속이 개시된 경우 정기금 평가액(연 3% 할인)과 해약환급금 중 큰 금액으로 한다.

Chapter 05

가족에게서 받는 생활비는 증여세 대상인가?

Kim Yeon Ju & Lim Jun Chan

세법상 증여재산은 행위나 거래의 명칭, 형식, 목적에 관계없이 직접 또는 간접적으로 타인에게 무상으로 유형·무형의 재산 또는 이익을 이전하거나 타인의 재산가치를 증가시키는 것을 증여세 과세대상으로 보고 있다.

즉, 증여재산의 범위가 완전포괄주의에 의해 포괄적으로 규정되어 있으므로 비과세나 면제, 과세가액 불산입되는 재산이 세법에 구체적으로 열거되어 있지 아니한 경우에는 증여과세대상으로 보고 있다.

비과세 대상으로 보는 증여재산 중에 사회통념상 인정되는 피부양자의 생활비, 교육비로서 해당 용도에 직접 지출한 것으로 학자금, 장학금, 기념품, 축하금, 부의금 등으로서 통상 필요하다고 인정되는 금품은 비과세 대상이다.

해당 금품은 지급한 자별로 사회통념상 인정되는 물품 또는 금액을 기준으로 하며, 생활비 또는 교육비의 명목으로 취득한 재산을 정기예금, 적금 등에 사용하거나 주식, 토지, 주택 등의 매입자금 등으로 사용하는 경우에는 증여세가 과세됨을 반드시 주의하여야 한다.

부양의무가 없는 조부가 손자의 생활비 또는 교육비를 부담한 경우에는 비과세 되는 증여재산에 해당되지 아니하므로, 조부가 손자를 부양할 의무가 있는지 여부는 부모의 부양능력 등 구체적인 사실을 기준으로 판단하여야 한다.

결혼하는 자녀를 위해 혼수로 구입하는 물품 중 사회통념상 인정되는 비과세 대상은 일상생활에 필요한 가사용품이며 차량, 주택, 호화 사치품은 비과세 대상이 되지 아니한다.

- 사회통념상 인정되는 생활비, 교육비
- 학자금, 장학금, 기타 이와 유사한 금품
- 기념품, 축하금, 부의금, 기타 유사한 금품으로 통상 필요하다고 인정되는 금품
- 혼수용품으로 통상 필요하다고 인정되는 금품
- 타인에게 기증받아 외국에서 국내로 반입된 물품으로 당해 물품의 관세가액이 100만 원 미만인 물품
- 무주택근로자가 국민주택규모 이하의 주택을 취득, 임차하기 위해 사내근로복지기금 및 공동근로복지기금에서 증여받은 주택취득보조금 중 그 주택취득가액의 5% 이하의 것과 주택임차보조금 중 전세가액의 10% 이하의 것
- 불우한 자를 돕기 위해 언론기관을 통해 증여한 금액

Chapter

06 부담부증여로 세금 깎기?

Kim Yeon Ju & Lim Jun Chan

01 부담부증여란?

증여자의 증여재산에 담보된 채무를 수증자가 인수하는 경우, 증여가액 중 채무액이 차지하는 부분을 자산이 유상으로 이전된 것으로 본다.

양도소득세의 과세대상이 되는 자산을 전세 보증금이나 금융기관의 부채가 포함되어 증여하는 경우, 증여와 동시에 양도가 함께 발생한다. 이를 부담부증여라 한다.

증여가액 중 그 채무액에 상당하는 부분은 그 자산이 유상으로 사실상 이전되므로 양도소득세를 과세하고, 채무를 제외한 부분은 증여세를 부과한다.

02 채무를 갚을 능력이 필요하다

증여재산에 채무가 포함되면 채무를 인수한 수증자가 채무입증서류, 계약서, 담보설정내역, 채무를 상환할 수 있는 입증서류를 통해 실질적인 채무발생과 상환능력을 소명할 수 있어야 한다.

설명이 부족한 경우에는 채무를 상환하는데 필요한 자금출처에 대해 소명을 요구받을 수 있고 증여로 추정될 수 있기 때문이다.

03 증여? 부담부증여?

채무는 증여재산에서 차감되므로 증여세만을 생각할 경우에는 당연히 절세이다. 채무부분은 양도소득세가 과세되기 때문에 증여하는 자의 자산보유현황에 따라 달라진다.

1세대 1주택자의 경우에는 채무비율이 높을수록 양도비율이 높아진다. 1세대 1주택 비과세 요건을 충족하고 채무 상환능력이 있다면 채무비율이 높을수록 절세의 폭이 커질 것이다.

이와 달리 1세대 다주택자의 경우는 주택양도에 대해 중과세가 적용되므로, 양도비율을 최소화하는 것이 중과의 비율이 낮아지고 이를 통해 절세를 모색할 수 있다.

통상적으로 부담부증여를 하면 절세가 되는 경우가 많으나, 증여자의 재산보유현황에 따라 중과세가 적용되므로 반드시 재산보유현황을 면밀히 따져볼 필요가 있다.

Chapter

07 자금능력이 없는 자녀의 증여세 대납하는 경우?

Kim Yeon Ju & Lim Jun Chan

자금능력이 없는 미성년자 등이 부동산 등을 증여받아 부담할 증여세에 대하여 자금출처를 소명하지 못한 경우, 국세청은 납부할 증여세에 대해서도 증여받은 것으로 보아 증여세를 과세한다. 즉, 자녀의 세금을 부모가 대신 납부하는 경우 그 세금만큼 자녀에게 증여한 것으로 보아 해당 금액에 대해 증여세를 부과한다.

다만, 수증자가 비거주자이고 증여자가 연대납세의무자인 경우에 해당되어 납부하는 증여세는 재차증여로 보지 아니한다.

부모가 증여하고 미성년자인 자녀가 수증하며, 부모가 미성년자인 자녀가 납부할 증여세를 대납하는 경우 증여세 과세가액은(대납하는 증여세 상당액을 재차증여한 것으로 봄) 당초증여재산가액 + 대납하는 증여세액으로 본다.

재차증여재산이란, 증여일 전 10년 이내에 동일인(증여자가 직계존속인 경우 그 직계존속인의 배우자 포함)에게서 받은 증여재산가액의 합계액이 1천만 원 이상인 경우 그 가액을 증여세 과세가액에 가산한 금액을 말한다.

Kim Yeon Ju & Lim Jun Chan

요건만 충족해도 증여세가 부과된다? 국세청의 엄격한 증여사후관리가 궁금해요!

Chapter

01 부동산과 현금을 무상사용하면 증여세가 과세된다

Kim Yeon Ju & Lim Jun Chan

01 증여세 완전포괄주의란

증여세 완전포괄주의는 법률상 증여는 아니지만 증여와 같은 경제적 효과가 발생하는 경제적 사건에 대해 증여로 보아 증여세를 부과한다. 즉, 증여의 형식을 갖추지는 않았으나 재산의 소유권 이전 또는 취득형태 등의 실질적인 내용이 증여와 유사한 경우 상속세 및 증여세법상 '완전포괄주의'에 근거하여 증여세를 부과한다.

02 부동산 무상사용이익 증여세 과세

(1) 부동산 무상사용이익이란

타인의 부동산을 무상으로 사용함에 따라 이익을 얻는 경우, 그 무상 사용을 개시한 날을 증여일로 하여 그 이익에 상당하는 금액을 부동산 무상 사용자의 증여재산가액으로 한다.

즉, 대가를 지불하지 않고 부동산을 무상으로 사용하는 자에게 증여세가 발생한다. 무상사용 개시일을 증여일로 하여 5년간의 무상사용이익에 대해 증여세가 과세되고, 5년간 무상사용이익 합계액이 1억 원 미만인 경우에는 증여세가 과세되지 아니한다.

부동산 무상사용이익의 증여재산가액을 역산해보면, 통상적으로 시가 13억 원 이하의 부동산의 경우에는 무상사용하더라도 증여세가 과세되지 아니한다.

(2) 증여재산가액

부동산 무상사용이익은 무상사용기간이 5년 단위로 과세되며, 5년마다 재계산하고 다음과 같이 계산된다. 5년간 사용이익이 1억 원 이상인 경우에만 증여세가 과세된다.

$$\text{부동산 무상사용이익} = \sum_{n=1}^{5} \frac{\text{각 연도의 부동산 무상사용이익}}{1 + (0.1)^n}$$

n: 평가가준일로부터 경과연수

※ 각 연도의 부동산 무상사용이익: 부동산가액(상증법상 평가액) × 1년간 부동산 사용료를 감안하여 재경부령이 정하는 율(2%)

※ 간편법: 부동산 무상사용이익 = 각 연도의 부동산 무상사용이익 × 3.79079

예컨대 토지소유자가 아버지이고 토지사용자가 아들인 경우를 가정한다면 아들은 토지 무상사용에 따른 증여세, 아버지는 토지 무상제공에 따른 소득세법과 부가가치세법상 부당행위계산규정이 적용되어 소득세와 부가가치세가 발생할 수 있다.

토지와 건물의 소유주가 다른 경우 토지 및 건물의 사용권리를 출자하여 부동산 임대업을 공동사업으로 영위한다면 증여세와 소득세 및 부가가치세 그리고 양도소득세의 절세전략을 고려할 수 있다.

03 금전무상대출 등에 따른 이익의 증여

(1) 금전무상대출 등에 따른 이익이란

타인으로부터 금전을 무상으로 빌리거나 낮은 이자율로 빌리는 경우, 적정이자율과의 차액에 대해 경제적 이익을 분여받게 된다. 증여세 과세는 1년 단위로 과세하며, 증여시기는 증여이익이 1천만 원 이상이 되는 날을 증여시기로 보아 증여세가 과세된다.

(2) 증여재산가액

무상대출인 경우	대출금액 × 적정이자율(4.6%)
저율대출인 경우	{ 대출금액 × 적정이자율(4.6%) } - 실제 지급한 이자상당액

(3) 실제 금전소비대차를 인정받으려면

부모·자녀 간의 금전거래는 통상적으로 증여로 추정하여 증여세가 부과될 수 있다. 실제 가족 간의 금전거래가 이루어지는 경우 실질적인 금전소비대차계약서를 작성하고 공증을 받아 두고 계약서상의 이자와 원금 등을 실제 통장에 지급하면 증여세 문제가 발생하지 않을 수 있다. 다만, 자금을 빌리고 이자를 지급하는 경우 이자소득에 대해 원천징수의무가 발생하며, 이는 비영업대금이익에 해당되어 무조건 종합과세된다.

Chapter 02

재산 취득 후 재산가치 증가에 따른 이익도 증여대상?

Kim Yeon Ju & Lim Jun Chan

01 재산 취득 후 재산가치 증가에 따른 이익이란

직업, 연령, 소득 및 재산상태 등으로 보아, 자력으로 재산가치 증가행위를 할 수 없는 자가 특수관계인으로부터 증여를 받거나 기업경영의 내부정보를 이용하여 재산을 취득하거나 특수관계인의 담보 등으로 재산을 취득하고, 재산 취득 후 5년 이내에 개발사업의 시행, 비상장주식의 한국금융투자협회 등록 등으로 자력이 아닌 타인의 기여에 의해 재산가치가 증가한 경우, 타인에게서 증여받은 것으로 보아 증여세를 과세한다.

02 증여재산가액

증여재산가액으로 보는 재산가치상승금액

= 해당재산가액 - (재산취득가액 + 통상적인 가치상승분 + 가치상승기여분)

다만, 재산가치상승금액이 기준금액 미만인 경우에는 적용하지 아니한다.

기준금액 = MIN(①, ②)

① (해당 재산의 취득가액 + 통상적인 가치상승분 + 가치상승기여분) × 30%

② 3억 원

03 증여재산합산배제

재산가치 증가에 따른 증여이익은 합산배제증여재산이다. 해당 증여이익에서 3천만 원과 감정평가수수료를 공제한 금액이 증여세 과세표준이 된다. 또한 동일인으로부터 10년 이내에 증여받은 다른 증여재산가액과 합산과세하지 아니한다.

Chapter

03 배우자에게 6억 원 증여하고 5년 뒤 양도하자?

Kim Yeon Ju & Lim Jun Chan

가족 간의 증여 중에 가장 많은 공제대상이 되는 사람이 바로 배우자이다. 거주자인 배우자에게 증여하는 경우 10년간 6억 원을 공제한다.

증여세와 양도소득세 그리고 상속세의 전략적인 절세조건을 충족한다면 배우자에게 6억 원 상당의 부를 증여하는 것을 고려할 필요가 있다.

01 증여재산공제

증여재산공제는 수증자를 기준으로 증여자 그룹별로 산정된다.

배우자 간 증여공제액은 10년간 6억 원, 직계존속으로부터 증여받는 경우에는 10년간 5천만 원(미성년자인 경우 2천만 원), 직계비속에게서 받는 경우에는 10년간 5천만 원, 기타의 친족인 경우에는 10년간 1천만 원이 공제된다. 단, 수증자가 비거주자인 경우에는 증여재산공제를 적용하지 아니한다.

부모, 조부모, 외조부모로부터 증여를 받는 경우 즉 여러 명의 직계존속으로부터 증여를 받는 경우, 직계존속의 범주로 보아 최초의 과세가액에서 10년간 5천만 원을 순차적으로 공제한다. 또한 재혼가정이 증가하는 추세를 반영하여 직계존속의 범위에 계부, 계모를 포함시켜 해당 계부, 계모로부터 증여를 받는 경우에도 직계존속 증여재산 공제를 적용한다.

동시에 증여가 있는 경우 증여세 과세가액으로 안분하여 공제한다.

02 배우자 증여공제 6억 원

부부간의 증여가 일어나는 경우, 10년간 6억 원까지는 증여세를 부담하지 아니한다.

배우자에게 부동산을 증여하는 경우, 증여세 과세가액 산정이 되는 시가에 주의하여야 한다. 증여받은 부동산의 취득가액은 당초 배우자가 취득한 가액보다 월등히 높아지는 것이 통상적이다.

6억 원의 배우자공제가 자산보유차익을 흡수함으로써 절세의 기초가 마련된다.

03 증여 후 5년이 지난 후 양도

부동산을 증여받은 배우자가 증여 후 5년이 지난 후에 해당 자산을 양도하는 경우, 증여로 취득가액이 높아진 만큼 양도차익에 대한 절세효과가 나타난다.

다만, 불가피하게 증여받은 날부터 5년 이내에 부동산을 양도하는 경우에는 양도소득세 이월과세가 적용되어 6억 원의 증여공제효과가 사라지고 추가 납부해야 하는 상황이 발생하므로 주의하여야 한다. 그러나 배우자 이월과세는 토지, 건물, 특정시설물이용권, 부동산을 취득할 수 있는 권리에 한하므로 비상장주식을 배우자에게 증여하고 취득가액을 높인 뒤, 5년 이내에 양도하여도 이월과세를 적용하지 아니한다.

보유 중인 주식을 배우자에게 증여하고 유동성을 확보하여 추가적인 자산매입을 하는 것도 절세전략의 중요한 방법이다.

(1) 배우자에게 증여받은 후 이월과세

다음의 요건에 해당되는 경우, 배우자 이월과세를 적용한다.

- 배우자 또는 직계존비속이 토지, 건물, 특정시설물이용권(법인의 주식 등을 소유하는 것만으로 시설물을 배타적으로 이용 가능한 주식 등을 포함), 부동산을 취득할 수 있는 권리를 증여
- 증여받은 후 5년 이내 양도
- 양도한 자산의 양도소득세 계산 시 이월과세 적용

(2) 증여받은 부동산 양도소득세 계산구조

증여받은 배우자의 양도가액
(−)증여한 배우자의 당초 취득가액
(−)증여한 배우자의 당초 필요경비

(=)증여받은 부동산의 양도차익
(−)당초 취득한 배우자 보유기간의 장기보유특별공제

(=)증여받은 부동산의 과세표준
(×)당초 취득한 배우자 보유기간의 양도소득세율

(=)증여받은 부동산의 양도소득세

04 상속세가 줄어든다!

배우자에게 증여 후 10년이 지난 뒤에는 상속이 발생하여도 사전 증여한 재산에 대해 상속재산에 합산하지 아니하므로 상속세가 절세된다.

다만, 세금을 면탈하기 위해 배우자 명의로 변경하는 경우 세무당국은 '사해행위취소소송'을 통해 체납된 세금을 징수할 수 있으므로 주의하여야 한다.

Chapter

04 배우자 주식 증여 후 양도 & 주권으로 꼬리표 달기

Kim Yeon Ju & Lim Jun Chan

01 6억 원 배우자 주식 증여 후 양도로 세금 빠져나가기

비상장주식을 배우자에게 증여하는 경우 10년 이내에 배우자로부터 받은 다른 증여재산이 없는 경우에는 6억 원까지 배우자공제가 적용된다.

증여받은 주식을 순손익가치가 변동되지 않는 동일한 연도에 양도하는 경우, 양도가액과 증여로 수령한 취득가액이 유사한 경우에는 양도차익이 거의 발생하지 않는다.

당초 주식 취득자의 취득가액에서 상승한 주식가치를 배우자증여공제 6억 원으로 흡수하고 양도하는 경우에는 세부담 없이 비상장주식의 현금화가 가능하다.

02 비상장주식은 양도세 이월과세 대상이 아니다

배우자 또는 직계존비속으로부터 토지, 건물, 특정시설물이용권, 부동산을 취득할 수 있는 권리를 증여받은 후 5년 이내에 양도하면 양도소득세 계산 시 이월과세가 적용된다.

이월과세란, 양도한 자산의 취득가액을 수증자의 증여 당시 취득가액이 아니라 당초의 증여한 자가 취득한 가액으로 계산하여 양도소득세를 계산하는 것을 말한다.

그러나 비상장주식의 경우에는 이월과세 대상에 해당되지 아니하므로, 증여 후 양도과정을 적극 활용하면 배우자의 다른 재산취득자금의 원천을 설명할 수 있다.

03 가지급금 정산을 위한 주식소각

주식가치가 유사한 동일한 연도에 비상장법인의 주식을 법인 주주가 아닌 배우자에게 6억 원의 주식을 증여하고 소각목적으로 주식을 법인에 매도하고 소각되는 경우, 소각대가와 취득가액이 유사하여 의제배당에 따른 소득세가 없다.

즉, 비상장법인의 주식을 소각목적으로 해당 법인에 매도하고 소각하는 경우에는 자본거래에 해당되어 양도소득세가 아니라 의제배당에 해당되어 소득세가 과세된다.

이와 같은 경우에는 소각대가와 취득가액이 동일하여 의제배당에 따른 소득세 부담이 없다.

04 상속받은 비상장주식의 주식소각

비상장기업의 주식을 상속받은 상속인이 상속 직후 소각목적으로 법인에 주식을 매도하고 소각되는 경우 상속재산 주식평가액과 소각대가가 거의 유사하므로, 의제배당에 대한 소득세 과세가 되지 않는다.

Chapter

05 일감을 몰아주면 증여세가 날아온다

Kim Yeon Ju & Lim Jun Chan

01 일감 몰아주면 증여세가 과세된다

특수관계자 간에 일감을 몰아주고 해당 수혜법인의 자녀 등 지배주주 등이 이익을 받는 경우, 이에 대해 증여세가 부과된다. 이익을 얻은 수혜법인의 영업이익과 지배주주로서 수증자가 받게 되는 이익에는 상호 밀접한 연관관계가 있는 것으로 보기 때문이다.

이는 특수관계법인을 통한 부를 이전하는 변칙적인 증여를 막기 위한 제도이다.

수혜법인의 사업연도 종료일을 증여시기로 보며, 수혜를 받은 자는 법인세 과세표준 신고기한이 속하는 달의 말일부터 3개월이 되는 날까지 관련 증여세를 신고·납부하여야 한다.

일감 몰아주기는 수혜법인의 세후영업이익이 존재해야 하고 해당 법인의 사업연도 매출액 중 지배주주와 특수관계에 있는 법인에 대한 매출액 비율이 30%(대기업 30%, 중견기업 40%, 중소기업 50%)를 초과하며, 수혜법인의 지배주주 및 그 친족의 직·간접보유지분율이 3%(대기업 3%, 중소·중견기업 10%)를 초과하는 경우 증여세가 과세된다.

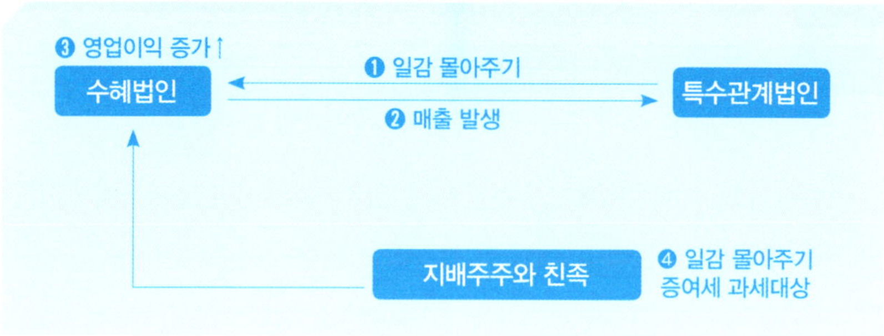

02 수혜법인

수혜법인은 법인세법상 내국법인에 한하여 다음의 법인을 말한다.

- 사업연도 매출액 중 특수관계법인과의 거래비율이 50(40)%를 초과하는 중소기업 또는 중견기업으로, 일정 요건에 해당하는 기업
- 사업연도 매출액 중 특수관계법인과의 거래비율이 정상거래비율(30%)을 초과하는 대기업
- 특수관계법인 거래비율이 정상거래비율의 3분의 2를 초과하는 경우로서 특수관계법인에 대한 매출이 1천억 원을 초과하는 대기업

03 증여자

증여자는 사업연도 종료일 현재 수혜법인의 지배주주와 특수관계에 있는 법인으로서 물량을 몰아준 해당 법인이 된다.

(1) 수혜법인의 지배주주와 특수관계에 있는 법인

수혜법인의 지배주주와 특수관계에 있는 법인이라 함은, 수혜법인의 지배주주와 다음의 관계에 있는 자를 말한다.

- 본인이 개인인 경우

본인이 직접 또는 본인과 친족 및 직계비속의 배우자의 2촌 이내의 부계혈족과 그 배우자가 임원에 대한 임면권의 행사 및 사업방침의 결정 등을 통하여 그 경영에 관하여 사실상의 영향력을 행사하고 있는 독점규제 및 공정거래에 관한 법률 시행령 제3조 각호의 1에 해당하는 기업집단에 속하는 계열회사(해당 기업의 임원과 퇴직 후 3년이 지나지 않은 사람을 포함한다)

- 본인이 법인인 경우

본인이 속한 독점규제 및 공정거래에 관한 법률 시행령 제3조 각호의 1에 해당하는 기업집단에 속하는 계열회사(해당 기업의 임원과 퇴직임원을 포함)와 해당 기업의 임원에 대한 임면권의 행사 및 사업방침의 결정 등을 통하여 그 경영에 관하여 사실상의 영향력을 행사하고 있는 자 및 그와 친족 및 직계비속의 배우자의 2촌 이내의 부계혈족과 그 배우자에 해당하는 관계에 있는 자

- 본인, 상증법 시행령 제2조의 제1항 제1호부터 제3호까지의 자 또는 본인과 같은 항 제1호부터 제3호까지의 자가 공동으로 재산을 출연하여 설립하거나 이사의 과반수를 차지하는 비영리법인

- 독점규제 및 공정거래에 관한 법률 시행령 제3조 각호의 1에 해당하는 기업집단에 속하는 기업의 임원 또는 퇴직임원이 이사장인 비영리법인

- 본인, 상증법 시행령 제2조의 제1항 제1호부터 제5호까지의 자 또는 본인과 같은 항 제1호부터 제5호까지의 자가 공동으로 발행주식총수 등의 30% 이상을 출자하고 있는 법인

- 본인, 상증법 시행령 제2조의2 제1항 제1호부터 제6호까지의 자 또는 본인과 같은 항 제1호부터 제6호까지의 자가 공동으로 발행주식총수 등의 50% 이상을 출자하고 있는 법인

- 본인, 상증법 시행령 제2조의2 제1항 제1호부터 제6호까지의 자 또는 본인과 같은 항 제1호부터 제6호까지의 자가 공동으로 재산을 출연하여 설립하거나 이사의 과반수를 차지하는 비영리법인

04 수증자

수증자는 수혜법인의 지배주주와 그 지배주주의 친족으로서 직·간접으로 보유하는 주식보유비율이 3%(다만, 중소·중견기업은 10%)를 초과하는 주주에 한정된다.

(1) 지배주주

지배주주는 수혜법인의 해당 사업연도 종료일을 기준으로, 다음의 어느 하나에 해당하는 자를 말한다. 본인과 본인의 친족등 중에서 우선 지배주주를 판정한다.

- 수혜법인의 최대주주 등 중에서 수혜법인에 대한 직접보유비율이 가장 높은 자가 개인인 경우 그 개인
- 수혜법인의 최대주주 등 중에서 수혜법인에 대한 직접보유비율이 가장 높은 자가 법인인 경우 수혜법인에 대한 직접보유비율과 간접보유비율을 모두 합하여 계산한 비율이 가장 높은 개인

(2) 다음의 자는 제외

- 수혜법인의 주주등이면서 수혜법인의 최대주주 등에 해당되지 아니한 자
- 수혜법인의 최대주주 등 중에서 수혜법인에 대한 직접보유비율이 가장 높은 자에 해당하는 법인의 주주등이면서 최대주주 등에 해당하지 아니한 자

(3) 수혜법인에 대한 간접보유비율

개인과 수혜법인 사이에 주식 보유를 통하여 한 개 이상의 법인(간접출자법인)이 개재되어 있는 경우, 각 단계의 직접보유비율을 모두 곱하여 산출한 비율을 말한다. 개인과 수혜법인 사이에 둘 이상의 간접출자관계가 있는 경우에는 개인의 수혜법인에 대한 간접보유비율은 각각의 간접출자관계에서 산출한 비율을 모두 합하여 산출한다.

(4) 지배주주의 친족

지배주주의 친족은 수혜법인의 사업연도 말에 수혜법인에 대한 직접보유비율과 간접보유비율을 합하여 계산한 비율이 3%(중소·중견기업은 10%)를 초과하는 자를 말한다.

05 증여의제이익

(1) 수혜법인이 중소기업

수혜법인의 세후영업이익 × 정상거래비율(50%)을 초과하는 특수관계법인거래비율 × 한계보유비율을 초과하는 주식보유비율

(2) 수혜법인이 중견기업

수혜법인의 세후영업이익 × 정상거래비율(40%)의 50%를 초과하는 특수관계법인거래비율 × 한계보유비율의 50%를 초과하는 주식보유비율

(3) 수혜법인이 그 이외의 법인

수혜법인의 세후영업이익

06 배당소득 조정

증여의제이익을 계산하는 경우 수혜법인등으로부터 배당받은 소득이 있는 경우에는 그 배당소득상당액을 증여이익에서 공제한다.

Chapter

06 일감을 떼어주면 증여세가 찾아온다

Kim Yeon Ju & Lim Jun Chan

소위 일감 떼어주기 증여세는 특수관계법인(중소기업 제외)으로부터 제공받은 사업기회로 발생한 이익을 증여받은 것으로 본다. 지배주주와 특수관계에 있는 법인으로부터 프랜차이즈계약, 특정장소의 입점계약 등을 제공받고 그 제공받은 사업상의 기회로 수혜법인의 지배주주등이 증여받을 것으로 보아 증여세를 과세한다.

기업집단의 최대주주 등이 계열회사에 대한 지배력을 이용하여 자녀 등이 지배주주로 있는 법인에게 사업기회를 제공하는 편법적인 방법으로 부를 이전하고, 그로 인해 수혜법인의 지배주주등의 증가한 이익을 증여로 의제한다.

3년 후 실제 손익을 반영하여 이미 납부한 증여세의 과부족금액에 대해 정산한다.

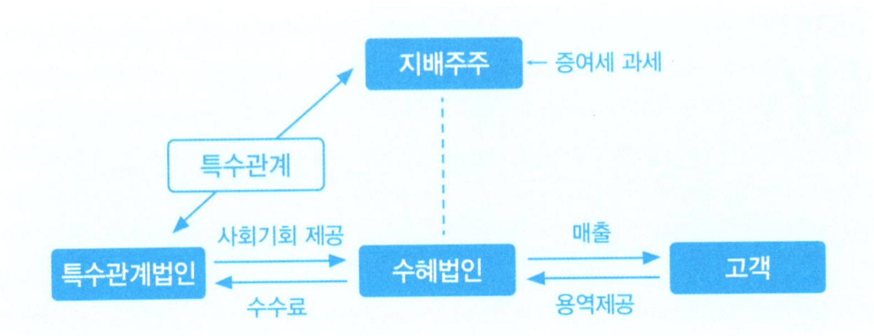

01 수혜법인

상증법상 제45조의3에 따른 지배주주와 그 친족의 주식보유비율이 30% 이상인 법인으로서 특수관계에 있는 법인으로부터 사업기회를 제공받은 법인이다.

이 경우 지배주주등의 주식보유비율은 개시사업연도 종료일을 기준으로 적용하며, 주식보유비율 계산 시 간접보유비율도 포함하여 산정한다.

02 증여자

수혜법인의 지배주주와 특수관계에 있는 법인으로서 수혜법인에게 사업기회를 제공한 법인이 된다. 다만, 특수관계법인에는 조세특례제한법 제5조 제1항에 따른 중소기업과 수혜법인의 주식보유비율이 50% 이상인 법인은 제외한다.

즉, 사업기회를 제공한 법인이 조세특례제한법 제5조 제1항에 따른 중소기업인 경우와 수혜법인이 50% 이상 출자한 자회사는 증여의제 대상에 해당되지 아니한다.

03 수증자

수증자는 수혜법인의 지배주주와 그 지배주주의 친족으로서 수혜법인의 발행주식총수 중 그 지배주주와 친족의 주식보유비율이 30% 이상인 경우 그 지배주주와 친족이 된다. 지배주주등의 주식보유비율은 개시사업연도 종료일을 기준으로 적용한다.

04 사업기회 제공

특수관계법인이 직접 수행하거나 다른 사업자가 수행하던 사업기회를 임대차계약, 입점계약 등 유사한 경우로서 제공받는 경우이다.

05 증여의제이익

(1) 개시사업연도 증여의제이익

[{(제공받은 사업기회로 발생한 개시사업연도의 수혜법인의 이익×지배주주등의 주식보유비율)-개시사업연도의 법인세 납부세액 상당액}÷개시사업연도의 월수×12]×3

(2) 정산사업연도 증여의제이익

[(제공받은 사업기회로 발생한 개시사업연도부터 정산사업연도까지 발생한 수혜법인의 이익합계액) × 지배주주등의 주식보유비율] - 개시사업연도부터 정산사업연도분까지의 법인세 납부세액 중 상당액

증여의제이익을 계산할 때 수혜법인으로부터 배당받은 소득이 있는 경우는 증여의제이익에서 공제한다.

(3) 증여의제이익에서 배당소득차감

지배주주등이 수혜법인으로부터 배당받은 소득이 있는 경우 주식보유비율에 배당소득을 차감하고, 개시사업연도 말일부터 정산증여의제이익에 대한 과세표준 신고기한 종료일까지 수혜법인으로부터 배당받은 소득의 합계액을 차감하여 정산한다.

06 증여세 신고·납부

수혜법인의 사업기회를 제공받은 날이 속하는 사업연도의 종료일을 증여시기로 본다.

증여세 신고는 법인세 과세표준 신고기한이 속하는 달의 말일부터 3개월이 되는 날까지 신고 및 납부를 한다.

Chapter

07 국세청의 증여재산 사후관리

Kim Yeon Ju & Lim Jun Chan

상속세가 과세되는 재산에는 피상속인이 사망한 당시 보유한 재산뿐만 아니라, 상속개시일 전 일정기간 내에 증여한 재산도 합산하여 상속세 과세대상을 산정한다.

이미 사전에 증여하여 피상속인의 재산도 아닌 증여재산을 합산하여 상속세 과세대상에 포함하는 것은 피상속인의 사망을 어느 정도 예측할 수 있는 시점에 재산을 미리 분할 증여하여 상속세를 회피하는 것을 방지하고 증여와 상속, 부의 무상 이전에 대한 과세형평을 제고하기 위함이다.

01 상속개시일 전 10년, 5년 이내의 증여재산

상속개시일 전 10년 이내에 피상속인이 상속인에게 증여한 재산가액과 상속개시일 전 5년 이내에 피상속인이 상속인이 아닌 자에게 증여한 재산가액은 상속재산에 가산하여 과세가액을 계산한다.

합산되는 증여재산가액은 상속개시일의 재산가액이 아니라 증여 당시의 재산가액이 합산되므로 재산가치가 증가되는 경우, 10년 내에 사전증여로 합산되더라도 상속세 절세효과가 크다.

이때 증여 당시의 증여세 산출세액은 상속세 산출세액에서 기납부세액으로 공제된다.

증여세 과세특례 창업자금과 가업승계한 주식가액은 증여받은 날부터 상속개시일까지의 기간이 상속개시일로부터 10년 이내인지 여부에 관계없이 상속세 과세가액에 합산됨을 유의해야 한다.

증여를 받은 자	피상속인	
	거주자	비거주자
상속인	상속개시일 전 10년 이내에 증여한 국내외 재산가액	상속개시일 전 10년 이내에 증여한 국내 소재 재산가액
상속인이 아닌 자	상속개시일 전 5년 이내에 증여한 국내외 재산가액	상속개시일 전 5년 이내에 증여한 국내 소재 재산가액

02 증여일 전 10년 이내에 증여한 재산은 합산하여 증여세를 정산

해당 증여일 전 10년 이내에 동일인(증여자가 직계존속인 경우에는 그 직계존속의 배우자 포함)으로부터 받은 증여재산가액을 합친 금액이 1천만 원 이상인 경우에는 그 가액을 증여세 과세가액에 가산한다. 합산대상 증여재산가액이 1천만 원 미만인 경우에는 합산하지 아니하고 각각의 증여가 있을 때마다 증여세를 부과한다.

(1) 해당 증여일 전 10년 이내의 증여

해당 증여일 전 10년 이내에 증여한 재산가액을 합산한다. 직계존속 1인 및 그 배우자로부터 각각 재산을 증여받은 경우에는 그 직계존속 및 배우자로부터 증여받은 재산가액을 합산하여 과세가액을 계산한다.

10년 이내에 증여재산 합산과세대상 여부를 판정하는 때에는 각 증여 당시의 재산가액을 기준으로 한다.

(2) 동일인으로부터 재차증여

증여세 과세는 증여자별, 수증자별로 구분하여 과세한다. 해당 증여일 전 10년 이내에 동일인(증여자가 직계존속인 경우에는 그 직계존속의 배우자 포함)으로부터 받은 증여재산가액이 1천만 원 이상인 경우에는 그 가액을 증여세 과세가액에 가산한다. 증여자가 다른 경우에는 합산과세대상이 아니며, 동일인으로부터 재차증여가 있는 경우에 합산한다.

증여자가 직계존속인 경우에는 그 직계존속의 배우자도 포함하여 판단하나 생부와 이혼한 생모로부터 증여받은 재산가액은 생부의 증여재산가액에 합산하지 아니한다.

증여자	증여재산 합산 여부
동일인 경우	해당 증여일 전 10년 이내에 동일인으로부터 받은 증여재산가액의 합계액이 1천만 원 이상인 경우에는 그 가액을 증여세 과세가액에 가산한다.
동일인이 아닌 경우	수증자는 동일인이나 증여자가 동일인이 아닌 경우에는 증여가 발생할 때마다 증여자별 & 수증자별로 과세가액을 각각 계산하여 과세한다.

(3) 합산되지 아니하는 증여재산

다음의 증여재산가액은 해당 증여일 전 10년 이내에 동일인으로부터 받은 증여재산가액의 합계액이 1천만 원 이상인 경우에도 증여재산에 합산하여 과세하지 아니한다.

- 재산 취득 후 해당 재산의 가치가 증가하는 경우
- 전환사채 등의 주식전환 등에 따른 이익의 증여
- 전환사채 등을 특수관계인에게 양도한 경우로서 전환사채증의 양도일에 양도가액이 시가를 초과함으로써 양도인이 얻은 이익
- 주식 또는 출자지분의 상장 등에 따른 이익의 증여
- 합병에 따른 상장 등에 이익의 증여
- 재산 취득 후 재산가치 증가에 따른 이익의 증여
- 명의신탁재산의 증여 의제
- 특수관계법인과의 거래를 통한 이익의 증여의제
- 특수관계법인으로부터 제공받은 사업기회로 발생한 이익의 증여
- 재산취득자금의 증여추정

Chapter

08 거액의 증여세 & 상속세는 할부납부와 물납으로

Kim Yeon Ju & Lim Jun Chan

상속세나 증여세는 큰 경우가 대부분이며, 일시에 납부해야 하는 부담을 안고 있다. 세금납부를 위한 유동성 확보를 위해 자산을 매각하거나 대출을 일으키는 경우도 발생한다. 그만큼 자금융통에 애로점이 많다.

이러한 문제점을 완화시키기 위해 납부할 세액을 분납하거나 일정한 요건을 갖춘 경우 할부처럼 세금을 나누어서 낼 수 있는 연부연납제도를 두고 있다.

01 연부연납

상속세나 증여세의 납부세액이 2천만 원을 초과하여 연부연납 신청기한 이내에 신청을 하고 납세담보를 제공하는 경우 분할납부를 허가할 수 있다.

(1) 연부연납 신청기한

신청기한은 법정신고 기한 내에 자진신고한 세액은 법정신고기한 이내, 납세고지를 받은 경우는 납세고지서상 납부기한 이내, 연대납세의무자가 납부통지를 받은 경우 납부기한 이내에 신청해야 하며, 수정신고한 납부세액에 대해서도 연부연납신청이 가능하다.

(2) 연부연납 허가기한

법정신고 기한 이내에 자진 신고한 세액을 법정신고 기한이 경과한 날부터 6개월(증여는 3개월) 이내, 납세고지서상 납부기한 경과한 날부터 14일 이내, 연대납세의무자가 납부통지를 받은 경우 납부통지서상 납부기한이 경과한 날부터 14일 이내에 연부연납 요건을 충족하는 경우 허가한다. 기한 후 신고에 따른 연부연납은 증여세 신고일이 속하는 달 말일부터 6개월 이내, 상속세는 9개월 이내에 허가한다.

(3) 납세담보 제공

금전, 국채증권, 납세보증보험증권, 은행 등의 납세보증서 등의 납세담보를 제공하고 연부연납 허가를 신청하는 경우 그 신청일에 허가를 받은 것으로 한다.

(4) 연부연납기간

연부연납의 경우 증여세는 허가일로부터 5년 이내이고 상속세는 세법개정으로 허가일로부터 10년 이내의 기간으로 한다.

상속세의 경우 가업상속재산가액의 비율이 50% 미만인 경우 허가일로부터 10년 또는 허가 후 3년이 되는 날부터 7년으로 하며, 비율이 50% 이상인 경우 허가일로부터 20년 또는 허가 후 5년이 되는 날부터 15년의 기간으로 한다.

단, 각 회분의 분납세액이 1천만 원을 초과하도록 연부연납기간을 정해야 한다.

(5) 연부연납 가산금

연부연납의 허가를 받은 경우 해당 가산금은 각 분할납부세액의 납부일 현재 이자율을 적용하여 계산한다.

(6) 연부연납 취소

연부연납 허가를 받은 자가 다음의 경우에 해당되는 때에는 허가를 취소하고 세액을 징수할 수 있다.

- 연부연납세액을 지정된 납부기한까지 미납
- 담보보전이 필요한 관할 세무서장의 명령에 따르지 아니한 경우
- 납기 전 징수사유에 해당되어 연납기한까지 세액의 전액을 징수하기 어려운 경우
- 가업 상속된 사업을 폐업하거나 가업에 종사하지 않는 등의 사유가 발생한 경우

02 분할납부

상속세 또는 증여세의 납부세액이 1천만 원을 초과하는 경우, 납부기한 경과 후 2개월 이내에는 가산금 없이 분할납부할 수 있다.

- 납부할 세액이 2천만 원 이하일 때: 1천만 원을 초과하는 금액
- 납부할 세액이 2천만 원을 초과하는 때: 납부세액의 50% 이하의 금액

03 물납

세금은 현금으로 납부하는 것이 원칙이다. 상속세는 고액인 경우가 많아 현금으로 전액 일시납을 하는 것이 상당히 어렵다.

이러한 현실을 고려하여 상속받은 재산 중 부동산과 유가증권의 가액이 전체 재산가액의 1/2을 초과하고 납부세액이 2천만 원을 초과하는 경우로서 상속세 납부세액이 상속재산 중 금융재산가액을 초과하는 경우에는 상속받은 부동산이나 유가증권으로도 세금을 납부할 수 있다.

이때 유가증권에 비상장주식은 제외한다. 다만, 비상장주식은 납부할 상속세가 비상장주식 등을 제외한 상속재산으로 상속세를 납부하기 부족한 경우 그 부족분에 대해서만 물납이 가능하다. 반드시 물납 신청기간 이내에 물납신청을 하여야 한다. 단 증여세는 2016.1.1. 이후 물납이 불가하다.

(1) 물납 신청기한

- 법정신고기한 이내에 자진신고한 세액: 법정신고기한 이내
- 기한 후 신고한 세액: 기한 후 신고할 때
- 납세고지서상 세액: 납세고지서상 납부기한 이내
- 연대납세의무자가 통지를 받은 경우: 납부통지서상의 납부기한 이내
- 연부연납기간 중 분납세액[첫 회분 분납세액(중소기업자는 5회분 분납세액)]의 물납: 각 회분의 분납세액 납부기한 30일 전까지

(2) 물납 허가기한

- 법정신고기한 이내에 자진신고한 세액: 법정신고기한 경과한 날부터 6개월
- 기한 후 신고한 세액: 신고한 날이 속하는 달의 말일부터 6개월
- 납세고지서상 세액: 납세고지서상 납부기한 경과한 날로부터 14일 이내
- 연대납세의무자가 통지를 받은 경우: 납부통지서상 납부기한 경과한 날로부터 14일 이내
- 연부연납기간 중 분납세액의 물납: 물납신청일로부터 14일 이내

(3) 문화재 및 미술품에 대한 상속세 물납특례

역사적·학술적·예술적 가치가 있어 문체부장관이 요청하는 문화재 및 미술품으로 상속세 납부세액이 2천만 원을 초과하고 상속세 납부세액이 상속재산의 금융재산가액을 초과하는 경우에 한한다. 이때 문화재 및 미술품에 대한 납부세액에 한하여 물납 신청을 허용한다.

Part 3

조세전문가가 알려주는 상속세 절세 컨설팅

Kim Yeon Ju & Lim Jun Chan

50%의 상속세의
산을 넘자!
상속세의 구조를 파악하고
살아남기를 준비하자

Chapter

01 상속세 구조

Kim Yeon Ju & Lim Jun Chan

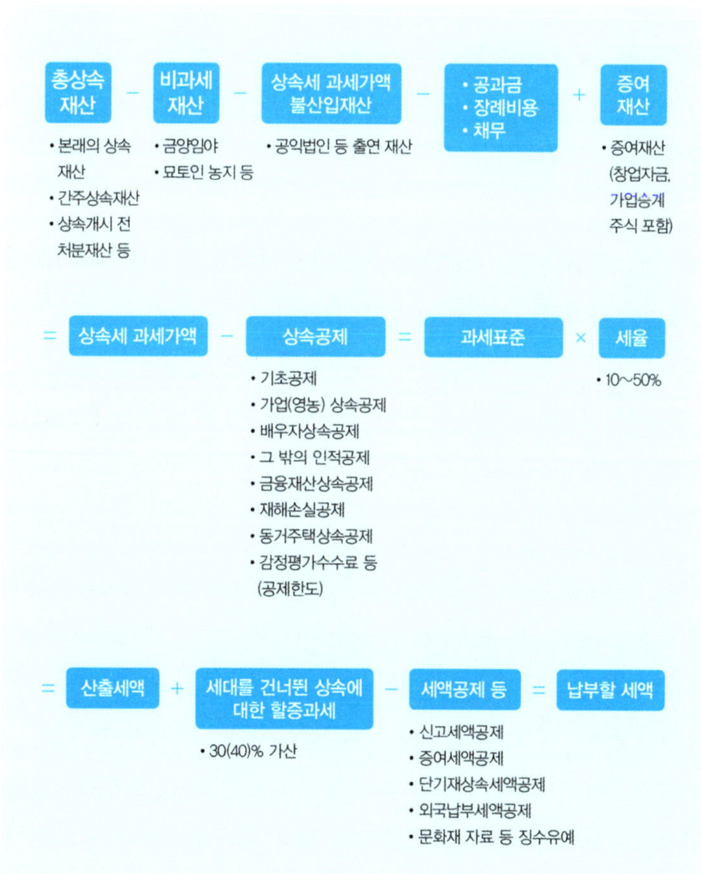

Chapter

02 상속의 의미와 법정상속분

Kim Yeon Ju & Lim Jun Chan

01 상속과 상속인

상속이란 피상속인의 사망과 동시에, 피상속인의 재산관계가 법률상 법정상속인에게 승계되는 것을 말한다.

상속은 피상속인의 재산관계가 총체적으로 일괄하여 승계되는 것으로 부동산, 채권 등의 적극재산과 부채, 채무 등의 소극재산도 함께 승계된다.

02 상속포기와 한정승인제도

만약 피상속인에게 받을 재산보다 갚아야 할 부채가 더 많은 경우, 상속을 포기하거나 상속으로 취득할 재산의 한도 범위액 내에서만 피상속인의 채무와 유증을 변제하는 한정승인제도를 활용하면 된다.

다만, 상속이 있음을 안 날로부터 3개월 이내에 상속재산 목록을 첨부하여 상속개시의 가정법원에 한정승인신고를 해야 한다.

한정승인의 경우 상속받은 부동산이 경매 등으로 처분되고 채무에 변제되어 실질적으로 상속인이 가져가는 돈이 없더라도 부동산 매매에 따른 양도소득세는 발생하므로 주의를 기울여야 한다.

03 상속재산의 분배

피상속인의 사망으로 상속이 개시되고 상속인이 여러 명 있는 경우에는 사망자의 유언, 상속인 간의 협의, 상속인의 법정상속분 순으로 상속재산이 분배된다.

선순위의 상속인이 있는 경우 상속을 포기하거나 상속결격 사유가 없는 한 후순위의 상속인은 상속을 받지 못한다. 배우자는 직계비속과 함께 공동상속인이 되고, 직계비속이 없는 경우는 직계존속과 함께 공동상속인이 되며, 직계비속과 직계존속이 모두 없는 경우에는 단독 상속인이 된다.

04 법정상속분이란?

사망자가 유언으로 상속분을 정하지 아니하고, 상속인 간의 협의도 이루어지지 않는 경우에는 법정상속분대로 상속이 이루어져야 한다.

상속순위	상속인	비고
제1순위	피상속인의 직계비속(자녀 또는 손자 손녀 등), 배우자	
제2순위 (1순위가 없는 경우)	피상속인의 직계존속(부모, 조부모, 증조부모 등), 배우자	
제3순위 (1, 2순위가 없는 경우)	피상속인의 형제자매(백숙 등)	
제4순위 (1, 2, 3순위가 없는 경우)	피상속인의 4촌 이내 방계혈족 (삼촌, 고모, 이모 등)	

공동상속인의 상속분은 같은 순위의 상속인이 여러 명인 경우 그 상속분은 동일한 것으로 한다. 배우자의 상속분은 직계비속과 공동으로 상속하는 때에는 직계비속의 상속분에 5할을 가산하고, 직계존속과 공동으로 상속하는 때에는 직계존속의 상속분에 5할을 가산한다.

상속인	상속분	비율
배우자, 장남, 장녀가 있는 경우	배우자 1.5 장남 1 장녀 1	3/7 2/7 2/7
배우자, 장남, 부모	배우자 1.5 장남 1	3/5 2/5
배우자, 아버지	배우자 1.5 아버지 1	3/5 2/5
배우자, 부모	배우자 1.5 아버지 1 어머니 1	3/7 2/7 2/7

05 특별수익자

공동상속인 중 피상속인으로부터 재산의 증여, 유증을 받은 사람을 특별수익자라 한다.

즉, 상속인들 중 사망자로부터 생전 증여를 받거나 사망자가 상속인들 중 일부에게 재산을 유언으로 증여(유증)하여 상속인의 지위를 가지면서 증여를 받게된 자가 특별수익자이다.

06 기여분

상속인 중 상속재산을 형성하는데 특별히 기여하거나 피상속인을 각별히 부양한 자에게 그에 해당하는 기여재산을 법정상속분 외에 추가적으로 인정하는 것을 말한다.

기여분 상당액은 공동상속인 간의 협의로 결정되고, 협의가 이루어지지 못하는 경우 가정법원에서 결정한다.

07 상속재산의 분할

상속인이 2인 이상인 경우, 상속재산은 상속개시와 동시에 상속인이 공유하게 된다.

각 개개의 상속인에게 자신의 상속분에 맞는 상속재산을 배분하는 것을 상속재산의 분할이라 한다.

상속분쟁을 최소화하고 상속재판 장기화 등의 문제점을 예방하기 위해서는 피상속인 살아생전에 유언을 활용하여 재산분배를 명확하게 하는 것이 가장 좋다.

Chapter

03 유언의 법적 형식

Kim Yeon Ju & Lim Jun Chan

01 유언은 엄격한 법적 형식이 필요하다

민법은 유언의 방식을 엄격히 규정하고 있으며, 법정 요건을 충족하지 아니한 유언은 무효이다. 유언은 유언자의 자유로운 최종 의사를 존중하기 위한 제도이나, 그 효력은 유언자의 사망으로 발생한다. 유언의 내용이 유언자의 진의인지 여부를 사후에 확인하는 것은 쉽지 않다.

따라서 민법은 유언에 법적 요건을 엄격히 요구하고 있다. 이러한 요건을 충족하지 아니한 유언은 인정되지 아니한다.

유언은 유언자의 사망과 동시에 일정한 법률효과를 발생시키는 것을 목적으로 하며, 일정한 방식에 따라 행하는 상대방이 없는 단독행위이다.

가업승계에 대한 유언은 경영자의 최종적인 의사를 관철하는 수단이므로 철저히 준비되어야 한다.

법적 형식을 갖추지 못한 유언은 무효가 되고 이로 인한 불이익은 상속인뿐 아니라, 상속의 법정분쟁으로 인해 기업의 경영권까지 흔들리는 일로 확대된다.

02 민법이 인정하는 유언 방식

유언에는 자필증서에 의한 유언, 녹음에 의한 유언, 공정증서에 의한 유언, 비밀증서에 의한 유언, 구수증서에 의한 유언으로 5가지가 있다. 자필증서를 제외하고 나머지 유언은 반드시 증인의 참여가 필요하다.

(1) 자필증서에 의한 유언

유언자가 유언의 내용, 작성 날짜, 주소, 성명을 모두 자신이 쓴 후 날인한 방식의 유언이다. 가장 간단하지만 유언자가 위의 필수적인 요건을 모두 직접 손으로 쓰지 않고 타인으로 하여금 대필시키거나 컴퓨터 등을 이용하여 작성하면 효력이 없다.

(2) 녹음에 의한 유언

유언자가 자신의 육성을 녹음하는 방식이다. 유언자의 취지와 성명, 연월일을 구술한 뒤 참여한 증인이 유언의 정확함과 자신의 성명을 구술한다. 간편성은 있으나 제3자에 의한 조작가능성이 있기 때문에 반드시 증인이 참석해야 한다.

(3) 공정증서에 의한 유언

유언자가 증인 2인이 참여한 공증인의 앞에서 유언의 취지를 말하면, 공증인이 유언자의 구술을 필기하여 유언자와 증인 앞에서 낭독한 후 유언자와 증인의 서명(기명, 날인)을 받아 공증인이 유언장을 보관하는 방식이다.

유언자가 스스로 유언증서를 작성하지 않아도 되며, 분실의 위험을 줄일 수 있다는 장점이 있다.

(4) 비밀증서에 의한 유언

자신의 유언내용을 공개하지 않기 위한 유언이다. 유언자는 자신의 성명을 기재한 유언장을 밀봉하여 2인 이상의 증인 면전에 제출한다. 자신의 유언장임을 표시한 뒤 밀봉된 채로 표면에 제출 연월일을 기재하여 유언자, 증인 모두 서명해야 한다.

그때부터 5일 이내에 공증인, 법원서기에게 제출하여 확정일자를 받아두어야 하고, 증인조차 그 내용을 알 수 없기 때문에 엄격한 확인절차가 필요하다.

유언절차가 무척 복잡하나 유출의 가능성이 거의 없고, 이에 따른 분쟁의 소지가 낮다는 장점이 있다.

(5) 구수증서에 의한 유언

질병 등 급박한 사유로 인한 경우로서, 유언자가 2인 이상의 증인 앞에서 유언의 취지를 구술하고 청취한 증인이 유언자의 구술을 필기하고 낭독하면 유언자와 다른 증인이 이를 확인 서명하는 유언이다. 증인이나 이해관계인은 급박한 사유가 종료한 후 7일 이내에 법원의 검인을 신청해야 하고, 유언자는 최소한의 유언이 가능할 정도의 의사능력이 필요하다.

Chapter

04 유류분제도, 미운 사람도 상속받을 권리가 있다!

Kim Yeon Ju & Lim Jun Chan

01 유류분제도

상속인에게 보장되는 최소한의 상속분을 유류분이라 한다.

유류분제도는 상속인으로 동일한 지위에 있으나 피상속인과 평소 사이가 좋았던 자녀는 상속재산을 많이 받고, 그렇지 못한 자녀는 적게 받는 불공평한 부분을 최소화하기 위함이다. 더불어 남아있는 가족들의 생계를 지켜주기 위해 최소한의 법정비율재산을 상속인에게 보장해주기 위한 제도이다. 생전증여나 유언을 할 때는 반드시 유류분에 주의해야 한다.

02 유류분의 한도와 기능

피상속인의 직계비속과 배우자는 법정상속분의 1/2, 피상속인의 직계존속과 형제자매는 법정상속분의 1/3을 한도로 유류분의 권리를 주장할 수 있다. 그러나 상속인의 제4순위인 4촌 이내의 방계혈족은 유류분을 가지지 못한다. 피상속인이 생전에 후계자에게 재산을 증여하거나 유언으로 상속분을 지정하는 과정에서 특정 상속인에게 배분되는 재산이 유류분보다 적다면, 자신이 상속받을 권리를 침해받은 상속인은 유류분 반환청구를 할 수 있다.

예를 들어, A에게 아들 B와 C가 있는데, 상속재산은 총 12억 원이고 A가 후계자로 지목한 B에게 10억 원을 상속한다는 유언을 남기고 사망한다면 어떤 일이 발생할까?

B와 C는 각각 6억 원을 법정상속분으로 받을 수 있는데 최소한 C의 유류분은 3억 원이다. C는 A의 유언으로 자신이 최소한 받을 수 있는 유류분 3억 원보다 적은 2억 원을 받게 되므로, B에게 1억 원의 반환을 청구할 수 있다.

피상속인과 사이가 좋지 않았던 사고치는 자식들은 단 한 푼도 상속받지 못할 것으로 생각하기 쉽지만, 유류분은 법이 정한 상속인의 최소한의 권리로서 어느 누구도 유류분을 부정할 수 없다.

따라서 가업승계를 하는 경우에도 다른 상속인들의 유류분을 침해하지 아니하도록 상속설계를 하여야 한다.

Chapter

05 상속재산의 협의분할과 반환

● *Kim Yeon Ju & Lim Jun Chan* ●

상속이 개시되고 공동상속인이 최초로 상속재산을 협의분할에 따라 나누고 상속인이 자신의 법정지분을 조과하여 상속재산을 취득하더라도, 그 초과 취득분에 대해서는 상속재산의 분할이므로 증여세를 과세하지 아니한다.

01 당초 상속분을 초과하여 취득

민법상 상속재산은 언제든지 협의분할이 가능하고, 그 효력은 상속개시 당시로서 소급효가 인정된다. 그러나 상증법은 상속개시 후 상속재산에 대해 등기, 등록, 명의개서 등에 따라 각 상속인의 상속분이 확정되어 등기 등이 되고 난 후, 협의분할에 의해 특정 상속인이 당초 상속분을 초과하여 취득하는 경우에는 상속분이 감소된 자로부터 증여받은 것으로 본다.

02 재분할이나 증여가 아니다

다음의 사유로 재분할하는 경우에는 상속지분의 변동이 있더라도 증여로 보지 아니한다.

- 상속세 신고기한 이내 재분할에 의해 당초 상속분을 초과하여 취득
- 상속회복청구의 소에 의한 법원의 확정판결에 따라 상속인 및 상속재산의 변동
- 채권자 대위권 행사로 공동상속인들의 법정상속분의 등기가 재분할되는 경우
- 상속세 신고기한 내 물납을 하기 위해 신청하였으나 물납허가를 받지 못하거나 세무서장의 변경명령 등으로 인해 상속인 간의 협의분할

03 증여재산의 반환

증여받은 재산을 다시 증여자에게 반환하거나 재증여하는 경우, 그 반환 또는 재증여한 시기에 따라 증여세 과세대상이 달라진다.

금전은 반환여부와 반환시기를 객관적으로 확인하기가 어려운 특수성이 있다. 금전증여의 경우 다른 재산증여와 달리 신고기한 이내에 합의해제 하더라도 증여세를 부과한다.

반환 또는 재증여 시기	당초증여	반환 또는 재증여
증여세 신고기한 이내	과세 제외	과세 제외
신고기한 경과 후 3개월 이내	과세	과세 제외
신고기한 경과 후 3개월 후	과세	과세
금전(시기무관)	과세	과세

Chapter

06 아버지의 재산이 얼마인지 몰라요!

Kim Yeon Ju & Lim Jun Chan

상속준비가 중요한 이유는 언제 돌아가실지 모르기 때문이다. 사전에 예고되어 있다면 남아있는 가족들은 상속세 신고로 수고로운 과정을 겪지 않을 수 있지만, 갑작스런 변고로 인한 사후정리는 참으로 힘겹다.

특히 피상속인의 실질적인 재산보유상황이나 부채현황 등을 미리 파악하지 않는다면, 상속인이 상속재산을 정확하게 파악한다는 것은 쉽지 않은 일이다.

01 안심상속 원스톱서비스

안심상속 원스톱서비스는 사망신고 시 상속재산 조회를 한 번에 신청하는 서비스로 ① 금융내역(은행·보험 등), ② 국세, ③ 지방세, ④ 자동차, ⑤ 토지, ⑥ 국민연금, ⑦ 공무원연금, ⑧ 사학연금, ⑨ 군인연금, ⑩ 건설근로자퇴직공제금, ⑪ 건축물 등의 재산조회를 한 번에 신청하여 내역을 확인할 수 있는 시스템이다.

사망신고와 동시에 또는 사망일이 속한 달의 말일로부터 6개월 이내에 전국 어디에서나 가까운 시·군, 읍·면·동을 방문하거나 사망신고 후 온라인(www.gov.go.kr)으로 신청할 수 있다.

(1) 신청자격

민법상 제1순위 상속인으로 직계비속, 배우자나 제2순위 상속인인 직계존속, 배우자도 신청가능하다.

1, 2순위의 상속인이 없는 경우에는 증명서류를 첨부하여 형제자매도 신청할 수 있다.

대습상속인과 실종선고자의 상속인도 신청가능하다.

(2) 신청방법

사망신고 시 가까운 시청이나 구청, 읍·면·동주민센터를 방문하여 신청하고, 사망일이 속하는 달의 말일부터 6개월 이내에 신청 가능하다.

(3) 구비서류

- 상속인이 신청할 경우 상속인 본인의 신분증 지참
- 대리인이 신청할 경우 대리인의 신분증, 상속인의 위임장, 상속인의 인감증명서
- 사망신고 이후에 신청할 경우에는 가족관계증명서를 제출한다.

(4) 조회내용

금융거래와 체납세액 및 환급세액의 국세, 국민연금 등의 연금가입 유무, 개인별 토지 소유 현황, 지방세 체납액 및 환급세액, 자동차 소유현황 등을 확인할 수 있다.

(5) 조회결과 확인방법

금융거래는 금융감독원(www.fss.or.kr), 국민연금은 국민연금공단(www.nps.or.kr)에서 확인할 수 있다. 국세는 국세청 홈택스(www.hometax.go.kr)에서 조회가 가능하다.

Kim Yeon Ju & Lim Jun Chan

상속세 현금조달의 중요성

상속세 추정? 그것이 알고 싶다!

Chapter

01 상속세 현금실탄 준비하기!

Kim Yeon Ju & Lim Jun Chan

01 상속세 현금실탄의 중요성

거액의 상속세를 일시에 납부하기 위해 상속인들은 밤잠을 설친다. 보유한 부동산을 급매하거나 이를 담보로 하여 대출을 받아 상속세 납부를 위해 갖은 노력을 다한다. 심지어는 수십 년간 선친이 일구어 놓은 기업의 주식을 매각하는 상황까지 발생한다. 이처럼 상속세를 납부할 재원이 마련되어 있지 아니하면 상속인의 재산권에 악영향을 주는 것은 물론, 세금체납으로 상속인의 부동산 압류, 공매 등의 악순환에 빠지기도 한다. 거액의 상속세를 분할납부할 수 있는 연부연납, 분납을 신청하여 자금의 유동성을 조절하여야 한다.

가장 근본적으로 사전증여를 통한 상속세 납부원천을 준비하거나 자녀 명의로 보장성보험 등 금융상품 등을 준비하여 거액의 상속세를 방어해야 한다.

02 금융상품으로 상속세 막아내자

피상속인이 가족을 정말 사랑한다면 반드시 챙겨주어야 할 것이 있다. 바로 상속에 따른 상속세 납부재원을 살아생전에 준비해두어야 한다는 것이다. 상속이 개시되고 난 후 상속인의 안정적인 삶을 지켜주기 위해서는 막대한 상속세를 납부할 수 있도록 생전에 금융상품의 가치를 알고 적극 활용하여야 한다.

피상속인이 상속세 납부재원을 위해 상속세 예측가능금액을 종신보험에 가입하면 상속세 납부를 위한 유동성으로 고통받지 않고 남아있는 가족의 생활안정과 계속기업의 토대를 마련할 수 있다.

배우자나 자녀를 계약자로 하고 피보험자를 피상속인으로 하여 종신보험에 가입하면 해당 보험금이 피상속인의 상속재산에서 제외되어 상속세 납부재원과 함께 상속세 절세효과가 발생한다. 다만, 배우자나 자녀가 불입하는 납입보험료에 대해서는 자금출처가 명확해야 한다.

피상속인이 보험계약자이고 실질적으로 보험료를 납부한 자도 피상속인이면, 피상속인의 사망으로 받게 되는 보험금은 당연히 상속세 과세대상이 된다.

이를 방지하기 위해서는 배우자나 자녀가 자력으로 보험금을 불입한 것을 설명할 수 있어야 한다. 배우자나 자녀에게 주식을 사전에 증여하여 자금원천을 만들고, 지속적인 정기배당과 중간배당 등을 통해 자녀 등에게 합법적인 부의 이전이 이루어지도록 해야 한다.

Chapter

02 상속개시 1, 2년 전에는 재산을 흔들지 말자!

Kim Yeon Ju & Lim Jun Chan

피상속인의 사망으로 상속이 시작되는 시점의 재산에 대해서만 상속세를 낸다고 알고 있는 분들이 의외로 많다. 국세청은 상속이 일어나기 전에 처분된 재산에 대한 사용용도와 추가적인 부채 발생에 대해 상세한 내역을 알고자 한다.

상속인들에게 '세부담 없이 현금이 지급되는 것은 아닐까'라는 국세청의 상속추정에 대해 상속인은 적극적으로 설명을 해야 한다.

01 상속재산의 구성은 어떻게 되는가?

상속재산은 피상속인이 사망할 당시에 보유하고 있는 본래의 상속재산 외에도 간주상속재산과 추정상속재산이 과세대상에 포함된다.

(1) 본래의 상속재산

본래의 상속재산은 피상속인이 사망할 당시 소유하고 있는 재산으로서 부동산, 주식과 같이 금전으로 환산이 가능한 경제적 가치가 있는 물건과 특허권처럼 재산적 가치가 있는 법률상의 권리를 말한다.

(2) 간주상속재산

간주상속재산에는 보험금, 신탁재산, 퇴직금 등이 해당된다. 간주상속재산은 본래의 상속재산은 아니지만, 그 재산을 취득한 결과는 상속을 취득하는 경우와 동일한 경제적 효과가 발생한다. 이는 조세회피를 방지하고 실질과세와 공평과세를 지향하기 위하여 상속재산으로 보아 과세대상에 포함시킨 것이다.

- 생명보험금

피상속인의 사망으로 지급받는 생명보험 등의 보험금으로서 피상속인이 보험계약자가 되어 지급받는 보험금은 상속재산으로 본다. 보험계약자가 피상속인이 아니더라도 피상속인이 사실상 보험료를 지불한 경우에는 피상속인을 보험계약자로 보아 상속재산에 포함시킨다.

- 퇴직금

퇴직금, 퇴직수당, 공로금, 연금 등 기타 유사한 것으로서 피상속인에게 지급되어야 할 퇴직금 등이 피상속인이 사망하여 상속인에게 지급되는 경우 이를 상속재산으로 본다.

다만, 국민연금법, 공무원연금법, 사립학교교직원연금법, 군인연금법 등의 규정으로 받게 되는 유족연금 등은 상속재산으로 보지 아니한다.

- 신탁재산

피상속인이 신탁한 재산도 상속재산으로 본다. 다만, 신탁의 이익을 받을 권리를 다른 사람이 소유하는 경우 그 이익에 상당하는 가액은 상속재산에서 제외한다.

(3) 추정상속재산

피상속인이 사망하기 전에 재산을 처분하거나 예금을 인출하는 경우 또는 채무를 부담하는 때에 해당 현금을 직접 상속인에게 지급하여 상속세를 회피하기 위한 행위를 방지하기 위한 제도이다.

피상속인이 사망하기 일정한 기간 내에 소유재산을 처분하거나 채무를 부담하는 경우, 상속인에게 그 자금의 사용처에 대해 입증할 것을 적극요구하고 있다.

02 상속개시일 전 처분, 인출한 재산의 상속 추정

(1) 처분재산 또는 인출한 금액의 사용처

피상속인이 재산을 처분하고 받은 그 처분대금 또는 인출한 예금 등에 대해 상속인이 구체적인 사용처를 소명해야 한다.

- 상속개시일 전 1년 이내에 재산 종류별로 계산하여 피상속인의 재산을 처분하여 받거나 피상속인의 재산에서 인출한 금액이 2억 원 이상인 경우

- 상속개시일 전 2년 이내에 재산 종류별로 계산하여 피상속인의 재산을 처분하여 받거나 피상속인의 재산에서 인출한 금액이 5억 원 이상인 경우

(2) 재산 종류별로 계산한 금액이 2억 원 또는 5억 원 이상

- 현금, 예금 및 유가증권
- 부동산 및 부동산에 관한 권리
- 위의 자산 외의 기타 재산

상속개시 전 처분재산 합계액이 상속개시 전 1년 이내에 2억 원(2년 내에 5억 원) 미만인 경우에는 해당되지 아니한다. 다만, 해당 금액 미만이라도 해당 금액이 상속인에게 증여된 사실이 명백한 경우는 그러하지 아니한다.

03 미소명금액 추정상속금액

상속인이 피상속인의 인출 등에 대한 내역을 상세하게 알기는 현실적으로 쉽지 않다. 이러한 현실성을 반영하여 미소명한 금액이 처분재산가액의 20%와 2억 원 중 적은 금액을 차감한 금액을 추정상속금액으로 본다.

추정상속금액 = 미입증금액 - MIN(처분 등 재산 × 20%, 2억 원)

04 자금사용처에 대한 입증만이 살길이다

예금인출로 인한 현금거래가 피상속인과 특수관계자 간의 거래인 경우 상속으로 추정받지 않기 위해서는 사용처에 대한 관련 증빙을 갖추고 적극적으로 입증해야 한다.

그리고 기업을 운영하는 경우 회사의 자금사정이 어려워 대표자가 개인적으로 자금을 융통하여 회사에 돈을 밀어 넣는 경우, 회사는 대표자에게 지급해야 할 채무가 발생하고 대표자는 회사로부터 회수할 채권이 생겨난다.

상속인들은 이와 같은 법인과의 금전거래에 대해서도 자금사용처에 대해 설명을 해야 하며, 소명이 제대로 되지 못하는 경우 추정상속재산으로 본다. 자금의 사용처에 대해 상세한 자료가 제출되어야 추정상속재산에서 벗어날 수 있다.

05 상속개시일 전 부담한 채무의 상속 추정

(1) 국가, 금융회사로부터 차입한 채무의 사용처

피상속인이 채무를 발생시킨 경우, 그 채무의 사용처에 대해 상속인이 구체적인 사용처를 소명해야 한다.

- 상속개시일 전 1년 이내에 2억 원 이상인 경우
- 상속개시일 전 2년 이내에 5억 원 이상인 경우

(2) 미소명금액 추정상속금액

상속인이 피상속인의 채무사용 내역을 상세하게 알기는 현실적으로 쉽지 않다. 이러한 현실성을 반영하여 미소명한 금액이 부채총액의 20%와 2억 원 중 적은 금액을 차감한 금액을 추정상속금액으로 본다.

추정상속금액 = 미입증금액 - MIN(처분 등 재산 × 20%, 2억 원)

(3) 국가, 금융기관이 아닌 자와의 채무

피상속인이 국가 등이 아닌 자와 거래한 채무에 대해서는 채무부담계약서, 채권자확인서, 담보설정 및 이자지급에 대한 증빙 등으로 상속인이 변제할 의무가 없는 것으로 추정되는 경우에는 기간에 관계없이 상속세 과세가액에 산입한다.

06 피상속인의 병원비

상속개시 이전에 발생한 부모님의 병원비, 간병비는 반드시 피상속인 카드로 납부하거나 피상속인의 계좌에서 출금해야 채무로 인정받아 상속재산에서 제외된다.

자녀가 부모님에게 효를 다하기 위해 상속 전 자녀가 부담한 부모님의 병원비는 채무로 공제받기가 어렵다. 다만, 상속개시일 현재 피상속인이 부담해야 할 병원비가 남아있는 경우에는 채무로 인정된다.

Chapter

03 피상속인과 10년 이상 동거한 상속주택을 확인하라

Kim Yeon Ju & Lim Jun Chan

거주자의 사망으로 상속이 개시되고 피상속인과 상속인이 10년 이상 같이 살던 집이 일정한 요건을 충족하는 경우 6억 원의 한도 내에서 상속주택가액의 100%를 상속세 과세가액에서 동거주택 상속공제를 한다.

01 동거주택 상속공제

다음의 요건을 모두 갖춘 경우에는, 상속주택가액의 100%에 상당하는 금액(상속개시일 현재 주택 및 주택부수토지에 담보된 피상속인의 채무를 차감한 가액)을 상속세 과세가액에서 동거주택 상속공제(6억 원 한도)로 차감한다.

- 피상속인이 거주자
- 피상속인과 상속인(직계비속에 한함)이 상속개시일부터 소급하여 10년 이상(상속인이 미성년자인 기간은 제외) 계속하여 하나의 주택에서 동거하고, 다만 피상속인과 상속인이 부득이한 사유로 동거하지 못한 때에는 계속 동거한 것으로 보나, 동거기간에는 산입하지 아니한다.
- 피상속인과 상속인이 10년 이상 계속하여 1세대 1주택에 해당할 것(고가주택을 포함하고 무주택기간이 있는 경우를 포함한다)
- 상속개시일 현재 피상속인과 공동으로 주택을 소유한 자도 포함한다.

02 일시적 2주택의 동거주택 상속공제

1세대가 다음의 어느 하나에 해당되어 2주택이 되는 경우에도 1세대 1주택을 소유한 것으로 보아 동거주택 상속공제를 적용한다.

상속개시일 현재 피상속인과 상속인이 동거하는 주택을 동거주택으로 본다. 일시적 2주택으로 보아 상속공제를 적용한다.

- 피상속인이 다른 주택을 취득(자가건설 포함)하여 일시적 2주택을 소유한 경우. 다만, 다른 주택을 취득한 날부터 2년 이내에 종전의 주택을 양도하는 경우만 해당된다.
- 상속인이 상속개시일 이전에 1주택을 소유한 자와 혼인한 경우. 다만, 혼인한 날부터 5년 이내에 상속인의 배우자가 소유한 주택을 양도한 경우만 해당된다.
- 피상속인이 문화재보호법 제47조 제1항에 따른 등록문화재에 해당하는 주택을 소유한 경우

- 피상속인이 소득세법 시행령 제155조 제7항 제2호에 따른 이농주택을 소유한 경우
- 피상속인이 소득세법 시행령 제155조 제7항 제3호에 따른 귀농주택을 소유한 경우
- 1주택을 보유하고 1세대를 구성하는 자가 상속개시일 이전에 60세 이상의 직계존속을 동거봉양하기 위하여 세대를 합쳐 일시적으로 1세대가 2주택을 보유한 경우. 다만, 세대를 합친 날부터 5년 이내에 피상속인 외의 자가 보유한 주택을 양도한 경우만 해당한다.
- 피상속인이 상속개시일 이전에 1주택을 소유한 자와 혼인함으로써 일시적으로 1세대가 2주택을 보유한 경우. 다만, 혼인한 날부터 5년 이내에 피상속인의 배우자가 소유한 주택을 양도한 경우만 해당된다.
- 피상속인·상속인이 이전에 상속하여 소수지분을 보유한 주택으로 공공상속주택의 소수지분을 추가보유하는 동거주택도 상속공제를 적용한다.

Chapter 04

공익법인 출연의 선행! 절세조건을 충족하면 더욱 빛난다

Kim Yeon Ju & Lim Jun Chan

사회전반의 나눔과 기부가 가치있는 덕목의 하나로 자리잡고 있다. 평생을 모은 재산을 오로지 자신과 가족을 위해서만 사용하는 것이 아니라, 학교법인 등의 공익법인에 직접 출연하는 경우도 많다.

피상속인이 살아생전에 유언을 남기거나 사인증여를 통해 상속재산을 공익법인에 출연하는 때, 어떤 조건을 충족하면 사회의 공익을 위한 피상속인의 뜻이 더 잘 반영될 수 있을까?

01 공익법인

공익법인이란, 다음과 같은 사업을 영위하는 개인 또는 법인을 말한다.

- 종교의 보급, 기타 교화에 현저히 기여하는 사업
- 「초·중등교육법」 및 「고등교육법」에 의한 학교 및 「유아교육법」에 따른 유치원을 설립·경영하는 사업
- 「사회복지사업법」의 규정에 의한 사회복지법인이 운영하는 사업
- 「의료법」에 따른 의료법인이 운영하는 사업
- 「법인세법」 제24조 제2항에 해당하는 기부금을 받은 자가 해당 기부금으로 운영하는 사업
- 「법인세법 시행령」 제36조 제1항 제1호 각목의 규정에 의한 지정기부금단체 등 및 「소득세법 시행령」 제80조 제1항 제5호에 따른 기부금대상 민간단체가 운영하는 고유목적사업. 다만, 회원의 친목 또는 이익을 증진시키거나 영리를 목적으로 대가를 수수하는 등 공익성이 있다고 보기 어려운 고유 목적사업은 제외한다.
- 「법인세법 시행령」 제36조 제1항 제2호 다목에 해당하는 기부금을 받는 자가 해당 기부금으로 운영하는 사업. 다만, 회원의 친목 또는 이익을 증진시키거나 영리를 목적으로 대가를 수수하는 등 공익성이 있다고 보기 어려운 고유 목적사업은 제외한다.

02 공익법인에 출연한 재산의 상속세 과세가액 불산입

공익법인에 상속재산을 출연하는 경우, 다음의 요건을 모두 충족하여야 한다.

- 종교, 자선, 학술 등 기타 공익법인 등에 상속재산을 출연하려면, 상속세 신고기한(상속개시일이 속하는 달의 말일부터 6개월 내)에 출연하면 상속세 과세가액에 산입되지 아니한다.
- 반드시 상속인 전원합의에 의한 출연이어야 한다.
- 상속인이 출연한 공익법인 등의 이사현원의 5분의 1을 초과하여 이사가 되어서는 아니되며, 이사의 선임 기타 사업운영에 관한 중요사항의 결정권한을 가지면 아니된다.

다만, 재산의 출연에 있어 법령상 또는 행정상의 사유로 출연재산의 소유권의 이전이 지연되는 경우와 상속받은 재산을 출연하여 공익법인 등을 설립하는 경우로서 법령상 또는 행정상의 사유로 공익법인 등의 설립허가 등이 지연되는 경우에는 부득이한 사유가 없어진 날이 속하는 달의 말일부터 6개월 이내에 출연해야 한다.

03 공익법인에 주식을 출연하는 경우 상속세 과세

공익법인에 내국법인의 의결권 있는 주식을 출연하는 경우 일반공익법인은 5%, 성실공익법인은 10%(의결권행사 제한 등의 일정요건을 갖춘 경우 20%) 초과분에 대해서 상속세가 과세된다.

04 공익법인의 사후관리

공익법인이 조세회피 은신처로 이용되는 것을 방지하기 위해서 엄격한 사후관리 규정을 두고 있다. 공익사업이 본래의 목적에 맞게 충실히 수행되는지를 확인하기 위하여 출연받은 재산을 3년 이내에 직접 공익목적사업에 사용해야 하는 등의 규정을 통해 철저한 관리를 진행해 나간다.

모든 공익법인은 결산서류 등의 공시의무가 있으며, 이를 위반하는 경우 자산총액의 0.5%의 가산세를 부과한다. 다만, 자산이 5억 원 미만이고 연간 수입금액이 3억 원 미만인 법인은 간편양식을 사용할 수 있다.

이러한 사후관리 규정을 위반하는 경우 상속세는 물론 관련 가산세까지 추징한다.

Chapter

05 상속의 복병! 최대주주 할증과세

Kim Yeon Ju & Lim Jun Chan

01 비상장주식 최대주주 할증평가

비상장회사의 지배주주가 소유하는 수식은 경영권과 관계가 있고 소액주주가 소유하는 주식에 비하여 양도성 등에 차이가 있어 거래 현실상 일반적으로 경영권 지배 프리미엄이 가산되고 그 가치가 높게 평가되는 것이 일반적이다. 비상장기업의 최대주주 및 일정한 특수관계자가 주식을 상속하거나 양도하는 경우, 평가된 주식가액에 20%의 할증률을 가산한다.

(1) 최대주주란

최대주주 등이란 주주 1인과 상속세 및 증여세법 시행령 제19조에 규정한 특수관계에 있는 자가 보유하는 주식을 합하여 보유주식수가 가장 많은 경우 해당 주주 1인과 그와 특수관계에 있는 모두를 말한다. 보유주식 합계가 동일한 최대주주 등이 2인 이상인 경우에는 모두를 최대주주로 본다.

지분율을 계산할 때 최대주주 등이 보유하는 주식의 지분은, 평가기준일부터 소급하여 1년 이내에 양도하거나 증여한 주식은 합산하고 자기주식은 제외하여 계산하여야 한다.

최대주주에 해당되면 자신의 지분율에 관계없이 모두 동일한 할증률을 적용하여 주식을 평가하여야 한다.

(2) 할증평가율과 할증대상

2020. 1. 1. 이후 상속이 개시되거나 증여받는 분에 대하여 일반기업은 20%의 할증률을 적용하고 중소기업은 할증을 배제한다. 할증평가 배제 중소기업이란 중소기업법 §2에 따른 중소기업을 말한다.

(3) 할증배제

경영권 프리미엄이 형성되기 어려운 상황이거나 경영권 프리미엄이 반영된 거래가액을 시가로 인정하는 경우에는 할증평가를 하지 아니한다.

중소기업, 직전 3개년도 결손법인, 청산확정법인, 3년 미만인 법인, 명의신탁증여의제 등의 상증령 제53조 제6항에 규정된 경우 최대주주 할증과세를 배제한다.

Chapter

06 30억 원 배우자공제 적극 활용하기

Kim Yeon Ju & Lim Jun Chan

01 상속인 간 협의분할하여 30억 원 배우자공제 한도 몽땅 사용하기

상속공제 중 공제한도가 가장 큰 항목이 배우자공제이다. 배우자가 실제 상속받은 금액을 상속세 과세가액에서 공제하고 30억 원을 한도로 배우자공제를 적용한다.

공동상속인 간의 협의분할을 통해 배우자에게 귀속되는 상속재산 비율을 높이고, 다른 상속인에 비하여 공제한도가 큰 배우자 상속공제를 적극 활용하면 절세효과가 크다. 그리고 배우자가 다른 상속인들이 납부해야 할 상속세를 대신 납부하여도 추가적인 상속세나 증여세는 발생하지 아니한다.

이는 다른 상속인의 상속세에 대해 연대납세의무가 있으므로, 대신 납부하는 상속세에 대해서는 증여세 과세대상이 아니다.

배우자가 사망하여 재상속이 개시되어도 배우자가 대신 납부한 상속세에 대해서는 재상속대상이 되지 아니하므로, 해당 상속세에 대해서도 절세효과가 발생한다.

02 배우자의 상속공제 한도

상속인으로 배우자가 있고 그 배우자가 실제 상속받은 재산이 있는 경우, 다음의 금액을 배우자 상속공제액으로 적용받을 수 있다.

배우자의 상속공제: MAX[min(1), (2)와 5억 원]

(1) 배우자가 실제 상속받은 금액

(2) [상속재산가액×배우자의 법정 상속지분] - 상속재산에 가산한 증여재산가액 중 배우자에게 10년 이내 증여한 재산의 과세표준

(3) 30억 원을 한도로 공제

상속재산가액

= 총 상속재산가액 + 상속인의 사전증여재산 - 상속인이 아닌 자가유증받은 재산 - 비과세 상속재산 - 공과금, 채무 - 불산입 상속재산(공익법인 출연, 공익신탁 재산)

03 상속세에 대한 상속인 및 수유자의 연대납세의무

상속인 또는 수유자는 상속재산(상속재산에 가산하는 증여재산 중 상속인이나 수유자가 받은 증여재산 포함) 중 각자가 받았거나 받을 재산을 기준으로 계산한 금액을 상속세로 납부할 의무가 있으며, 각자가 받았거나 받을 재산

을 한도로 연대납세의무가 있다.

'각자가 받았거나 받을 재산'에 사전증여재산이 가산되었다면, 그에 상응하는 증여세액을 공제하여야 한다.

상속인 및 수유자별 연대납세의무의 범위는 다음과 같다.

상속인별 상속받은 재산가액
+ 상속인별 사전증여받은 재산가액
− 상속인별 승계한 부채
− 상속인별 상속세 상당액
− 상속인별 증여세 상당액
= 각종 상속인의 연대납세의무 범위

04 상속세 연대납세의무자가 추가납부하는 상속세

연대납세의무자로서 각자가 받았거나 받을 상속재산의 한도 내에서 다른 상속인이 납부해야 할 상속세를 대신 납부하여도 증여세가 부과되지 아니한다.

05 기초공제 & 인적공제

(1) 기초공제+인적공제

거주자의 사망으로 상속이 개시되는 경우, 2억 원의 기초공제와 인적공제를 적용받을 수 있다.

구분	자녀 공제	미성년자 공제	연로자 공제	장애인 공제
대상 요건	자녀 (인원 수 제한 없음)	상속인 (배우자 제외) 및 동거가족 중 19세 미만	상속인 (배우자 제외) 및 동거가족 중 65세 이상	상속인 및 동거가족 중 장애인
공제액	1인당 5천만 원 (인원 수 제한 없음)	19세까지 잔여연수×1,000만 원 (인원 수 제한 없음)	5천만 원 (남·여 모두 65세 이상)	통계청장이 고시한 기대여명× 1,000만 원

(2) 가업상속공제

거주자의 사망으로 상속이 개시되고 10년 이상 중소기업 또는 중견기업을 영위한 기업으로서 공제요건을 충족하는 경우 200억 원~500억 원 한도로 가업상속공제를 적용한다.

(3) 영농상속공제

거주자의 사망으로 상속이 개시되고 피상속인이 상속개시일 2년 전부터 직접 영농 등에 종사하여 공제요건을 충족하는 경우 영농재산가액에서 15억 원을 한도로 영농상속공제를 적용한다.

(4) 일괄공제: MAX(기초공제+인적공제, 5억 원)

기초공제 2억 원과 인적공제를 합한 금액과 일괄공제 5억 원 중 큰 금액으로 선택하여 공제받을 수 있다.

(5) 금융재산 상속공제

상속개시일 현재 순금융재산가액을 상속세 과세가액에서 차감한다.

금융재산에서 금융채무를 차감한 가액을 공제하며 순금융재산가액이 2,000만 원 이하인 경우에는 해당하는 순금융재산가액 전액을 공제하며 순금융재산가액이 10억 원을 초과하는 경우에는 2억 원까지 공제한다. 다만 신고기한까지 신고하지 아니한 타인명의 금융재산은 제외한다.

순금융재산가액	금융재산 상속공제가액
2,000만 원 이하	해당 순금융재산가액 전액
2,000만 원 초과 ~ 1억 원 이하	2,000만 원
1억 초과 ~ 10억 원 이하	해당 순금융재산가액 × 20%
10억 원 초과	2억 원

(6) 재해손실공제

상속세 신고기한 내 화재,자연재해 등으로 상속재산이 멸실·훼손되어 재해손실공제를 적용받고자 하는 경우에는 신고서에 해당 재난사실을 입증하는 서류를 첨부하여 상속세 과세표준신고와 함께 납세지 관할세무서장에게 제출해야 한다.

(7) 동거주택상속공제

거주자의 사망으로 상속이 개시되고 피상속인과 상속인이 10년 이상 같이 살던 집이 일정한 요건을 충족하는 경우 6억 원의 한도 내에서 상속주택가액의 100%를 상속세 과세가액에서 동거주택 상속공제를 한다.

(8) 피상속인의 공과금

상속개시일 현재 피상속인이 납부할 의무가 있는 공과금은 전액 상속재산에서 공제가능하며, 장례비용은 최소 500만 원에서 최대 1천 500만 원까지 공제가능하다.

(9) 상속재산의 감정평가수수료

상속세를 신고하기 위해 상속재산을 감정기관에 감정을 의뢰하여 수수료를 지급한 경우 해당 수수료는 다음의 금액을 한도로 공제한다.

▶▶ 공제대상 감정평가수수료

감정평가 대상자산	수수료 공제금액
부동산 평가에 대한 감정평가수수료	5백만 원 한도
비상장주식 평가수수료	평가대상법인, 의뢰기관 수별로 각각 1천만 원 한도
서화, 골동품 등 유형재산 감정수수료	5백만 원 한도

- 공과금

  상속개시일 현재 피상속인이 납부할 의무가 있는 것으로 상속인에게 승계된 조세, 공공요금, 기타 이와 유사한 것 등의 공과금을 말한다. 피상속인에게 귀속되었던 재산세, 종합부동산세, 종합소득세 등이 이에 해당된다.

- 장례비용
  - 봉안시설 또는 자연장지의 사용에 소요된 금액(최대 500만 원)
  - 일반장례비: 위의 금액 외에 피상속인의 사망일부터 장례일까지 장례에 직접 소요된 금액(최소 500만 원, 최대 1천만 원)

(10) 상속세 신고기한 내 무신고

상속세 과세표준 신고기한 이내에 상속세 신고를 하지 아니한 경우에는 기초공제 및 인적공제를 배제하고 일괄공제 5억 원만 적용가능하다.

(11) 기한 후 신고

기한 후 신고 시에도 기한 내 신고한 경우와 동일하게 기초·인적공제와 일괄공제 중 선택하여 적용할 수 있다.

(12) 상속세 과세최저한

상속세 과세표준이 50만원 미만인 경우에는 상속세를 부과하지 아니한다.

Chapter

07 손녀·손자에게 바로 상속하면 30% 할증된다

Kim Yeon Ju & Lim Jun Chan

고액재산가들 중에는 여전히 자식에 대한 믿음을 가지지 못하고 불안해하는 경우가 종종 있다. 자녀의 연이은 사업실패 등으로 자식에 대한 신뢰가 깨어지고 서로를 불신하면서 골이 깊어지기도 한다. 자녀에게 상속되거나 증여해야 할 자산을 자녀를 건너뛰고 바로 손녀·손자에게 이전하는 경우가 생긴다.

정상적인 상속을 하면 자녀에게 한 번, 손녀에게 한 번, 두 번의 상속이 발생하지만, 바로 손녀·손자에게 상속하면 상속세가 한 번밖에 부과되지 않기 때문에 할증을 하는 것이다.

01 직계비속에 대한 상속의 할증과세

상속인이 피상속인의 자녀를 제외한 직계비속(일반적으로 피상속인의 손녀 또는 손자)인 경우에는 상속세 산출세액에 상속재산 중 그 상속인이 받았거나 받을 재산이 차지하는 비율을 곱하여 계산한 금액의 30%를 가산한다. 그리고 피상속인의 자녀를 제외한 직계비속이면서 미성년자에 해당하는 상속인이 받았거나 받을 상속재산의 가액이 20억 원을 초과하는 경우에는 40% 상당액을 가산한다.

다만, 대습상속의 경우는 그러하지 아니한다. 이때 대습상속이란 추정상속인이 상속개시 전에 사망 또는 상속결격사유로 인하여 상속권을 상실한 경우에 그의 직계비속이 그에 갈음하여 상속하는 것을 말한다.

상속이 개시된 후 10년 이내에 상속인이 사망하여 다시 상속이 개시된 때에는 재상속 기간에 따라 10%에서 100%까지 세액공제를 받을 수 있다.

할증과세는 상속세 산출세액이 있는 경우에만 적용되므로, 상속재산이 많지 않은 경우에는 할증과세를 가정할 때의 상속세액도 추정하여 생각해볼 여지가 있다.

상속인이 건강이 좋지 아니한 경우에는 할증과세를 받더라도 세대를 건너뛰고 바로 손녀에게 상속하는 것이 유리한지, 아니면 정상적인 상속을 진행하고 단기재상속에 대한 세액공제를 받는 것이 절세가 되는지를 면밀히 살펴볼 필요가 있다.

02 직계비속에 대한 증여의 할증과세

수증자가 증여자의 자녀가 아닌 직계비속(일반적으로 증여자의 손녀 또는 손자)인 경우, 증여세 산출세액의 30% 상당액을 가산한다. 그리고 수증자가 증여자의 자녀가 아닌 직계비속이고 미성년자인 경우로서 증여재산가액이 20억 원을 초과하는 경우에는 40%를 가산한다.

다만, 증여자의 최근친인 직계비속이 사망하여 그 사망자의 최근친인 직계비속이 증여받는 경우에는 그러하지 아니한다.

Chapter

08 상속개시 후 10년 내 다시 상속이 발생하는 경우에는…

Kim Yeon Ju & Lim Jun Chan

01 단기재상속공제란

상속개시 후 10년 내에 또 다시 상속이 개시될 경우, 과도한 상속세 부담으로 상속재산 가치가 감소되는 것을 방지하기 위해 상속개시 후 10년 이내 상속인에게 재차 상속이 발생될 경우 상속세 과세가액에 포함된 재산에 대해서는 상속세의 일부분을 공제한다.

▶▶ 단기재상속공제율

재상속 기간	1년	2년	3년	4년	5년	6년	7년	8년	9년	10년
공제율	100%	90%	80%	70%	60%	50%	40%	30%	20%	10%

당초 상속받은 재산을 처분하여 재산의 종류가 변경되거나 처분가액 중 일부만 상속되는 경우에도 단기재상속재산에 대한 상속공제가 가능하다.

02 단기재상속 공제세액

$$\text{단기재상속 세액공제액} = \text{전의 상속세 산출세액} \times \frac{\left\{\text{재상속분의 재산가액} \times \dfrac{\text{전의 상속세 과세가액}}{\text{전의 상속재산가액}}\right\}}{\text{전의 상속세 과세가액}} \times \text{공제율}$$

단기재상속 세액공제는 전의 상속제산이 재상속재산에 포함되어 있는 경우의 그 재산별로 각각 구분하여 계산한다.

재상속분의 재산가액이란, 전의 상속재산 중 재상속된 재산에 포함된 재산 각각에 대하여 전의 상속 당시 상속재산가액으로 한다.

재상속분의 재산가액은 재상속된 재산별로 계산한 전의 상속재산가액에서 전의 상속세상당액을 차감하여 계산한다.

공제되는 세액은 상속세 산출세액에서 증여세액공제 및 외국납부세액공제액을 차감한 금액을 한도로 한다.

Part 4

조세전문가가 알려주는 기업승계 컨설팅

Kim Yeon Ju & Lim Jun Chan

50% 상속세를 위해
기업을 매각할 것인가!
지금부터 기업승계를
시작하자

Chapter

01 기업승계란

Kim Yeon Ju & Lim Jun Chan

01 기업승계란?

기업승계란, 사업의 동질성을 유지하면서 상속이나 증여를 통해 회사를 후계자에게 넘겨주는 것을 말한다.

직계비속인 자녀, 친족을 포함한 가족에게 승계하는 "친족 내 승계"와 외부의 전문경영인에게 기업을 위탁하는 "친족 외 승계"가 있다. 그러나 마땅한 가족이나 전문경영인을 찾지 못하는 경우에는 M&A 등을 통해 제3자에게 회사를 매각하여 경영하게 하는 경우도 있다.

02 기업승계 벌써부터 준비해야 하는가?

우리나라의 많은 기업들이 창업주에게 집중되어 경영되고 있다.

고령화가 진행되는 현실에서 창업주에게 어떤 일이라도 생긴다면 기업경영은 초비상 상황에 놓이게 된다. 뿐만 아니라 전혀 준비되지 않은 기업의 상속문제가 발생된다면, 상속인들은 황망한 상황에 처하게 된다.

(1) 가장 큰 문제는 갑작스러운 상속으로 인한 세금의 뒷감당이 어렵다는 것

기업상속에 대한 상속세는 50% 이상의 최고세율에 이른다. 대부분 세금을 현금으로 지급할 정도의 유동성이 충분하지 않다.

상속세 세부담 때문에 회사의 주식이나 사업용 재산을 처분해야 하는 상황이 발생하고, 주식을 양도하는 경우 제3자의 개입이 늘어난다. 경영권 방어가 어렵고 실질적인 회사 운영자체가 쉽지 않다.

기업승계 과정에서 발생하는 세부담은 경영자의 경영의욕을 저하시키고 계속기업의 영속성을 저해시킨다.

(2) 다음은 후계자 선정의 문제

후계자를 정한다는 것은, 현재의 경영자가 후임으로 물러난다는 것을 의미한다. 이는 곧 그동안 기업에서의 영향력을 더 이상 행사할 수 없는 것을 암시하므로, 현직에 있는 경영자들은 상당한 저항감을 느낀다. 건강에 특별한 문제가 없는 이상 차일피일 미루거나 모른 척하는 경우가 많고, 승계를 논하는 것조차 꺼리게 된다. 또한 후계자의 입장에서도 승계를 얘기하는 것이 마치 부모의 재산이나 넘보는 자식으로 여겨지는 것이 두려워, 아버지의 그늘 밑에서 한세월 보내게 되는 것도 현실이다.

(3) 경영상의 문제점인 고객관리와 유지 등의 어려움

창업주에서 2세인 자녀에게 기업이 승계되어도 기존 고객의 이탈 없이 활발히 거래가 유지되고 고객이 증대되어야 기업이 성장하고 발전하는 것은 당연한 이치이다. 그러나 가업승계의 시작과 함께 2세대 경영이 시작되어도, 기존의 고객과 2세대에 대한 신뢰가 형성되지 못한다면 사업의 유지 발전은 참으로 어려운 과제로 남는다.

또한 금융권이나 기존의 고객 등이 후계자에 대한 경영능력에 대해 확신을 가지지 못하거나 관계형성이 원활하지 못한 경우 기업경영에 상당한 어려움이 따른다. 이러한 점을 생각한다면 충분한 시간과 계획을 통해 후계자가 실질적인 경영을 할 수 있도록 길을 만들어주고, 기존 고객과의 관계 형성에 만전을 기하여 보다 원활한 가업승계가 이루어지도록 준비하여야 한다.

Chapter

02 기업승계는 어떻게 이루어지는 것일까?

Kim Yeon Ju & Lim Jun Chan

01 기업승계 프로세스

기업승계하면 가장 먼저 떠오르는 것이 세금이다. 세금문제 이상으로 중요한 것이 후계자 선정과 그 후계자에게 창업주의 정신과 경영기법 그리고 기업핵심 노하우의 전수이다.

성공적인 기업승계를 위해서는 후계자와 밀접한 관계에 있는 이해관계자들의 지원이 중요하다. 다양한 사안이 얽혀있는 기업승계의 과정은 일반적으로 다음과 같이 이루어진다.

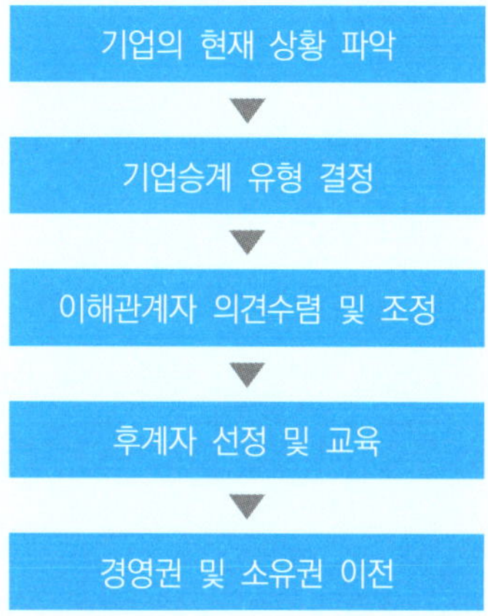

02 기업의 현재 상황 파악

먼저 회사의 자산과 부채를 점검하고 경영성과를 측정하여야 한다. 현재의 자금조달 현황과 해당 사업에서의 경쟁력 그리고 인적자원의 적정성 및 회사의 경영 리스크는 없는지를 파악하여야 한다. 또한 주주, 채권자, 고객, 금융기관 등 이해관계자들과의 관계를 점검하고 회사운영의 근간이 되는 정관과 사내 규정 등을 정비하여야 한다.

더불어 창업자의 재산 소유 현황과 회사의 주요한 사업용 자산의 보유 형태를 파악하여 상속이 이루어질 경우, 예상되는 상속세를 추정하고 납부세액의 재원을 어떻게 마련할 것인지를 반드시 확인해야 한다. 또한 상속 시 발생되는 문제점을 검토하고 해결방안을 모색해야 한다.

03 기업승계 유형 결정

기업승계는 사업의 동질성을 유지하면서 상속이나 증여를 통해 회사를 후계자에게 넘겨주는 것을 말한다. 직계존속인 자녀 및 친족을 포함한 가족에게 기업을 승계하는 경우와 친족 외의 전문경영인에게 맡기는 경우가 있다. 그리고 마땅한 가족이나 전문경영인을 찾지 못하는 경우 M&A 등을 통해 회사를 매각하여 제3자에게 경영하게 하는 방법이 있다.

가족승계는 창업주의 경영철학이 가족에게 전해지고 기업은 창업주 정신을 유지할 수 있다. 그러나 승계자의 역량이 부족하거나 상속인이 2인 이상인 경우 재산분쟁 등으로 기업의 존태가 위험이 빠질 수 있다. 전문경영인에게 맡기는 경우는 경영의 전문성이 확보되나 책임경영에 대해 주의를 기울여야 한다.

M&A 등을 통한 기업매각에는 합병, 주식양도, 주식교환, 기업분할 등 기업 상황에 맞는 다양한 형태의 구조조정이 이루어진다. 기업을 매각하는 경우에는 실질적인 오너의 교체로 많은 혼선이 따를 수 있고 회사 내부의 혼란이 야기된다.

04 기업의 이해관계자 의견수렴 및 조정 그리고 소통

기업과 관련된 이해관계자들은 다양하다. 내부적으로는 창업주의 가족 및 친족, 임직원을 비롯하여 외부적으로는 고객, 채권자, 주주, 금융기관 등이 있다.

회사의 이해관계자들에게 장수기업의 발판을 준비하는 기업승계의 중요성과 필요성을 반드시 설명하고 소통해야 한다. 이러한 과정 없이 깜짝쇼와 같은 후계자의 세대교체가 이루어진다면, 그동안 창업주와 오랜 시간 관계를 형성해온 이해관계자의 거센 반발로 엄청난 곤욕을 치를 수 있다.

후계자 선정을 인정하지 못하는 경우에는, 형제간의 갈등과 반목으로 인해 기업 경쟁력과 에너지가 상실되고 기업발전을 저해하는 결과를 초래할 수 있다. 따라서 후계자를 선정하기 전에 회사의 이해관계자들의 의견수렴과 조정은 불가피한 요소이다. 그리고 후계자를 적극적으로 조력하는 임원진의 준비도 반드시 필요하다.

05 후계자의 선정 및 교육

다양한 이해관계자의 의견이 수렴되고 조정이 이루어지고 나면, 가족이나 친족 내 혹은 친족 외 후계자의 후보가 있는지를 파악하고 창업주와 후계자의 승계의사를 확인해야 한다.

그리고 후계자 후보의 능력과 적성을 파악해야 한다. 즉, 후계자가 사업을 승계하여 유지 발전시킬 수 있는 역량이 있는지 여부를 확인해 볼 필요가 있다.

후보자의 통솔력, 의사소통능력, 인내력, 행동력, 경영능력, 인간관계 등 조직의 수장으로서의 능력 여부를 염두에 두어야 한다. 이러한 과정을 거쳐 후계자가 선정되면 기업경영을 위한 실질적인 경영 교육과 더불어 회사의 경영이념과 기업의 핵심가치에 대한 전반적인 프로그램이 실행되어야 한다.

06 경영권 및 소유권 이전

후계자에 대한 실질적인 권한이양이 시작되는데, 기업의 책임자로서 지위를 부여하고 회사의 임직원 및 고객 그리고 금융기관 등의 이해관계자에게 경영권과 소유권 이전을 공식화하면서 본격적인 경영권의 승계가 시작된다.

기업승계에 따른 세부담을 최소화할 수 있는 절세 전략을 수립하고, 창업주는 자신의 은퇴설계와 상속을 위한 준비에 만전을 기해야 한다.

창업주가 사망한 후 발생할 수 있는 상속관련 분쟁을 사전에 예방하고 상속세 절세방안을 모색하며, 기업승계가 법적으로 문제가 되지 않도록 유언서도 함께 작성해 두어야 한다.

또한 경영권 및 소유권 이전에 대해 세법을 비롯한 다양한 법 규정이 충분히 반영되어야 한다.

Chapter

03 가업상속공제의 효과

Kim Yeon Ju & Lim Jun Chan

가업승계란, 기업이 동일성을 유지하면서 상속이나 증여를 통해 기업의 소유권 또는 경영권을 후계자에게 이전하는 것을 말한다. 경영자가 살아있을 때 주식이나 사업용 재산 등을 넘겨주는 경우 증여가 발생하고, 경영자가 사망한 후 주식 등이 후계자에게 이전되는 때에는 상속이 일어난다.

01 가업상속공제란?

가업의 핵심기술와 경영노하우가 보다 원활하게 후계자에게 이전될 수 있도록 세법상 지원하는 제도를 가업상속공제라 한다. 피상속인의 가업영위기간에 따라 200~500억 원까지 상속세 과세가액에서 공제하고, 가업승계에 따른 상속세 부담을 줄여주는 지원책을 말한다. 우리나라 경제발전의 중추적인 역할을 하는 중소기업의 원만한 승계와 지속적인 발전을 위한 세법상 가업승계 지원제도의 핵심이다.

가업상속공제의 사후관리에 대한 까다로운 요건으로 가업승계를 위한 실질적인 활용도가 상대적으로 미흡하였다. 2020. 1. 1. 이후부터 업종·자산·고용유지 의무기간을 7년으로 단축하고 고용유지조건 및 자산유지의무의 완화와 더불어 업종변경이 가능한 범위도 확대하였다.

가업승계로 인해 부담해야 하는 상속세의 세율 구조는 다음과 같다. 상속세의 구체적인 세액은 과세표준에 세율을 곱하여 계산한다. 현행 세율은 10~50%까지 5단계 누진세율구조이며, 상속세와 증여세의 세율은 동일하다.

▶▶ 상속세율 및 증여세율 구조

상속세 및 증여세 과세표준	세 율
1억 원 이하	10%
1억 원 초과~5억 원 이하	1천만 원 + 1억 원 초과금액의 20%
5억 원 초과~10억 원 이하	9천만 원 + 5억 원 초과금액의 30%
10억 원 초과~30억 원 이하	2억 4천만 원 + 10억 원 초과금액의 40%
30억 원 초과	10억 4천만 원 + 30억 원 초과금액의 50%

02 가업상속공제 금액

거주자의 사망으로 상속이 개시되는 경우로서 가업상속에 해당되는 경우, 다음의 금액 중 큰 금액을 상속세 과세가액에서 공제한다. 단, 500억 원을 한도로 한다.

법인세법을 적용받는 가업상속재산은 가업법인 주식가액에서 업무무관자산 비율을 차감한 재산가액을 적용하여 산정한다.

사업무관자산의 범위에는 사업과 관련없는 자산, 임대용부동산. 타인에게 대여한 금액, 5개 사업연도 말 평균 현금의 150% 초과하는 과다보유현금, 영업활동과 직접 관련 없는 주식,채권, 금융상품 등이 해당된다.

$$\text{가업상속재산} = \text{가업법인 주식가액} \times \left(1 - \frac{\text{사업무관 자산가액}}{\text{법인의 총자산가액}}\right)$$

소득세법을 적용받는 가업의 경우 상속재산 중 가업에 직접 사용되는 토지,건축물,기계장치 등 사업용 자산에서 해당 재산에 담보된 채무가액을 차감한 가액을 말한다.

가업상속 공제금액: MAX(①, ②)
① MIN(가업상속 재산가액×100%, 피상속인의 가업영위 기간별 한도)
② MIN(가업상속 재산가액, 2억 원)
500억 원 한도

▶▶ 피상속인의 가업영위 기간별 한도

피상속인의 가업영위 기간	공제한도
10년 미만	가업상속공제 적용안됨
10년 이상~20년 미만	200억 원
20년 이상~30년 미만	300억 원
30년 이상	500억 원

가업상속공제 한도를 적용할 때 피상속인이 둘 이상의 독립된 가업을 영위하는 경우, 상속세 과세가액에서 피상속인이 계속 경영한 기간이 긴 기업의 가업상속 재산가액부터 순차적으로 공제한다.

03 가업상속공제 요건

피상속인 요건	상속인 요건
• 중소기업·중견기업의 최대주주 등으로 50% 이상의 지분을 계속 보유 • 총가업기간의 50% 또는 10년 이상 대표이사로 재직	상속개시일 현재 • 18세 이상 자녀 또는 그 배우자 • 2년 이상 가업에 종사 • 2년 이내 대표자로 취임

(1) 중소기업과 중견기업

가업상속공제는 중소기업과 중견기업(상속이 개시되는 소득세 과세기간 또는 법인세 사업연도의 직전 3개 소득세 과세기간 또는 법인세 사업연도의 매출액의 평균금액이 4천억 원 이상인 기업은 제외)으로, 피상속인이 10년 이상 계속하여 경영한 기업에 대해 적용한다.

(2) 피상속인 요건

피상속인이 상속개시일 현재 거주자로서 10년 이상 계속하여 경영하고, 가업영위기간 중에 50% 이상의 기간 등 일정기간 이상을 대표이사로 재직하여야 한다.

개인사업자로서 영위하던 가업을 동일업종의 법인으로 전환하여 피상속인이 법인 설립일 이후 계속하여 그 법인의 최대주주 등에 해당되는 경우에는 개인사업자로 가업을 영위한 기간을 포함하여 10년 여부를 판단하며, 대표이사 기간을 산정할 때 개인사업자의 대표자인 기간을 포함한다.

그리고 가업이 중견기업에 해당하는 경우로서 가업을 상속받거나 받을 상속인의 가업상속재산 외에 받거나 받을 상속재산의 가액이 가업상속공제를 받지 않았을 경우에 해당 가업상속인이 납부할 의무가 있는 상속세액에 200%를 곱한 금액을 초과하면 해당 상속인이 받거나 받을 가업상속재산에 대해서는 가업상속공제를 적용하지 아니한다.

(3) 상속인 요건

상속인은 상속개시일 현재 18세 이상이어야 하며, 상속개시일 전에 2년 이상 직접 가업에 종사하여야 한다. 그리고 상속세 과세표준 신고기한까지 임원으로 취임하고, 상속세 신고기한부터 2년 이내에 대표이사로 취임하는 요건을 모두 충족하여 한다. 또한 상속인의 배우자가 해당 요건을 모두 충족한 경우 상속인이 그 요건을 갖춘 것으로 본다.

(4) 피상속인의 출자지분 요건

중소기업 등의 최대주주 등으로서 피상속인과 그의 특수관계인의 주식 등을 합하여 해당 기업의 발행주식 총수 등의 50% 이상을 10년 이상 계속하여 보유해야 한다. 이 경우 가업상속이 이루어진 후에 가업상속 당시 최대주주 등에 해당하는 자가 사망하여 상속이 개시되는 경우는 그러하지 아니한다. 최대주주라 함은 주주 등 1인과 특수관계인의 보유주식 등을 합하여 그 합계가 가장 많은 경우의 해당 주주 1인과 그의 특수관계인을 말한다.

가업상속공제는 피상속인, 상속인, 피상속인의 출자지분 요건을 모두 충족할 때 적용할 수 있다.

04 가업상속공제 제출서류

- 가업상속공제신고서
- 가업상속 재산가액 명세서
- 최대주주를 입증하는 서류
- 상속인의 가업종사를 입증하는 서류

05 가업상속공제 후 7년간의 사후관리

가업상속공제의 사후관리기간이 10년에서 7년으로 단축되었으며, 산업변화의 트렌드에 맞추어 업종변경의 범위가 소분류 내에서 중분류 내로 확대되었다. 다만, 중분류 외에 업종변경이 필요한 경우에는 전문가의 승인을 거쳐 예외적으로 허용한다.

자산유지도 업종변경에 따라 자산처분을 인정하며, 중견기업의 고용유지의무도 중소기업처럼 100% 이상 유지되도록 완화되었다. 그러나 피상속인, 상속인이 상속기업의 탈세, 회계부정 등으로 형사처벌을 받는 경우에는 가업상속공제를 배제한다.

가업상속공제를 받은 상속인이 상속개시일부터 7년 이내에 정당한 사유없이 해당 가업용 자산의 20%(5년 이내 10%) 이상을 처분하거나 가업에 종사하지 않는 경우, 상속받은 지분이 감소되는 경우에는 상속세 과세가액에 산입하여 상속세를 부과한다.

사후관리를 위반하는 경우 다음과 같은 기간별 추징률을 달리하여 과세하고, 이에 상당하는 이자도 상속세와 함께 부과된다.

위반 기간	기간별 추징률
5년 미만	100%
5년 이상 7년 미만	80%

06 가업상속공제 중소기업 & 중견기업의 요건

(1) 중소기업

상속개시일 직전 소득세 과세기간 또는 법인세 사업연도 말 현재 다음의 요건을 모두 갖춘 기업을 말한다.

- 별표에 따른 업종을 주된 사업으로 영위할 것
- 매출액이 중소기업기본법 시행령 별표에 따른 규모 기준 이내일 것
- 소유와 경영의 실질적인 독립성이 중소기업기본법 시행령 제3조 제1항 제2호에 적합할 것
- 자산총액이 5천억 원 미만일 것

(2) 중견기업

상속개시일 직전 소득세 과세기간 또는 법인세 사업연도 말 현재 다음의 요건을 모두 갖춘 기업을 말한다.

- 별표에 따른 업종을 주된 사업으로 영위할 것
- 중소기업이 아닐 것
- 소유와 경영의 실질적 독립성이 「중견기업 성장촉진 및 경쟁력 강화에 관한 특별법 시행령」 제2조 제2항 제1호에 적합할 것
- 상속개시일의 직전 3개 소득세 과세기간 또는 법인세 사업연도의 매출액 평균금액이 4천억 원 미만인 기업일 것

(3) 별표에 따른 업종을 주된 사업으로 영위하는 중소·중견기업(상속세 및 증여세법 시행령 제15조 제1항 및 제2항 관련 별표)

• 한국표준산업분류에 따른 업종

참고●

표준산업분류상 구분	가업 해당업종
가. 농업, 임업 및 어업(01~03)	작물재배업(011) 중 종자 및 묘목생산업(01123)을 영위하는 기업으로서 다음의 계산식에 따라 계산한 비율이 100분의 50 미만인 경우 [제15조 제7항에 따른 가업용 자산 중 토지(공간정보의 구축 및 관리 등에 관한 법률에 따라 지적공부에 등록해야 할 지목에 해당하는 것을 말한다.) 및 건물(건물에 부속된 시설물과 구축물을 포함한다)의 자산액의 가액]÷(제15조 제7항에 따른 가업용 자산의 가액)
나. 광업(05~08)	광업 전체
다. 제조업(10~33)	제조업 전체. 이 경우 자기가 제품을 직접 제조하지 않고 제조업체(사업장이 국내 또는 개성공업지구 지원에 관한 법률 제2조 제1호에 따른 개성공업지구에 소재하는 업체에 한정한다)에 의뢰하여 제조하는 사업으로서 그 사업이 다음의 요건을 모두 충족하는 경우를 포함한다. 1) 생산할 제품을 직접 기획(고안·디자인 및 제작 등을 말한다)할 것 2) 해당 제품을 자기명의로 제조할 것 3) 해당 제품을 인수하여 자기책임하에 직접 판매할 것
라. 하수, 폐기물 처리, 원료재생, 환경정화 및 복원업(37~39)	하수·폐기물 처리(재활용을 포함한다), 원료 재생 및 환경정화 및 복원업 전체
마. 건설업(41~42)	건설업 전체
바. 도매 및 소매업(45~47)	도매 및 소매업 전체

표준산업분류상 구분	가업 해당업종
사. 운수업(49~52)	여객운송업[육상운송 및 파이프라인 운송업(49), 수상 운송업(650), 항공 운송업(51) 중 여객을 운송하는 경우]
아. 숙박 및 음식점업 (55~56)	음식점 및 주점업(56) 중 음식점업(561)
자. 정보통신업(58~63)	출판업(58), 영상·오디오 기록물 제작 및 배급업(59). 다만, 비디오물 감상실 운영업(59142)을 제외. 방송업(60), 통신업(61) 중 전기통신업(612), 컴퓨터 프로그래밍 시스템 통합 및 관리업(62), 정보서비스업(63)
차. 전문, 과학 및 기술 서비스업(70~73)	연구개발업(70), 전문서비스업(71) 중 광고업(713), 시장조사 및 여론조사업(714), 건축기술, 엔지니어링 및 기타 과학기술 서비스업(72) 중 기타 과학기술 서비스업(729), 기타전문, 과학 및 기술 서비스업(732) 중 전문 디자인업(7321)
카. 사업시설관리 및 사업지원 서비스업 (74~75)	사업시설 관리 및 조경 서비스업(74) 중 건물 및 산업설비 청소업(7421), 사업지원 서비스업(75) 중 고용알선 및 인력 공급업(751, 농업노동자 공급업을 포함한다), 경비 및 경호 서비스업(7531), 보안시스템 서비스업(7532), 콜센터 및 텔레마케팅 서비스업(75991), 전시, 컨벤션 및 행사 대행업(75992), 포장 및 충전업(75994)
타. 임대업: 부동산 제외 (76)	무형재산권 임대업(764, 지식재산 기본법 제3조 제1호에 또 다른 지식재산을 임대하는 경우로 한정한다)
파. 교육서비스업(85)	교육 서비스업(85) 중 사회교육시설(8564), 직원훈련기관(8565), 기타 기술 및 직업훈련학원(85669)
하. 사회복지 서비스업(87)	사회복지 서비스업 전체
거. 예술, 스포츠 및 여가 관련 서비스업 (90~91)	창작, 예술 및 여가관련서비스업(90) 중 창작 및 예술관련 서비스업(901), 도서관, 사적지 및 유사 여가관련 서비스업(901). 다만, 독서실 운영업(90212)은 제외한다.
너. 협회 및 단체, 수리 및 기타 개인 서비스업 (94~96)	기타 개인 서비스업(96) 중 개인 간병인 및 유사 서비스업(96993)

• 개정법률의 규정에 따른 업종

참고

가업 해당업종	관련 법령	세부사항
가. 직업기술 분야 학원	조세특례제한법 제7조 제1항 제1호 커목	직업기술학원업, 직업능력개발훈련시설업
나. 엔지니어링사업	조세특례제한법 시행령 제5조 제7항	엔지니어링 활동: 과학기술의 지식을 응용하여 수행하는 사업이나 시설물에 관한 ㉮ 연구·기획·타당성 조사·설계·분석·계약·구매·조달·시험·감리·시험운전·평가·검사·안전성 검토·관리·매뉴얼 작성·자문·지도·유지 또는 보수 활동, ㉯ ㉮목의 활동에 대한 사업관리, ㉰ 과학기술의 지식을 응용하여 수행하는 사업이나 시설물에 관한 견적(見積)·설계의 경제성 및 기능성 검토·시스템의 분석 및 관리 활동 엔지니어링 사업: 엔지니어링 활동을 수행하는 사업
다. 물류산업	조세특례제한법 시행령 제5조 제8항	화물운송업, 화물취급업, 보관 및 창고업, 화물터미널운영업, 화물운송 중개·대리 및 관련 서비스업, 화물포장·검수 및 형량 서비스업, 예선업(항만법), 도선업(도선법)
		기타 산업용 기계장비 임대업 중 팔레트 임대업
라. 주문자상표부착방식에 따른 수탁생산업	조세특례제한법 시행령 제6조 제1항	위탁자로부터 주문자상표부착방식에 따른 제품생산을 위탁받아 이를 재위탁하여 제품을 생산·공급하는 사업
마. 자동차정비공장 운영업	조세특례제한법 시행령 제54조 제1항	자동차종합정비업: 모든 종류의 자동차에 대한 점검·정비 및 튜닝작업의 사업장 소형자동차정비업: 승용자동차·경형 및 소형의 승합·화물·특수 자동차에 대한 점검·정비 및 튜닝작업의 사업장

가업 해당업종	관련 법령	세부사항
바. 선박관리업	해운법	국내외의 해상운송인, 선박대여업을 경영하는 자, 관공선 운항자, 조선소, 해상구조물 운영자, 그 밖의 선원법상의 선박소유자로부터 기술적·상업적 선박관리, 해상구조물 관리 또는 선박시운전 등 업무의 전부 또는 일부를 수탁(국외의 선박관리사업자로부터 그 업무의 전부 또는 일부를 수탁하여 행하는 사업을 포함한다)하여 관리활동을 영위하는 업(業)을 말함.
사. 의료기관운영업	의료법	㉮ 의원급의료기관(의원·치과의원·한의원), ㉯ 조산원, ㉰ 병원급 의료기관(병원·치과병원·한방병원·요양병원·종합병원)을 말함.
아. 관광사업 (카지노업, 관광유흥 음식점업 및 외국인전용 유흥음식점업 제외)	관광진흥법	여행업
		관광숙박업: 호텔업, 휴양콘도미니엄업
		관광객이용시설업: 전문휴양업, 종합휴양업, 야영장업, 관광유람선업(일반유람선, 크루즈), 관광공연장업
		국제회의업: 국제회의시설업, 국제회의기획업
		유원시설업: 종합유원, 일반유원, 기타유원시설업
		관광편의시설업: 관광극장유흥업, 관광식당업, 관광펜션업, 한옥체험업, 외국인관광도시민박업, 시내순환관광업, 여객자동차터미널시설업, 관광궤도업
		관광편의시설업: 관광사진업
자. 노인복지시설 운영업	노인복지법	노인주거복지시설·노인의료복지시설·노인여가복지시설·재가노인복지시설·노인보호전문기관·노인일자리지원기관을 말함.
차. 재가장기요양 기관운영업	노인장기요양 보험법 제32조	재가장기요양기관으로서 장기요양급여를 제공하는 기관

가업 해당업종	관련 법령	세부사항
카. 전시산업	전시산업발전법	전시시설을 건립·운영하거나 전시회 및 전시회부대행사를 기획·개최·운영하고 이와 관련된 물품 및 장치를 제작·설치하거나 전시공간의 설계·디자인과 이와 관련된 공사를 수행하거나 전시회와 관련된 용역 등을 제공하는 산업
타. 에너지절약전문기업 운영업	에너지이용 합리화법 제25조	㉮ 에너지사용시설의 에너지절약을 위한 관리·용역사업, ㉯ 에너지절약형 시설투자에 관한 사업, ㉰ 신에너지 및 재생에너지원의 개발 및 보급사업, ㉱ 에너지절약형 시설 및 기자재의 연구개발사업
파. 직업능력개발 훈련시설운영업	근로자직업능력 개발법	직업능력개발훈련을 위하여 ㉮ 국가·지방자치단체 및 공공단체가 설치한 공공직업훈련시설과 ㉯ 직업전문학교·실용전문학교 등의 시설로서 고용노동부장관이 지정한 시설을 말함.
하. 일반도시가스 사업	도시가스사업법 제2조 제4호	가스도매사업자 등으로부터 공급받은 도시가스 또는 스스로 제조한 석유가스, 나프타부생가스, 바이오가스를 일반의 수요에 따라 배관을 통하여 수요자에게 공급하는 사업을 말함.
거. 연구개발지원업	국가과학기술 경쟁력 강화를 위한 이공계 지원특별법 제2조 제4호 나목	영리를 목적으로 기술정보 제공, 컨설팅, 시험·분석 등을 통하여 이공계 분야의 연구와 개발을 지원하는 업종을 말함.
너. 주택임대관리업	민간임대주택에 관한 특별법	주택의 소유자로부터 임대관리를 위탁받아 관리하는 ㉮ 자기관리형 주택임대관리업과 ㉯ 위탁관리형 주택임대관리업을 말함.
더. 신·재생에너지 발전사업	신에너지 및 재생에너지 개발·이용·보급 촉진법	신·재생에너지를 이용하여 전기를 생산하는 것을 말함.

(4) 업종별 매출액 규모기준(중소기업기본법 시행령 별표)

• 업종별 매출액 규모기준

참고

해당 기업의 주된 업종	분류기호	규모기준
1. 의복, 의복액세서리 및 모피제품 제조업	C14	평균매출액등 1,500억 원 이하
2. 가죽, 가방 및 신발 제조업	C15	
3. 펄프, 종이 및 종이제품 제조업	C17	
4. 1차 금속 제조업	C24	
5. 전기장비 제조업	C28	
6. 가구 제조업	C32	
7. 농업, 임업 및 어업	A	평균매출액등 1,000억 원 이하
8. 광업	B	
9. 식료품 제조업	C10	
10. 담배 제조업	C12	
11. 섬유제품 제조업(의복 제조업은 제외한다)	C13	
12. 목재 및 나무제품 제조업(가구 제조업은 제외한다)	C16	
13. 코크스, 연탄 및 석유정제품 제조업	C19	
14. 화학물질 및 화학제품 제조업 (의약품 제조업은 제외한다)	C20	
15. 고무제품 및 플라스틱제품 제조업	C22	
16. 금속가공제품 제조업 (기계 및 가구 제조업은 제외한다)	C25	
17. 전자부품, 컴퓨터, 영상, 음향 및 통신장비 제조업	C26	
18. 그 밖의 기계 및 장비 제조업	C29	
19. 자동차 및 트레일러 제조업	C30	
20. 그 밖의 운송장비 제조업	C31	
21. 전기, 가스, 증기 및 공기조절 공급업	D	

해당 기업의 주된 업종	분류기호	규모기준
22. 수도업	E36	
23. 건설업	F	
24. 도매 및 소매업	G	
25. 음료 제조업	C11	
26. 인쇄 및 기록매체 복제업	C18	평균매출액등 800억 원 이하
27. 의료용 물질 및 의약품 제조업	C21	
28. 비금속 광물제품 제조업	C23	
29. 의료, 정밀, 광학기기 및 시계 제조업	C27	
30. 그 밖의 제품 제조업	C33	
31. 수도, 하수 및 폐기물 처리, 원료재생업 (수도업은 제외한다)	E(E36 제외)	
32. 운수 및 창고업	H	
33. 정보통신업	J	평균매출액등 600억 원 이하
34. 산업용 기계 및 장비 수리업	C34	
35. 전문, 과학 및 기술 서비스업	M	
36. 사업시설관리, 사업지원 및 임대 서비스업 (임대업은 제외한다)	N(N76 제외)	
37. 보건업 및 사회복지 서비스업	Q	
38. 예술, 스포츠 및 여가 관련 서비스업	R	
39. 수리(修理) 및 기타 개인 서비스업	S	
40. 숙박 및 음식점업	I	평균매출액등 400억 원 이하
41. 금융 및 보험업	K	
42. 부동산업	L	
43. 임대업	N76	
44. 교육 서비스업	P	

* 해당 기업의 주된 업종의 분류 및 분류기호는 「통계법」 제22조에 따라 통계청장이 고시한 한국표준산업분류표에 따른다.

* 위 표 제19호 및 제20호에도 불구하고 자동차용 신품 의자 제조업(C30393), 철도차량부품 및 관련 장치물 제조업(C31202) 중 철도차량 의자 제조업, 항공기 부품 제조업(C31322) 중 항공기용 의자 제조업의 규모 기준은 평균매출액등 1,500억 원 이하로 한다.

Chapter

04 가업상속 상속세! 20년간 분할납부

Kim Yeon Ju & Lim Jun Chan

상속세법은 상속인이 부담해야 하는 거액의 상속세를 분할납부할 수 있는 연부연납제도를 두고 있다. 일반적인 상속의 경우에는 세법 개정으로 연부연납기간을 허가일로부터 10년 내로 한다.

반면 원활한 가업승계를 지원하기 위하여 소비성 서비스업을 제외한 모든 업종에 대해 상속재산 중 가업상속재산이 50% 이상인 경우 그 가업상속재산에 상당하는 상속세에 대하여 연부연납을 허가받은 후 최장 20년 또는 5년 거치 15년의 범위에서 연부연납기간을 정하여 분할납부가 가능하다.

가업상속재산의 비율이 50% 미만인 경우에는 연부연납 허가 후 10년 또는 3년 거치 7년의 범위에서 연부연납기간을 정하여 분할납부할 수 있다. 이는 상속인의 상속세 납부로 인한 과중한 부담을 덜어주고, 승계받은 가업의 원활한 경영지원을 위한 제도로서 적극 활용할 필요가 있다.

01 가업상속공제와 연부연납기간 특례의 선택

상속인은 가업상속재산에 대해 가업상속공제를 적용받거나 연부연납기간을 선택하여 20년간 분할하여 납부할 수 있으며, 연부연납허가신청서를 관할 세무서장에게 제출하여야 한다.

$$\text{가업상속 연부연납 상속세액} = \text{상속세 납부세액} \times \frac{(\text{가업상속재산}-\text{가업상속공제액})}{(\text{총상속재산가액}-\text{가업상속공제액})}$$

02 가업상속재산

가업상속재산은 가업상속공제를 받았거나 가업상속의 요건을 모두 갖추어 가업을 상속받은 경우의 상속재산을 말한다.

- 개인기업: 상속재산 중 사업에 직접 사용되는 토지, 건축물, 기계장치 등 사업용 자산
- 법인기업: 주식가액×(1-업무무관자산의 비율)
- 사립유치원: 유아교육법 제7조 제3호에 따른 사립유치원에 직접 사용하는 교지, 실습지, 교사 등

03 연부연납기간

연부연납기간은 50%의 가업상속재산의 비율에 따라 다음과 같이 구분된다.

(1) 상속재산 중 가업상속재산이 50% 미만인 경우

가업상속공제 요건에 해당되어 가업상속공제를 받은 가업상속재산에 대한 연부연납의 기간은 연부연납 허가일부터 10년 또는 연부연납 허가 후 3년이 되는 날부터 7년으로 한다. 다만, 각 회분의 분납세액이 1천만 원을 초과하도록 연부연납기간을 정해야 한다.

(2) 상속재산 중 가업상속재산이 50% 이상인 경우

상속재산(상속인이 아닌 자에게 유증한 재산은 제외) 중 가업상속재산이 차지하는 비율이 50% 이상인 경우에 가업상속재산에 대한 연부연납 기간은 연부연납 허가일부터 20년 또는 연부연납 허가 후 10년이 되는 날부터 15년으로 한다. 다만, 각 회분의 분납세액이 1천만 원을 초과하도록 연부연납기간을 정해야 한다.

04 연부연납 가산금

연부연납을 하는 경우 연부연납세액 중 납부하지 아니한 금액에 대하여 각 분할납부세액의 납부일 현재 이자율을 적용한 이자상당액을 함께 납부하여야 한다.

Chapter

05 창업자금 증여특례란

Kim Yeon Ju & Lim Jun Chan

중소기업 창업자금에 대한 증여세 특례규정은 2006년부터 도입되어 시행되고 있다.

부모로부터 창업자금을 증여받아 창업하는 경우로서, 중소기업 경영자의 고령화에 따른 사전의 계획적인 기업승계를 뒷받침하고 원활한 가업승계를 지원하여 경제 활성화를 도모하기 위함이다.

가업승계에 대한 증여세 과세특례 제도와 더불어 사전상속제도로서 다음 세대로의 부의 이전을 촉진하고 경제 활력을 촉진하기 위한 제도이다.

01 창업자금 증여세 특례

18세 이상인 거주자가 일정한 업종을 영위하는 중소기업을 창업할 목적으로 60세 이상의 부모로부터 토지, 건물 등 양도소득세가 과세되는 재산을 제외한 창업자금[증여세 과세가액 30억 원(창업을 통하여 10명 이상을 신규 고용한 경우 50억 원)을 한도]에 대해 증여세 과세가액에서 5억 원을 공제하고 10% 세율을 적용하여 증여세를 과세한다.

02 창업자금 증여과세

증여세 납부세액 = (증여세 과세가액-5억 원)×10%
※ 증여세 과세가액 30억 원 한도
창업으로 10명 이상 신규 고용시 50억 원 한도

03 창업자금 증여공제 요건

(1) 증여자 요건

창업자금을 증여하는 자는 60세 이상의 부모이다. 증여 당시 부모가 생존해 있지 아니한 경우는 할아버지, 할머니, 외할아버지, 외할머니로부터 증여를 받은 경우에도 해당한다.

창업자금을 2회 이상 증여받거나 부모로부터 각각 증여받는 경우에는 각각의 증여세 과세가액을 합산하여 적용한다.

(2) 수증자 요건

18세 이상인 자녀가 중소기업을 창업할 목적으로 60세 이상의 부모로부터 토지, 건물 등 양도소득세 과세대상이 되는 재산을 제외한 재산을 증여받아 증여받은 날부터 2년 이내에 창업을 하고, 증여받은 날부터 4년이 되는 날까지 해당 창업자금을 모두 사용해야 한다.

증여는 수증자별 과세가 원칙이므로, 자녀들이 각각 증여받는 경우 각각 증여공제를 적용하여 계산한다. 이러한 요건을 모두 충족한 경우 증여세 과세가액에서 5억 원을 공제하고 10% 세율을 적용하여 증여세를 부과한다.

(3) 적용대상 기업

창업자금 적용대상 기업은 조세특례제한법 제6조 제3항에서 정한 일정한 업종을 영위하는 중소기업을 말한다.

제조업 등 31개 업종에서 업종이 확대되어 번역 및 통역서비스업, 경영컨설팅업, 콜센터 및 텔레마케팅 서비스업 등 세세분류기준 87개의 업종이 추가되었다.

- 중소기업의 업종요건

참고

1. 광업
2. 제조업
3. 건설업
4. 음식점업
5. 출판업
6. 영상·오디오 기록물 제작 및 배급업(비디오물 감상실 운영업은 제외)

7. 방송업
8. 전기통신업
9. 컴퓨터 프로그래밍, 시스템통합 및 관리업
10. 정보서비스업(뉴스제공업, 블록체인기반 암호화자산 매매 및 중개업은 제외)
11. 연구개발업
12. 광고업
13. 그 밖의 과학기술 서비스업
14. 전문디자인업
15. 전시·컨벤션 및 행사대행업
16. 창작 및 예술관련 서비스업(자영예술가는 제외)
17. 대통령령으로 정하는 엔지니어링사업
18. 대통령령으로 정하는 물류산업
19. 「학원의 설립·운영 및 과외교습에 관한 법률」에 따른 직업기술 분야를 교습하는 학원을 운영하는 사업 또는 「근로자직업능력개발법」에 따른 능력개발훈련시설을 운영하는 사업(직업능력개발훈련을 주된 사업으로 하는 경우에 한한다)
20. 「관광진흥법」에 따른 관광숙박업, 국제회의업, 유원시설업 및 대통령령으로 정하는 관광객이용시설업
21. 「노인복지법」에 따른 노인복지시설을 운영하는 사업
22. 「전시산업발전법」에 따른 전시산업
23. 인력공급 및 고용알선업(농업노동자 공급업을 포함)
24. 건물 및 산업설비 청소업
25. 경비 및 경호 서비스업
26. 시장조사 및 여론조사업
27. 사회복지 서비스업
28. 보안시스템 서비스업
29. 통신판매업
30. 개인 및 소비용품 수리업
31. 이용 및 미용업

(4) 창업자금의 범위

특례가 적용되는 재산에는 증여를 통한 양도소득세의 우회적인 회피를 막기 위하여 양도소득세 과세대상이 되는 재산이 제외된다. 조세특례제한법상 사업용 자산의 취득자금, 사업장의 임차보증금 및 임차료, 상장법인의 소액주주가 보유하는 주식, 회사채 같은 채권 등이 해당되고 일반적으로 현금 등이 포함된다.

(5) 창업자금 사용기한

해당 기간 내에 창업을 하지 않거나, 창업자금을 그 외의 용도로 사용한 경우, 창업 후 10년 이내에 해당 사업을 폐업한 경우 등에는 그 창업자금 전체 혹은 용도에 사용되지 않은 창업자금에 대해 증여세 및 이자상당액이 추징된다.

(6) 창업자금 증여세 과세특례신고 & 가업승계 증여특례 중복배제

창업자금 증여특례를 적용받는 경우에는 가업승계 증여특례의 중복적용을 배제한다.

그리고 가업승계 증여특례와 창업자금 증여특례의 적용을 받는 재산은 다른 증여와는 달리 기간에 관계없이 상속세 과세가액에 가산한다. 또한 창업자금에 대해서는 증여세 신고세액공제를 적용하지 아니한다.

Chapter

06 가업승계 증여세 조세특례란

Kim Yeon Ju & Lim Jun Chan

가업승계 증여특례는 가업승계를 목적으로 하는 주식 등을 증여하는 경우, 해당 중소기업을 경영하는 경영자의 고령화에 따른 생전의 계획적인 가업승계를 지원하고 경제성장을 도모하며 원활하게 기업의 승계가 이루어질 수 있도록 지원하는 제도이다.

01 가업승계 증여세 조세특례란?

이 제도는 2인 이상 가업을 승계하는 경우에도 가업승계자 모두에게 적용되며, 18세 이상인 거주자가 가업을 10년 이상 계속하여 영위한 60세 이상의 부모로부터 해당 가업의 승계를 목적으로 주식 등(증여세 과세가액 100억 원 한도)을 증여받고 가업을 승계한 경우 증여세 과세가액에서 5억 원을 공제하고 세율을 10%(과세표준 30억 원 초과분은 20%)로 하여 증여세를 부과한다.

이후 실제 증여한 부모가 사망한 경우 증여 당시 재산가액을 상속재산에 가산하여 상속세로서 정산하는 특례규정이다. 따라서 가업승계 주식을 증여받고 상속이 개시되는 경우 가업상속공제 요건을 충족한다면 가업상속공제를 적용한다.

02 가업승계 증여세 과세특례

조세특례를 적용받기 위해서는 증여를 받는 자(수증자)가 증여세 과세표준 신고기한까지 가업에 종사하고, 증여일로부터 5년 이내에 대표이사에 취임한 뒤 최소한 10년까지 대표이사직을 유지해야 한다.

만일 조세특례를 적용받은 뒤 요건을 충족하지 못한 경우, 즉 주식 등을 증여받은 수증자의 지분이 감소되는 등의 경우에는 조세특례가 부인되어 증여세 및 이자상당액을 추징당한다.

증여세 부담액
= [주식 등 가액(100억 원 한도)-5억 원×10%(과세표준 30억 원 초과분은 20%)

적용대상기업은 중소기업, 중견기업으로서 부모가 10년 이상 계속하여 경영한 기업으로 개인사업자는 적용대상이 되지 아니한다. 주식가액을 산정할 때는 업무무관자산은 제외하고 가업자산상당액만이 적용대상이 된다.

가업승계에 대한 증여세 과세표준을 신고하는 경우, 신고세액공제 및 연부연납은 적용하지 아니하나 분납 규정은 적용한다.

03 가업승계 증여세 과세특례 적용요건

증여자 요건	수증자 요건
• 가업을 10년 이상 계속 경영한 60세 이상의 부모 • 중소기업 및 중견기업의 최대주주 등으로 50% 이상의 지분을 계속 보유 • 10년 이상 계속하여 실제 경영에 참여한 자의 지분	• 18세 이상 자녀 또는 그 배우자 • 증여세 과세표준 신고기한까지 가업에 종사 • 증여일로부터 5년 이내 대표자로 취임

(1) 증여자

중소기업 또는 중견기업(가업승계 공제대상 기업조건과 동일)으로서 해당 기업을 10년 이상 계속하여 경영한 60세 이상인 부모이고, 최대주주로서 지분율(특수관계인 포함) 50%(상장법인 30%)를 계속 보유하며 10년 이상 계속하여 실제 경영에 참여한 자의 지분이어야 한다. 또한 가업승계에 따라 주식 전부를 증여하여 최대주주 등이 아니게 된 경우도 포함한다.

(2) 수증자

2인 이상이 가업을 승계하는 경우에도 가업승계자 모두에게 적용되며, 18세 이상인 거주자 또는 배우자로서 증여세 과세표준 신고기한까지 가업에 종사하고, 증여일로부터 5년 이내에 대표이사에 취임해야 한다.

04 가업승계 증여세 과세특례 신청

증여세 과세표준 신고기한까지 증여세 과세표준 신고와 함께 가업승계 주식 등 특례적용신청서를 반드시 납세지 관할 세무서장에게 신청하여야 한다.

주의할 사항은 창업자금에 대한 증여세 특례제도와 중복적용을 하지 아니한다.

05 가업승계의 사후관리

주식 등을 증여받은 자가 5년 이내에 가업을 승계하지 아니하거나, 가업을 승계한 후 주식 등을 증여받은 날부터 7년 이내에 정당한 사유없이 가업에 종사하지 아니하거나, 가업을 휴업 및 폐업하는 경우 또는 지분율이 감소하는 때에는 해당 주식가액의 상당액에 대하여 증여세를 추징한다. 업종유지요건이 완화되어 중분류 내 업종변경이 허용되고, 전문가 위원회 심의를 거쳐 중분류 외 업종 변경이 예외적으로 인정된다.

06 다른 증여재산과 10년 이내 합산 배제

증여세를 정산할 때는 증여일 전 10년 이내에 동일인(증여자가 직계존속인 경우 그 직계존속의 배우자를 포함)으로부터 받은 증여재산가액을 합친 금액이

1천만 원 이상인 경우, 그 가액을 증여세 과세가액에 가산하는 것이 원칙이다.

그러나 가업주식의 증여특례를 적용하는 경우에는 동일인으로부터 증여받은 가업승계 주식 외의 다른 증여재산가액은 가업승계 주식의 증여세 과세가액에 가산하지 아니한다.

07 기간에 관계없이 가업승계 증여주식가액은 상속세 과세가액에 가산

가업승계 증여주식은 각 상속인별 상속세 납부의무와 연대납부의무를 적용할 때 상속재산에 가산하는 증여재산으로 본다. 증여받은 날부터 상속개시일까지의 기간에 관계없이 증여 당시 재산가액을 상속세 과세가액에 가산하되, 상속공제의 한도를 적용할 때는 상속세 과세가액에 가산한 증여재산가액으로 보지 아니한다.

08 가업승계 증여특례 적용 후 상속개시

상속개시일 현재 피상속인이 대표이사로 재직해야 하는 요건을 제외한 가업상속공제 요건을 충족한 가업이어야 하며, 증여받은 주식의 지분이 유지되고 가업에 종사하거나 대표이사로 재직하는 경우에는 가업상속으로 보아 가업상속공제를 적용한다.

Chapter

07 과다납부 상속세 돌려받자. 상속세 경정청구 활용하기!

Kim Yeon Ju & Lim Jun Chan

상속세는 상속이 발생하고 6개월 이내에 상속인들이 상속세를 신고·납부하여도 납세자의 신고로 확정되는 세금이 아니라, 상속인들이 신고·납부한 자료를 토대로 세무당국이 상속세를 상속세 과세표준 신고기한으로부터 9개월(증여세 과세표준 신고기한부터 6개월) 내에 결정, 고지하는 정부부과제도이다.

과세관청은 상속세 신고에 대한 세무조사를 실시하면서 누락된 상속재산을 찾아내고, 과소평가된 상속재산에 대해서는 과세가액을 정정하고 상속세를 추가 징수한다. 이에 반해 상속재산이 아닌 재산을 과세대상으로 신고하거나 상속재산이 과대하게 평가된 경우에도 적극적으로 이를 감액 처리하여 상속세를 정정해주는 것일까? 결론부터 말하자면 그렇지 않다.

상속세를 과다납부하였다면 납세자가 적극적으로 일정 기간 내에 과다납부한 상속세에 대해 환급절차를 신청해야 한다. 즉, 상속세 경정청구 제도를 활용하여야 한다.

01 상속세 경정 등 청구 사유

상속재산을 과대평가하거나 상속채무를 누락한 경우 또는 당초의 취득 계약이 무효이거나 계약취소 등으로 취득권이 소멸한 경우, 상속재산이 타인의 재산으로 밝혀지고 착오 등으로 상속공제가 누락되는 등의 사유가 발생한 경우 상속세 경정청구를 신청할 수 있다. 경정 등 청구를 받은 세무당국은 청구내용을 확인하여 청구를 받은 날부터 2개월 이내에 그 결과를 통지해야 한다.

02 상속세 경정 등 청구대상자

상속세 신고서를 법정신고기한까지 제출하고 상속세 법정신고기한으로부터 5년이 경과되지 아니하고, 당초 상속세 신고가 과다하게 신고되었거나 상속세 결정금액이 과다하게 계산된 경우 등 다음의 요건을 충족한 경우 상속세 경정 청구를 할 수 있다.

다만, 당초 상속재산 귀속의 변경이나 소송결과에 따른 경우에는 사유를 안 날로부터 3개월 이내에 청구할 수 있다.

참고

국세기본법 제45조의2 【(경정 등의 청구)】

① 과세표준신고서를 법정신고기한까지 제출한 자는 다음 각 호의 어느 하나에 해당할 때에는 최초신고 및 수정신고한 국세의 과세표준 및 세액의 결정 또는 경정을 법정신고기한이 지난 후 5년 이내에 관할 세무서장에게 청구할 수 있다. 다만, 결정 또는 경정으로 인하여 증가된 과세표준 및 세액에 대하여는 해당 처분이 있음을 안 날(처분의 통지를 받은 때에는 그 받은 날)부터 90일 이내(법정신고기한이 지난 후 5년 이내로 한정한다)에 경정을 청구할 수 있다. 〈개정 2010. 12. 27., 2014. 12. 23.〉

1. 과세표준신고서에 기재된 과세표준 및 세액(각 세법에 따라 결정 또는 경정이 있는 경우에는 해당 결정 또는 경정 후의 과세표준 및 세액을 말한다)이 세법에 따라 신고하여야 할 과세표준 및 세액을 초과할 때
2. 과세표준신고서에 기재된 결손금액 또는 환급세액(각 세법에 따라 결정 또는 경정이 있는 경우에는 해당 결정 또는 경정 후의 결손금액 또는 환급세액을 말한다)이 세법에 따라 신고하여야 할 결손금액 또는 환급세액에 미치지 못할 때

② 과세표준신고서를 법정신고기한까지 제출한 자 또는 국세의 과세표준 및 세액의 결정을 받은 자는 다음 각 호의 어느 하나에 해당하는 사유가 발생하였을 때에는 제1항에서 규정하는 기간에도 불구하고 그 사유가 발생한 것을 안 날부터 3개월 이내에 결정 또는 경정을 청구할 수 있다. 〈개정 2015. 12. 15.〉

1. 최초의 신고·결정 또는 경정에서 과세표준 및 세액의 계산 근거가 된 거래 또는 행위 등이 그에 관한 소송에 대한 판결(판결과 같은 효력을 가지는 화해나 그 밖의 행위를 포함한다)에 의하여 다른 것으로 확정되었을 때
2. 소득이나 그 밖의 과세물건의 귀속을 제3자에게로 변경시키는 결정 또는 경정이 있을 때
3. 조세조약에 따른 상호합의가 최초의 신고·결정 또는 경정의 내용과 다르게 이루어졌을 때
4. 결정 또는 경정으로 인하여 그 결정 또는 경정의 대상이 되는 과세기간 외의 과세기간에 대하여 최초에 신고한 국세의 과세표준 및 세액이 세법에 따라 신고하여야 할 과세표준 및 세액을 초과할 때
5. 제1호부터 제4호까지와 유사한 사유로서 대통령령으로 정하는 사유가 해당 국세의 법정신고기한이 지난 후에 발생하였을 때

03 상속세 등 경정 청구방법

다음의 사항을 기재한 결정 또는 경정청구서를 제출하여야 한다.

- 청구인의 성명과 주소
- 결정 또는 경정 전의 과세표준 및 세액
- 결정 또는 경정 후의 과세표준 및 세액
- 경정 청구 사유에 해당됨을 입증하는 서류 등

Chapter

08 국세청은 해외에 쌓아둔 재산도 훤히 알고 있다!

Kim Yeon Ju & Lim Jun Chan

국세청은 2011년을 시작으로 해외에서 부동산 투기거래를 하고 해외계좌를 개설하여 재산을 은닉하는 역외탈세에 대해 엄중한 과세를 실시해오고 있다.

역외탈세 분야에 집중하여 2013년 이후 매년 1조 원 이상의 세금을 추징하고, 2018년에는 1조 3,376억 원을 징수하는 등 탈세에 대해 강도 높은 세무조사를 적극적으로 실시하고 있다.

이처럼 해외에 거점을 두고 일어나는 역외탈세를 원천적으로 방지하기 위하여 국가차원의 근거과세를 위한 법안을 마련하고, 국가 간 금융정보를 교환하는 등 다양한 사회전반의 제도를 정비하고 인프라를 구축하였다.

01 해외부동산 신고

상속세, 증여세를 면피하기 위하여 해외에서 부동산을 취득하고 차액을 이용한 투기거래에 대해 전면적인 관리가 시작되었다. 개인이나 법인이 해외에서 부동산을 취득하거나 임대하는 경우 취득 및 투자 운용 명세서를 신고함은 물론이고, 2018년부터 해외에서 부동산을 처분하는 경우에도 신고해야 한다. 신고를 이행하지 아니하는 경우에는 과태료가 부과된다.

다만, 해외부동산 취득을 신고한 개인이 시민권을 취득한 경우에는 보고하지 아니하여도 된다.

참고

〈해외부동산 거래 단계별 의무사항〉

※ (신규신고) ① 부동산을 취득 또는 임차(1만 불 초과시)하는 경우 외국환은행장 앞 신고·수리사항, ② 그 외 저당권 등 부동산 관련 권리를 취득하는 경우 한국은행총재 앞 신고·수리사항

※ (보고) 최초 부동산 취득 신고 이후에도 해외부동산의 취득보고, 수시보고, 처분보고를 하여야 함.

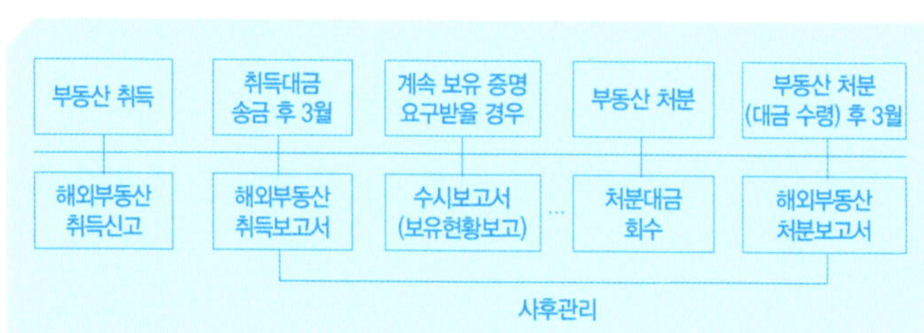

02 해외금융계좌 신고

납세자가 해외에 보유하고 있는 금융계좌를 국세청에 신고해야 한다. 현실적으로 해외에 있는 내국법인의 재산보유나 금융계좌내역을 파악하기가 쉽지 않다. 이러한 점을 악용하여 해외로 자산을 도피하거나 해외유령자회사를 만들어 세부담 없는 이익을 분여하는 경우가 많았다.

국세청은 이러한 역외탈세를 막기 위하여 해외금융계좌 신고의무를 두고, 탈세방지를 위해 적극 활용하고 있다.

거주자로서 국내에 주소를 두거나 183일 이상의 거소를 둔 개인과 내국법인과 내국법인의 해외지점, 해외사업장신고대상연도 종료일 현재 내국법인 중 해외금융계좌 잔액 합계액이 5억 원을 초과하는 날이 하루라도 있는 경우 신고하여야 한다.

해외금융계좌란 예금, 적금, 증권, 보험, 파생상품 등 해외금융회사와의 모든 금융거래를 위해 개설된 계좌를 말한다.

해외금융계좌 신고제도는 소득세 신고제도와는 별개의 제도이다. 외국은행계좌와 관련 이자소득을 종합소득세 신고기간에 하였더라도 계좌의무자에 해당된다면 반드시 신고해야 한다.

03 역외거래 부과제척기간의 연장

역외거래에 대한 정보를 입수하고 근거과세를 위한 자료 확보 등을 하는 데에는 상당한 시간이 소요된다.

역외탈세에 대한 과세실효성을 거두기 위하여 세금을 부과할 수 있는 기간을 과소 신고에 대해서는 7년으로, 무신고에 대해서는 10년으로 연장하였다. 그리고 외국의 과세당국에 정보교환을 요청하고 2년 이내에 회신을 받는 경우에는 회신을 받는 날로부터 부과제척기간을 1년 더 연장하였다.

04 국가 간 금융정보 자동교환협정

조세 회피처나 해외현지법인 등을 통해 조세를 탈루하는 역외탈세에 적극적으로 대응하기 위하여 국세청은 국가 간의 다자간 금융정보 자동교환협정(MCAA)을 체결하였다. 이 협정을 체결한 국가의 금융기관들은 자신들이 보유하고 있는 계좌 중 상대국 납세자의 금융계좌정보를 매년 정기적으로 상호 교환할 수 있다. 이를 근간으로 역외탈세 혐의를 정밀분석하고자 한다.

시행국가는 2018년 79개국이였으나, 103개국 이상으로 더 확대될 예정이다.

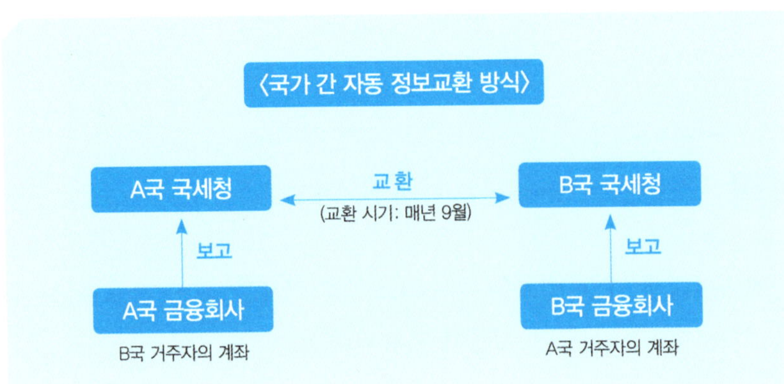

그리고 경제개발협력기구(OECD)의 BEPS(소득이전을 통한 세원잠식) 프로젝트 법령을 개정하고, 각국의 조세제도의 허점을 이용하여 세부담을 줄이려는 국제적 조세회피행위를 적극적으로 방지하고 있다.

05 합리성이 없는 국제거래의 명확화

국제거래의 경우 조세회피를 위한 거래인지 실질적인 사업상의 거래인지 여부를 판단하는데 현실적인 어려움이 많았다. 이를 보완하여 국제조세조정에 관한 법률 규정(제5조 제3항)을 정비하여 국제거래의 실질내용을 파악하고 합리성이 결여된 거래에 대해 부인할 수 있는 기준을 마련하였다.

저자 소개

김연주(金均注) 세무사

제38회 세무사시험에 합격한 후 BCS Asset Consulting 대표세무사로 있다.
서울지방국세청 국세심사위원, 경희대학교 경영대학원 의료경영 MBA 교수, 강남세무서 납세자지원단, 강남구 상공회의소 이사, 강남구 지방세감면위원, 한국세무사회 상담 및 감리 및 홍보위원과 중소기업청 경영자문위원, 중소기업이업종 서울연합회 위원, 민주 평화통일자문위원 등을 역임하였다. 서울지방국세청 및 납세자지원단을 통해 다양한 양도·상속·증여의 세무상담과 재산세제 컨설팅을 제공하는 재산세제 전문세무사이다. 서울시 마을세무사, 세종문화회관 후원회, 아름지기 재단 후원회, 삼일인포마인 칼럼위원, 한국중견기업연합회 회원사 등으로 활동 중이다.
「스마트한 사장은 상속을 준비한다」, 「성공한 병원에는 그들만의 세무비법이 있다」, 「1세대 2주택자 부동산 세금에서 살아남기」, 「상속·증여·양도세 이야기」, 「여성 세무사들과 함께 하는 세금가이드」를 출간하고 「사장의 현금관리법」을 감수하였다.

임준찬(林埈鑽) 세무사

제38회 세무사시험에 합격한 후 BCS Asset Consulting 대표세무사로 있다.
건국대학교 건축디벨로퍼과정 교수, 한국세무사회 상담위원, 감리위원, 상임위원 및 성북세무서 성실납세자문위원과 납세자지원단, 중소기업청 경영자문위원을 역임하였다.
현재 중소기업융합서울연합회 회원사, 성북구 세무상담위원, 성북구 상공회의소 감사, 중소기업이업종 서울연합회 융복합특별위원으로 활동 중이다.
건국대 토지개발 및 재개발·재건축 강의, 스피드뱅크 재개발·재건축 강의, 케이블 TV Dream City 조세상담, 상공회의소 세법 실무 강의 등 다양한 매체를 통해 양도·상속·증여의 절세전략을 제시하고 있다. 더불어 다양한 양도·상속·증여 상담을 통해 절세 대안을 컨설팅하는 재산세제 전문세무사이다.
「스마트한 사장은 상속을 준비한다」, 「성공한 병원에는 그들만의 세무비법이 있다」, 「1세대 2주택자 부동산 세금에서 살아남기」 저서와 「사장의 현금관리법」을 감수하고 [Women Times] 세무칼럼을 연재하였다.

homepage www.bcs-tax.com
mobile 010-4426-2838